마을을 일구는 농촌 교회들

총회한국교회연구원 「마을목회」 시리즈 ⑬

마을을 일구는 농촌 교회들

2019년 9월 2일 초판 1쇄 인쇄
2019년 9월 9일 초판 1쇄 발행

기   획 | 총회한국교회연구원
엮은이 | 한경호
지은이 | 안홍택 · 이종명 외 26명
펴낸이 | 김영호
펴낸곳 | 도서출판 동연
등   록 | 제1-1383호(1992년 6월 12일)
주   소 | 서울시 마포구 월드컵로 163-3
전   화 | (02) 335-2630
팩   스 | (02) 335-2640
이메일 | yh4321@gmail.com
블로그 | https://blog.naver.com/dong-yeon-press

Copyright ⓒ 총회한국교회연구원, 2019

ISBN 978-89-6447-525-6 03200

총회한국교회연구원
'마을목회' 시리즈 ⑬

마을을 일구는 농촌 교회들

안홍택 · 이종명 외 26명 **함께 씀**

동연

농촌 교회의 살아있는 마을목회 이야기

채영남 이사장

(총회한국교회연구원, 본향교회)

총회한국교회연구원『마을목회 시리즈 13_ 마을을 일구는 농촌 교회들』를 발간할 수 있도록 하신 하나님께 감사와 영광을 올려드립니다. 현재 한국교회의 목회환경에는 많은 어려움들이 있습니다. 21세기 목회는 '사람의 생명'을 살리고 한 생명을 소중히 여기는 목회로 발전되어가야 합니다. 이를 위해 고심하던 끝에 최근 몇 년 전부터 새로운 형태의 목회로 주목받고 있는 것이 바로 '마을목회'입니다. 마을목회는 마을에 속한 모든 참여자들과 함께 살기 좋은 환경과 소외된 자들과 함께하는 지역사회의 나눔이 어우러지는 것입니다.

본 교단은 제98회기 총회에서 '치유와 화해의 생명공동체운동 10년'이라는 장기 정책(2012~2022)을 채택하였습니다. 이후 6년째를 맞이하던 2017년부터 구체적인 실천을 위해 '마을목회 위원회'로 재구성하였습니다. 이에 총회의 정책연구기관인 총회한국교회연구원을 통해 마을목회에 대한 연구를 지속적으로 하고 있습니다. 이번에 발간된『마을을 일구는 농촌 교회들』도 이에 따른 결과물입니다.

이 책은 전국 방방곡곡의 마을목회 현장을 소개하고 있습니다. 스물여덟 명의 저자들을 통해 농촌목회를 시작하게 된 계기와 마을을 섬기기 위해 어떻게 마을사람들과 하나 되어 갔는지, 교회와 마을의 변화를 생생하게 기록하고 있습니다. 또 이 책에는 저출산과 고령화로 마을이 비어가는 막막한 현실 속에서 마을을 살리기 위한 노력들이 실려 있습니다. 학문적인 글이기보다 농촌에서 복음을 전하기 위해, 고군분투하는 생생한 목회 현장의 이야기를 담고 있습니다. 목사님들이 농사를 배우고, 마을의 어려움들을 앞서서 해결하고, 마을사람들과 함께 잘 살기위해 연구합니다. 교육의 사각지대에 놓인 어린이들을 위해 발 벗고 나서고, 마을 어르신들을 위해 한글을 가르치고, 문화생활을 제공합니다. 결국 생명을 살리는 복음으로 교회가 마을의 중심이 되어, 마을을 섬기는 것을 볼 수 있었습니다. 이런 인정을 받기까지 수많은 목사님들의 노력과 눈물, 겸손의 시간들이 이 책에 그대로 배어있습니다. 이제 '마을목회'는 특수한 영역이 아닙니다. 모든 부문에서 마을의 정신과 마을 공동체의 회복을 이루지 않으면 안 됩니다. 교회가 따로 선교와 봉사, 친교를 할 것이 아니라 전 교회적이고 총체적인 지역에 다가가서 교인들을 마을운동의 주체로 세워가야 합니다.

이 책이 읽혀지는 곳곳에 농촌 교회의 살아있는 마을목회 이야기가 널리 알려지기를 바랍니다. 『마을을 일구는 농촌 교회들』은 농촌에서 귀한 사역을 감당하시는 여러 교역자님, 집사님들에 의해 저작되었습니다. 이야기들을 엮은 한경호 목사를 비롯하여 스물여덟 분의 저자들에게 진심으로 감사를 전합니다. 여러 저자들의 도움으로 이 책이 빛을 볼 수 있게 되었습니다.

마지막으로 이 책의 발간에 수고해주신 총회한국교회연구원의 이사님들과 원장 노영상 목사, 실장 김신현 목사, 간사 구혜미 목사와 출판을 맡아주신 도서출판 동연 김영호 대표께 감사의 말을 전합니다. 이 책이 오늘의 한국교회와 사회에 작은 공헌이 되기를 기대합니다.

한국교회를 살리는 마을목회의 실제적 사례들

노영상 원장

(총회한국교회연구원)

I. 마을목회의 핵심전략

마을목회는 "그리스도의 진정한 사랑으로 마을을 품고 세상을 살리는 목회"로서, 한국교회 정체기에 있어 각 교회들이 실천한 생존전략들을 이론화한 실천적 목회 전략이다. 마을목회는 제102회 총회의 주제인 '거룩한 교회 세상 속으로'를 구현하기 위한 목회 방안으로 핵심전략은 다음과 같다.

1. '마을'이란 주로 시골 지역에서 여러 집이 모여 사는 곳을 말한다. 그러나 '마을목회'는 농어촌 지역만의 목회 전략을 말하는 것이 아니다. 마을이 하나의 공동체를 이뤄 그곳의 주민들이 서로 도우며 살듯, 도시에서도 이런 공동체를 이루며 사는 것이 필요한바, 지역공동체로서의 하나님 나라를 동네 속에 세우기 위한 목회가 마을목회다.

2. 교회에는 여러 사명이 있다. 복음전도, 예배, 교육, 교제, 사회봉사 등이다. 마을목회는 이런 기능들 중 교회의 사회봉사 영역에 치중

한 목회 방안이다. 그간 한국교회는 복음전도, 제자훈련, 예배 및 교육 등의 일들을 잘 수행해왔다. 그 같은 노력과 함께 마을목회로서의 대사회적인 교회의 기능이 잘 수행된다면, 보다 활력 있는 하나님의 선교가 가능해질 것이다.

3. 마을목회는 주님의 십자가의 능력과 성령의 감화를 강조하는 목회 방안이다(갈 5:16-26). 주님의 칭의의 능력이 아니고는 아무도 이웃을 진정으로 사랑할 수 없는 것으로, 우리는 항상 주님께 의존하며 기도하면서 마을과 온 세상의 샬롬을 이뤄나가야 할 것이다(막 9:29, 사 11:1-9). 이와 같이 마을목회는 오늘의 시대에 기독교 사랑의 진정성을 보여주려는 목회 방안으로(요일 3:16-18), 우리는 믿음에 따른 사랑의 실천이 주님의 복음을 왕성하게 할 수 있음을 믿는다(마 5:16).

4. 마을목회는 이론에 앞서 실천을 중시하는 목회다. 마을목회는 본 교단의 교회들이 전개한 현실 목회에서의 노력들을 살펴 만들어낸 이론으로 실천성을 강조하는 운동이다. 그러므로 마을목회는 신학을 위한 신학이 아니라 교회를 위한 신학을 강조한다. 이전 해외에서 한국을 대표하던 신학으로 민중신학이 있었다. 사회 현실과는 밀착된 신학이었지만 목회 현실과는 거리가 있는 신학이었다. 이에 비해 마을목회는 목회 현장에 충실한 사회봉사 신학으로, 사랑의 실천을 구체화하는 목회 방안인 것이다.

5. 마을목회는 개인적 행복과 함께 공동체적 행복에 관심을 갖는다. 이런 견지에서 마을목회는 지역사회를 공동체적 가치를 통해 만들어나가는 것을 강조한다(요 17:21-23). 마을목회는 오늘 우리 사회의

위기가 지나친 개인주의적 삶의 방식에 기인한 것으로 분석하여, 경제, 교육, 복지, 환경, 문화 등 사회 각 분야에 기독교가 강조하는 사랑의 하나 됨과 공동체성을 불어넣을 것을 주창하는 목회 전략인 것이다.

6. 마을목회는 교회 밖의 주민들도 회개하고 믿기만 하면 주님의 자녀가 될 수 있는 잠재적 교인으로 생각하며, 그들을 목회의 대상 안에 포함시키는 운동이다(롬 3:29-30). 이런 의미에서 마을목회는 "마을을 교회로, 주민을 교인"으로라는 표어를 주창한다(요 3:16). 주님은 우리 안의 99마리의 양을 두고, 길 잃은 한 마리의 양을 찾아 나서시는 분이시다(마 18:12-14).

7. 마을목회는 평신도 사역을 강화하는 목회 전략이다(고전 12:4-31). 평신도의 역량을 강화하여 그들을 주민자치와 교회 사역의 전면에 내세우는 목회가 마을목회다. 우리는 마을목회를 통해 대사회적인 봉사의 일은 평신도들이 우선적으로 담당케 하며, 목회자는 기도하고 설교하는 일에 전념하는 분담이 필요하다.

8. 마을목회는 지방자치 분권화를 통해 마을 만들기 운동을 전개함으로 우리 사회의 풀뿌리 민주주의를 정착시키려는 노력을 지지한다. 이에 마을목회는 관 주도적인 하향식 운동이 아니며, 주민 주도적인 상향식 운동이다. 이에 마을목회는 복음을 통해 마을공동체를 행복하게 만드는 일에 교인과 주민이 앞장서는 주체적 시민의식을 강조하며, 마을의 일을 위해 함께 의논하는 민주적 소통을 중시한다.

9. 마을목회가 가능하려면 주민들의 주체적 역량이 전제되어야 한

다(벧전 2:9). 마을 만들기를 위해서는 주민들의 자주성과 소통 능력, 마을을 개발하는 일을 위한 핵심 역량과 주민의 민주적 시민정신이 함양되어야 하는 것으로, 이를 위해 지역사회와 교회는 주민들의 역량을 강화하는 교육에 관심을 두어야 한다. 이에 제자직을 위한 성경교육과 시민직을 위한 시민교육이 중요할 것이다(마 28:19-20; 딤후 3:16).

10. 마을목회는 삼위일체 하나님 안에 나타난 생명성을 온 세상에 퍼뜨리는 운동이다(요 17:21). 삼위일체 하나님께서 세 분이시면서 하나이신 것과 같이, 우리는 개인주의와 집합주의를 넘어서는 기독교 복음의 강조점을 나타내 보여야 한다. 이에 마을목회의 사역을 위해서는 상호 간 하나 됨과 네트워크가 중시된다(고전 12:12). 마을 속의 주민들의 연대, 교회들의 연대, 교인과 마을 주민 사이의 네트워킹, 교회와 관청, 마을의 학교와 기업 등과의 폭넓은 사귐과 관계적 통전성이 이런 마을목회를 활력 있게 할 것이다.

11. 교회가 성장하려면 교회 밖의 사람들을 전도하고 선교해야 하는데, 이를 위해서는 그들과의 접촉이 확대되어야 한다. 마을목회는 교회의 문턱을 낮추는 목회 전략으로, 교회의 봉사를 통해 교회 밖의 사람들과 관계망을 확장하여 그들이 교회 안으로 들어와 주님의 자녀가 되는 것을 쉽게 하는 목회 전략이다.

12. 마을목회는 전략을 세워 사회봉사의 사역을 추진하는 과학적 목회방안으로 지역사회 개발 이론, 역량 강화 이론 및 전략기획 이론 등의 방법론을 사용한다. 마을목회는 실천과 함께 일의 기획 과정과

사후 평가를 중시하는 목회 방식이다(엡 1:11).

II. 농촌 교회의 마을목회 이야기

위와 같은 마을목회의 핵심전략은 『마을을 일구는 농촌 교회들』이라는 본 책과 깊이 연결된다. 이 책은 총 8부로 구성되어 있는데 그 내용은 다음과 같다. 제1부_ 마을을 변화시키고 돌보는 목회, 제2부_ 농사와 더불어 가는 목회, 제3부_ 문화선교로 복음을 전하는 목회, 제4부_ 복지 사역을 통한 목회, 제5부_ 다양한 개척 목회 현장, 제6부_ 마을과 하나 되는 목회, 제7부_ 공동체를 지향하는 목회, 제8부_ 청소년교육을 위주로 하는 현장 등이다.

이같이 본 책은 먼저 마을을 우리 목회의 대상으로 간주한다. 교회 내의 교인뿐 아니라, 마을 주민 모두를 잠재적 하나님의 백성으로 생각하며 돌보고 목회하는 것이다. 아울러 이 책은 마을목회의 여러 방안들에 대해 구체적으로 설명한다. 농사와 더불어 하는 목회, 문화선교, 복지 사역, 청소년교육에 공헌하는 교회 등의 여러 다양한 농촌 마을목회의 기획들을 실험하고 있는 것이다. 이 책에서 소개된 농촌 교회들은 교회만을 위한 교회가 되기보다는 마을에 관심을 갖고 마을 주민들을 사랑하는 목회를 전개하고 있다. 곧 마을과 하나 되어 지역사회를 섬기는 교회됨을 지향함으로써, 이 땅에 주님의 나라를 건설하고 주님의 사랑의 복음을 전하기 위해 노력하는 것이다.

앞의 핵심전략 5번은 다음의 내용으로 되어 있다. "마을목회는 개인적 행복과 함께 공동체적 행복에 관심을 갖는다. 이런 견지에서 마을목회는 지역사회를 공동체적 가치를 통해 만들어나가는 것을 강조한다(요 17:21-23). 마을목회는 오늘 우리 사회의 위기가 지나친 개인주의적 삶의 방식에 기인한 것으로 분석하여, 경제, 교육, 복지, 환경, 문화 등 사회 각 분야에 기독교가 강조하는 사랑의 하나 됨과 공동체성을 불어넣을 것을 주창하는 목회 전략인 것이다." 이러한 언급에서와 같이 오늘날 우리는 너무 개인주의적 행복론에 몰입하여 살고 있다. 내 가정, 내 자녀, 나의 성공, 나만의 잘됨만을 위해 경주하는 오늘의 사회 속에서, 공동체성을 강조하는 마을목회를 실천함을 통해 우리는 오늘과 같은 사회적 폐단들을 점차 극복할 수 있을 것이라 생각한다.

이에 있어 마을목회는 농어촌의 작은 교회만을 위한 목회 방안은 아님을 위 핵심전략 1번은 언급한다. "마을이란 주로 시골 지역에서 여러 집이 모여 사는 곳을 말한다. 그러나 '마을목회'는 농어촌 지역의 목회 전략을 말하는 것이 아니다. 마을이 하나의 공동체를 이뤄 그곳의 주민들이 서로 도우며 살 듯, 도시에서도 이런 공동체를 이루며 사는 것이 필요한바, 지역공동체로서의 하나님 나라를 동네 속에 세우기 위한 목회가 마을목회다." 이러한 핵심전략이 말하는 바와 같이, 마을목회는 농어촌의 작은 교회뿐 아니라, 도시의 교회들에게도 적용이 요구되는 목회다. 하지만 이 책은 농어촌의 작은 교회들에서 실시된 마을목회에 대해 집중하고 있다. 작은 교회들이 건실히 성장하여야 우리 한국교회 전체가 건강한 것으로, 우리 모두는 이 같은 작은 교회들의 발전을 위해 무언가의 대책을 세워야 하며, 그 교회들의 지속성을 위해 노력하여야 하는 것이다. 마을을 품고 마을을 섬기는 교회의 모습이 될 때, 우리 교회들은 보다 건전히 전진할 수 있는 바, 우리는 그런 목회의 다양한 모습들을 이 책에서 발견할 수 있을 것이다.

본 연구원은 그간 마을목회 시리즈로 이 책을 포함하여 13권의 책을 출판하였다. 현재 20권 가까이 이 주제에 대한 책들을 편집하고 있으며, 향후 50권 정도를 내놓을 생각으로 본 연구원은 계획하고 있다. 한국교회 역사에 있어 단일한 주제로 총회 차원에서 이 같은 책들을 내놓은 적은 없었으며, 아마 그러한 기획들이 마쳐지면 마을목회에 대한 나름의 윤곽이 그려질 것이라 생각한다. 필자는 한국교회를 사랑하며 한국교회가 계속 전진할 방안들에 대해 착목하였고, 이에 대한 연구방안으로 먼저 생존을 위해 진력하는 한국교회의 수백 건의 목회 사례들을 수집한 바 있었다. 우리들은 이러한 사례들을 검토하며 그 같은 교회들의 노력을 묶는 한 개념을 추출하고자 노력하였으며, 그것이 '마을목회'임을 확인하게 된 것이다.

물론 오늘의 한국교회를 살리는 여러 방안들이 있을 것이다. 여러 이론들을 내놓을 수도 있다. 그러나 중요한 것은 생존을 위해 오늘의 한국교회들이 어떤 노력을 하고 있는가에 관심을 갖는 것이라 생각한다. 이런 각도에서 본 연구원은 마을목회를 전개하며, 신학자들의 이론만을 담은 책들만 펴내지 않았으며, 마을목회의 실제적 사례들을 모은 책들을 만들려고 노력하였다. 곧 목회자들과 신학자들이 함께 만들어나가는 마을목회의 모습을 중시한 것이다. 필자는 항상 신학이 목회를 앞서 나가기가 쉽지 않다고 생각했다. 목회자들이 현장에서 하는 노력들을 신학자들은 추적하여 연구할 수밖에 없는 것으로, 신학자의 노력은 일종의 후방의 보급대와 같은 것이다. 이에 우리 신학은 목회자들의 실험정신을 존경하여야 하며, 이를 이론적 내용으로 녹여내기 위해 땀을 흘려야 한다고 보는 것이다.

이제 본 연구원은 마을목회 시리즈의 열세 번째 책으로 마을목회의 실제적 사례들을 담은 『마을을 일구는 농촌 교회들』이라는 책을 출간하게 되었다. 이 책을 통해 많은 사람들이 농촌 교회의 현실과 마을목회를 향한 생동감 넘치는 이야기들을 간접적으로나마 체험하기를 바란다. 이 같은 마을목회를 위해 우리는 지역 마을의 다양한 특성을 연구하고 그들의 필요를 파악하여 주민들과 끈끈한 접촉점을 갖도록 노력해야 할 것이다. 마지막으로 이 책의 발간을 위해 수고하신 계간 「농촌과목회」 한경호 편집위원장과 여러 집필진들의 노고를 치하하면서, 이를 통해 한국교회와 사회 가운데 이 운동이 확산되길 소망해 본다.

마을과 교회는 물과 물고기의 관계와 같다

한경호 목사

(계간 「농촌과목회」 편집위원장)

마을목회가 시대정신에 맞는 선교와 목회의 방향으로 대세를 형성하고 있는 듯하다. 교회와 지역(마을)은 본래 떨어질 수 없는 관계인데도 어느 때부터인지 서로 따로 떨어졌다. 교회는 거룩한 곳, 지역(사회)은 세속적인 곳으로 구분하였고, 교회는 구원받은 사람들의 예배처이고, 지역은 이방인들의 세계로 치부하였다. 영과 육, 교회와 사회, 성과 속을 이원론적으로 구분하고 그런 관계를 맺은 것이다. 교회는 지역과 담을 쌓은 곳, 게토(ghetto)가 되었다. 교회는 이방인들을 속된 사회에서 건져내어 교회라는 구원선에 태워 함께 천국 가는 구원의 방주였다. 그 결과 교회는 세상 사람들이 보기에 '당신들의 천국'이 되었다.

'하나님의 선교'(Missio Dei) 신학이 출현하여 선교의 주체가 교회에서 하나님으로 바뀌면서 변화가 일어나기 시작했다. 그러나 그 신학이 현장에 적용되기까지에는 많은 시간이 걸렸다. 특히 산업화, 도시화가 급격하게 이루어진 한국 사회는 마을, 지역, 사회 등에 대한 선교 신학적인 고찰은 생략된 채 개교회 성장이라는 단순한 목적의식에 사로잡혀 점차 교회의 본질로부터 일탈되기 시작하였다. 그 결과 오늘의 교회는 세상 사람들이 보기에 "성장을 통해 자기 이익을 추구하는 기업"이 되었다.

이제 돌아보아야 한다. 교회란 무엇인가? 이 질문에 정직하고 진실하게 답해야 한다. 교회는 그리스도의 사랑으로 구원 받은 교인들이 그 은혜를 이웃(주민)과 함께 나누는 기관이다. 그 결과 이웃들도 은혜에 동참하여 구원을 이루고 하나님 나라의 백성으로 변화되어 지역이 하나님의 나라가 되도록 새 세계를 만들어나가는 선교의 도구인 것이다.

마을목회를 공식화한 것은 아마도 이런 배경에서였을 것이다. 사실 마을목회는 이미 오래전부터 있어 온 목회이다. 특히 농촌에서는 도시와 달라 마을을 떠난 목회를 생각하기 어렵다. 마을이 잘되면 교회도 흥하고, 마을이 못되면 교회도 망하는 것이다. 마을과 교회는 물과 물고기의 관계와 같다고 할 수 있다.

그런데 달라진 것이 있다. 이 시대의 마을목회는 마을 안에 살고 있는 인간만을 대상으로 삼지 않는다는 점이다. 그 마을 안에 살고 있는 모든 생명체, 나아가서는 무생명체까지도 포함하여 인간과 함께 공생 공존해야할 귀한 존재로 여기는 목회이다. 다른 말로 하면 생명목회, 즉 교회와 마을을 건강한 생명공동체로 보듬고 살려나가는 생명목회이다. 반(反)생명적, 죽임의 문명이 지구생태계를 엄습해오고 있는 이때에 교회가 추구해야 할 선교의 방향은 생명을 살리는 선교여야 하며 그것은 마을목회를 통해 실천되는 것이다.

여기 마을목회의 사례 스물여덟 현장을 소개한다. 마을목회의 가장 적합한 현장인 농촌 교회에서 경험된 이야기들이다. 농촌목회현장에서 기도하며 씨름한 목회자들의 실천이 어떻게 교회와 마을을 변화시키고 있는지 생생하게 증언하고 있다. 이 모음집은 2009년부터

2018년도까지 10년간 계간 「농촌과목회」지에 게재된 "나의 농촌목회 이야기" 중에서 선별한 것이다. 1999년부터 2008년도까지의 이야기는 장로회신학대학에서 2008년 12월에 『농촌목회현장이야기』라는 제목으로 출판된 바 있으니 이번이 두 번째 책인 셈이다.

이 책이 나올 수 있도록 힘써주신 총회한국교회연구원의 채영남 이사장님과 노영상 원장님, 도서출판 동연 김영호 대표님과 편집부 여러분들에게 감사드린다. 모쪼록 이 작은 책이 마을목회를 고심하고 실천하려는 목회자들에게 좋은 참고가 되기를 바란다.

차 례

제1부

마을을 변화시키고
돌보는 목회

하나님 나라의 도구, 용학교회

박석종 목사
(전남 무안 용학교회)

I. 들어가는 말

용학교회는 무안군 소재지에서 22㎞ 정도 떨어진 삼면이 바다로 둘러싸여 있는 대단히 외진 곳에 위치한 전형적인 마을 단위의 교회이다. 교회의 역사는 83년으로 꽤 오랜 역사를 가지고 있는 편이고, 2,800평의 대지 위에 잘 가꾸어진 조경과 함께 한옥 모형으로 교회당이 아름답게 지어져 있다. 교인 수는 마을 단위의 교회로는 보기 드물게 장년부만 160여 명(세례 교인) 정도 되는 제법 규모 있는 교회이다. 농촌 교회의 보편적 현상 가운데 하나이겠지만 어린이부는 10여 명인데 유치원 아이들이 대부분이고, 중고등부는 10명도 되지 않아 활동이 중단된 상태이다. 장년부도 70% 정도가 70세 이상으로 완전히 노령화되어 있다. 한마디로 말하면 미래가 보이지 않는 교회라고 할 수 있지만, 농촌 교회를 섬기면서 나름대로 분명한 하나의 원칙을 가지고 목회를 해오고 있다.

II. 목회의 원칙

요즈음 한국교회에 대한 비판의 목소리가 매우 높다. 그 이유는 보는 눈에 따라 다양하게 진단할 수 있는데, 주된 이유는 교회가 세상을 섬기지 못하고 있기 때문이라고 생각한다. 한마디로 말하면 교회는 교인들만의 교회이지, 세상을 위해 봉사하고 섬기는 교회가 되지 못하고 있다는 말이다. 이것은 목회자들의 교회론에 대한 부재 때문에 생긴 결과이다. 그러기에 철저히 하나님의 선교(Missio Dei) 신학의 입장에서 교회를 바라보고 목회를 하고 있다. 하나님의 선교란 선교의 주체가 교회가 아니라 하나님이라는 고백에서 출발하는데, 이는 기존의 교회론에 획기적인 변화를 가져왔다. 다시 말하면 하나님 선교에서 교회는 더이상 선교의 주체가 아니라 선교의 도구일 뿐이다. 중요한 것은 교회가 아니라 선교이다. 선교를 위해 교회가 존재하는 것이요, 따라서 교회는 선교 중심적 교회가 되어야만 한다. 그러나 오늘날 많은 교회들이 너무 선교에 대해 무관심한 것이 사실이다. 이런 점을 매우 안타깝게 여기며, 교회를 철저히 선교하는 교회로 만들어야 한다는 원칙을 가지고 지금까지 목회를 해오고 있다.

교회를 이렇게 선교하는 교회로 만들어가기 위해서는 지금 교회의 모습과 틀로는 선교의 사명을 제대로 감당할 수 없다. 오늘 농촌 교회 조직은 대부분 공동의회, 당회, 제직회, 구역 정도뿐인 교회가 많다. 몇 개의 부서가 있는 교회도 있지만 거의 유명무실하다. 목회자의 노력에 따라 약간의 차이가 있을 수 있지만, 대개 이런 조직으로는 어떤 선교적인 과제도 제대로 수행할 수 없다. 그러기에 구체적인 선교과제별 위원회가 필요하다. 용학교회는 과제별로 다섯 개의 위원회가 있다. 복지선교위원회, 문화선교위원회, 환경선교위원회, 생명농업위원회, 교회와사회위원회가 바로 그것이다. 여기서는 각 위원회별로 용학교회가 하고 있는 일들을 소개하도록 하겠다.

III. 위원회별 선교활동

1. 복지선교위원회

1) 노인대학

7년 전, 지금의 교회에 부임하였을 때 교회에서는 복지선교에 대해 대체적으로 두 가지 방향에서 논의를 하고 있었다. 하나는 찜질방을 짓자는 것이었고, 다른 하나는 집을 여러 채 지어서 홀로 계신 노인들을 모시자는 것이었다. 그러나 둘 다 비용이 많이 들 뿐만 아니라 현실성이 떨어진다는 판단에서 우선 적은 비용으로도 할 수 있는 것부터 시작하기로 했다. 가장 먼저 시작한 것은 농촌에 노인들이 많은 것에 착안하여 노인대학을 여는 것이었다.

노인대학은 주 1회 실시하고 있는데 굉장히 반응이 좋다. 출타하신 분들이 노인대학에 빠지지 않기 위해 전날 고향으로 돌아오실 정도요, 노인대학에 참여하기 위해 새벽부터 일어나서 그날 해야 할 일들을 모두 해치울 정도이다. 노인대학은 매주 100여 명의 노인들이 금요일 오전 10시에 모여 1시간씩 각 반별로 특별활동(레크레이션, 게이트볼, 종이접기, 컴퓨터, 풍물, 한글교실 등)을 한 후, 다시 전체가 모여 30분은 강사(군수를 비롯하여 도의원, 군의원, 면장을 비롯한 각급 기관장들이나 목사님들)를 초청하여 강의를 듣고, 강사를 초청하여 1시간 동안 즐거운 놀이시간(주로 국악, 노래, 레크레이션, 요가, 에어로빅, 춤 등)을 갖는다. 그리고 자원봉사자*들이 정성껏 준비한 점심을 먹는 것으로 노인대학의 하루 일과가 끝이 난다.

특히 노인대학 강사로 군수를 초청한 것이 계기가 되어 군으로부터 재정지원을 받아 운영되고 있는 노인대학이 무안군에 20개소에 이르고 있다. 말하자면 용학교회의 노인대학이 무안군의 노인천국 프로젝트의 일환으로 추진되고 있는 노인대학의 산실이 된 것이다. 지금은 무안군에서 1년에 1천만 원 이상의 재정을 뒷받침해주고 있어 어려움 없이 노인대학이 운영되고 있으며, 금년에는 군의 전폭적인 재정지원을 받아 노인대학 연합회 행사로 2,200여 명의 노인들이 모여 축제를 갖는 성과도 거두었다.

노인대학의 효과는 무엇보다 노인들의 삶의 질을 향상하고, 노년의 삶을 더욱 보람 있게 해준다는 측면도 있지만, 교회의 입장에서 보면 교회의 대외적인 이미지를 크게 개선하는 효과도 있다. 말하자면 노인들이 교회를 적극적으로 홍보해주어서 교회가 지역사회에서 좋은 이미지를 가질 수 있다는 것이다. 뿐만 아니라 목회자가 마을을 심방할 때도 노인대학 학생들의 적극적인 도움과 호응이 있어 마음 편하게 심방을 할 수 있다는 장점도 있다.

2) 밑반찬 배달

농촌에는 홀로 살아가는 노인들이 대단히 많다. 아무리 늙어도 할아버지, 할머니가 함께 살아가는 가정은 그래도 식사를 거르지 않는다. 그러나 독거노인들의 경우는 식사를 거르는 경우가 다반사이다. 그래서 독거노인들이나, 노인성 질환(중풍, 치매) 등으로 몸을 제대로 움직이지 못한 노인들을 대상으로 매주 1회씩 약 30가정의 밑반찬을

---

* 자원봉사대는 4명씩 4조로 편성되어 매주 한 개조씩 돌아가면서 식사를 준비한다.

배달해주고 있다. 농촌에 일손이 부족하다 보니 따로 반찬을 준비할 수가 없어 매주 자원봉사대가 노인대학 식사를 준비할 때 밑반찬까지 함께 준비하도록 한다. 경비는 외부의 지원을 받을 수도 있겠지만, 자칫 사업이 될 수 있다는 판단에 교회의 재정으로 모든 것을 충당하고 있다. 밑반찬 배달도 역시 지역사회에서 교회의 이미지를 크게 개선함과 동시에 무안노인복지센터의 입소 대상자를 발굴하는 데도 크게 도움이 되고 있다.

3) 무안노인복지센터

2005년도부터 노인복지선교를 보다 체계적으로 하기 위해 전문가를 불러 컨설팅을 받고, 또한 교회의 지도자들과 함께 다양한 선진지를 답사하였다. 그러는 가운데 큰 틀로는 재가복지,* 그 가운데서도 주간보호와 가정봉사파견센터를 하기로 결정하고 군청에 신청서를 제출하였다. 군청 실무자가 방문하여 주간보호는 추후로 연구해보고, 먼저 가정봉사파견센터를 할 수 있도록 지원해주겠다고 약속하였다. 그러나 뜻하지 않는 암초를 만나게 되었는데, 군과 도의 재정상황이 좋지 않아 당장은 재정지원이 어렵다는 것이었다. 결국 2005년도는 아무것도 할 수 없었고, 2006년도에 다시 주간보호와 가정봉사파견센터를 할 수 있는 길을 모색하던 중·단기보호와 주간보호, 가정봉사파견센터를 종합적으로 할 수 있는 재가복지시설**이 있음을 알게 되었다.

---

* 당시 재가복지는 단기보호, 주간보호, 가정봉사파견센터 등 세 가지가 있었다. 단기보호는 시설이 갖추어지지 않아 현실적으로 하기가 어려웠지만 60평의 교육복지관을 갖고 있는 우리는 주간보호나 가정봉사파견센터를 할 수 있다고 판단하였다.
** 농촌형 종합재가복지시설이 신설되었는데 단기보호, 주야간보호, 가정봉사파견센터 모두를 할 수 있었다.

이렇게 해서 농촌형 재가복지시설 신청서를 제출하게 되었는데 기적처럼 확정되어 2007년 가을부터 공사를 시작하게 되었다. 지방비를 포함하여 3억 4천 원 정도의 국가 지원을 받았고, 우리 교회가 나머지를 부담하여 4억의 예산을 들여 2층 건물로 107평의 재가복지 시설을 신축할 수 있었다. 2008년 7월에 설치 신고를 완료하여 현재 운영 중에 있는데 원장을 비롯하여 10명의 유급 직원이 단기보호 7명, 주야간보호 9명, 방문요양 14명을 돌보고 있다. 현재는 단기보호 대상자가 계속 늘어나고 있는 추세여서 복지관 증축의 문제를 고민하고 있으며, 재가복지의 한계를 극복하기 위해 요양원이나 그룹홈 등을 계획하고 있다.

4) 노인건강증진서비스

노인건강증진서비스는 완전한 용학교회의 프로그램은 아니다. 그러나 노인들의 건강을 증진시켜 질병을 사전에 예방하자는 측면으로 전라남도에서 추진하고 있는 사업을 광주건강관리협회가 획득하여 우리 교회의 교육관을 이용하여 실시하고 있는 프로그램이다. 노인대

무안노인복지센터 준공식

학이 잘 되고 있음을 알고 노인대학 학생들을 대상으로 건강증진서비스 프로그램을 실시하기 위하여 우리 교회에 요청해온 것이다.

노인건강증진 서비스는 일주일에 두 번 화요일과 금요일에 모여 2시간씩 건강증진을 위한 서비스를 제공하고 있다. 특히 노인건강증진 서비스 프로그램에서는 목욕권을 무료로 나누어 주고 있는데, 이로 말미암아 노인들이 매주일 한 번씩은 반드시 목욕을 하기 때문에 깨끗하고, 건강도 좋아지고 있어 많은 노인들이 이용하고 있다.

이 외에도 월 1회 정기적으로 무안군 보건소 차량봉사대에 참여하고 있으며, 한시적으로는 장애인종합복지관 반찬 배달과 차량 봉사를 함으로 지역과의 끈끈한 연대도 계속적으로 유지하고 있다.

2. 문화선교위원회

1) 정월대보름축제

문화선교위원회는 농촌에서 점차 확산되고 있는 향락적이고 퇴폐적인 문화를 일소하고, 지역 문화를 건강한 공동체적 문화로 바꾸기 위한 목표를 가지고 활동하고 있다. 문화선교위원회에서는 2004년도부터 매년 정월대보름 축제를 열고 있다. 1회부터 3회까지는 교회가 주관하고 장소도 교회 앞마당에서 정월대보름 축제를 가졌으나 지금은 이장협의회가 주관하고, 장소도 근처 초등학교의 운동장에서 열고 있다. 이는 불신자들의 장소에 대한 거부반응을 해소하기 위한 목적도 있지만 무엇보다 장소가 비좁을 정도로 호응이 높아 그만큼 넓은 장소가 필요하기 때문이기도 한다. 작년까지는 교회에서 예산을 전적으로 부담했지만, 금년부터는 군에서 모든 재정을 지원받고 있다. 이제 교회는 후원자의 입장에서 주최 측을 돕고 있을 뿐이다. 6회째 진

민속대축제 행사 중 콩주머니 던지기 하는 주민들

행되고 있는 정월대보름 축제는 이제 명실상부하게 우리 지역의 새로운 축제로 자리매김하고 있으며, 매년 500명 정도의 지역주민들이 참여하고 있다.

2) 사물놀이패

현재 두 개의 사물놀이패가 운영되고 있다. 젊은 층이 중심이 되어 있는 사물놀이패는 교회를 대표하면서 성탄절 등 교회의 행사나 각종 축제의 현장에서 분위기를 조성하는 역할을 하고 있고, 노인학교에서 운영하고 있는 사물놀이패는 노인들의 축제 현장에서 주로 발표회를 갖는 형식으로 한시적으로 운영되고 있다. 무안군은 노인 천국을 지향하다 보니 노인 축제가 많아지고 있고, 그러다 보니 자연스럽게 노인학교 사물놀이패들의 발표도 점차 많아지고 있는 추세이다.

3) 게이트볼

우리 교회의 다양한 선교활동 가운데 가장 취약한 부분이 게이트볼이다. 군 예산으로 매우 훌륭한 게이트볼장이 지어졌는데도, 좀처럼 활성화되지 못하고 있기 때문이다. 게이트볼이 활성화되지 않는 이유는 농번기철은 워낙 바쁘기 때문이고, 농한기철은 휴게실이 없어 워낙 춥기 때문이다. 이곳은 그 어느 지역보다 바람이 많은 곳이다. 그래서 지금 당장 급선무는 바람막이와 휴게실 마련이다. 게이트볼장이 따뜻하고 휴게실이 마련되기만 하면 어느 곳보다도 게이트볼이 활성화될 수 있다. 복지관에서 얼마든지 식사나 간식을 준비해줄 수 있기 때문이다. 바람막이와 휴게실을 마련하여 연중무휴로 게이트볼을 즐길 수 있도록 준비하는 것이 앞으로 우리 교회의 선교 과제이다.

3. 환경선교위원회

환경선교위원회에서는 창조질서 회복운동을 목표로 용학교회 10대 환경수칙*과 66가지 창조세계보존수칙을 만들어 생활화하고 있다. 매년 아나바다 장터가 계획되기는 하지만 물품의 부족으로 단 한 차례만 열렸을 뿐이다. 아나바다 장터는 도시 교회와의 연대가 절실히 필요한 실정이다. 또한 교회에 쓰레기 분리수거함을 설치하여 쓰레기 분리수거를 생활화하기 위해 노력하고 있다. 복지관의 전기세가 겨울철이면 매월 백만 원 이상이 들고 있기 때문에 교회 안의 모든 시설들(복지관, 사택, 교회당, 교육관, 황토방)이 함께 사용할 수 있도록 태양열 설치를 연구하고 있는데, 에너지를 절약하고 게이트볼장의 바람막이가 될 수 있는 장점이 있지만 비용이 많이 들어 신중한 검토가 필요하다.

---

* ① 일회용품을 사용하지 않는다. ② 쓰레기를 분리수거 한다. ③ 물이나 전기 등 자원 절약을 생활화한다. ④ 수질을 오염시키는 합성세제의 사용을 줄인다. ⑤ 바다를 오염시키는 폐수를 버리지 않는다. ⑥ 토양을 오염시키는 제초제나 화학비료의 사용을 줄이고 친환경농업을 실천한다. ⑦ 빈 공간에 나무를 심는다. ⑧ 외국농산물을 절대 먹지 않는다. ⑨ 검소한 생활을 한다. ⑩ 환경지킴이 활동을 생활화한다.

4. 생명농업위원회

생명농업위원회는 제초제나 농약과 화학비료를 사용하지 않음으로 땅을 지키고, 품질과 맛과 안정성을 담보로 경쟁력 있는 농산물을 생산하기 위해 활동하고 있는 위원회이다. 교인들로만 구성된 영농조합법인 '해뜰공동체'가 중심이 되어 활동하고 있는데, 해뜰공동체는 6년 전에 조직되어 공동으로 농업 자재를 만들어 사용하고 있으며, 유기농 농산물 인증을 받아 공동으로 쌀을 비롯한 다양한 농산물을 생산하고 있다. 하지만 생산-가공-유통을 전적으로 책임지지 못하고 있으며, 아직도 그 활동은 미비한 편이어서 생명 농업이 교회 전체 대중들로 확산되지 못하는 것이 매우 안타깝다. 농촌개발 사업에 뛰어들기 위해 여러 선진지를 견학하였으나 아직 뚜렷한 성과는 나타나지 않고 있다.

IV. 나가는 말

7년 동안 나름대로 몸부림친다고는 했지만, 막상 기록으로 남길만한 것들은 별로 없다는 생각이 든다. 일상적으로 진행된 목회활동은 지면상 생략하였고, 여기서는 주로 과제별 선교위원회에서 하고 있는 일들을 중심으로 소개하였다. 아마 부족하게 보인 부분도 많을 것이다. 그러나 교회가 강력하게 하나님 나라의 도구로 쓰임 받기를 꿈꾸는 나와 우리 교회의 노력은 언젠가 결실을 맺게 될 것이라고 확신한다. 부디 여러분들이 섬기는 교회도 하나님 선교의 도구로 귀하게 쓰임 받을 수 있기를 기도한다.

도·농 경계를 넘어 선교하는 함양제일교회

김성률 목사
(경남 함양제일교회)

I. 들어가는 말

농촌목회에 대해 굳은 결심을 하고 시종일관 농촌 교회를 섬긴 목사님들이 많이 계신데 사실 나는 그렇지 못하다. 목회를 하다 보니 이곳까지 이르게 되었다. 한때 서울의 큰 교회에서 부목사로 사역을 한적이 있었는데, 그 기간이 여러 좋은 훈련의 과정이 되기도 했지만, 그 과정을 통해서 하나님은 내가 서지 말아야 할 자리를 보게 하셨고, 정반대의 자리로 길을 여시며 농촌목회를 시작하게 하셨다.

그런데 사실 나의 목회는 감히 농촌목회라고 말할 처지가 못 된다. 지역적으로 읍내 시가지가 끝나는 지점에 교회가 위치해 있고 교우들 대부분이 30대에서 50대 초반의 연령으로 직장생활이나 자영업을 하고 있다. 그러니 농촌목회라는 명함을 못 내밀 판이지만 교회가 펼치는 지역 활동들이 지역의 농촌 교회들과 연결되어 있고, 그런 활동들을 통해서 농업이 주요 기반을 이루고 있는 이 지역의 한 일원으로 자리매김해왔기에 농촌목회의 언저리에라도 끼워주셨으면 하는 바람이다.

내가 하고 있는 목회를 '경계에 서 있는 목회'라고 부르고 싶다. 교회 입구에 서서 고개를 오른쪽으로 돌리면 읍내 시가지가 시작되고, 왼쪽으로 돌리면 들판이 열리며 드문드문 마을이 이어진다. 교회가 농촌과 도시의 경계에 서 있다. 나는 '지리산종교연대'를 통해서 지리산 자락에서 살고 있는 타 종교의 성직자들을 만나고 있다. 스님들, 원불교 교무님들, 신부님들이 우리 교회를 방문하여 모임을 갖기도 한다. 자연스레 교회가 타 종교의 경계를 넘나들게 된다. 지리산에는 '지리산기독교환경연대'의 이름으로 모여서 생명 평화의 세상을 꿈꾸는 교회들이 있다. 그들과 함께 교단의 경계를 넘나든다. 요즘은 지역에 귀농자들이 늘어나면서 교회 한쪽이 귀농자들의 사랑방이 되었다. 교회가 지역민과 귀농자의 경계에 서서 귀농자들이 지역에 연착륙할수 있는 터가 되어 간다. 먼저 교회 안에서 이루어지는 지역과의 만남을 소개하겠다.

II. 느티나무 식당

매주 목요일이면 교육관이 식당으로 변신한다. 지역의 어르신들을 초청하여 점심식사를 대접하고 있다. 이 마을 저 마을 흩어져 계시다가 만나면 서로 인사를 나누며 왁자지껄한다. 밥 한 끼를 나눔보다 소식을 나누고 정을 나눔이 행복하다. 교회 한켠에 서 있는 느티나무가 마당을 다 덮을 정도로 우람하여서 식당 이름을 '느티나무 식당'이라 지었다.

시작할 때 작은 교회로서 감당하기가 벅차지 않나 걱정이 되었지

식사하고 있는 동네 어르신들

만 해를 거듭하면서 쌀을 갖다 주시는 분, 반찬거리를 갖다 주시는 분, 과일이나 간식거리를 제공하시는 분, 교회를 다니지는 않지만 봉사하러 오시는 분들이 생겨서 넉넉히 감당하게 되었다. 작은 교회가 애를 쓰는 것이 안쓰러웠는지 어르신들이 돈을 거둬주시기도 한다.

직장생활을 하는 교우들이 동료들을 데리고 오거나 주부들이 친구들을 데리고 와서 식사를 하기도 한다. 자연스럽게 그리스도의 사랑을 나누고 교회 문턱을 낮추는 좋은 통로가 된다. 매주 많은 분들을 대접하다 보니 교우들이 일에 겁을 내지 않게 되어 교회가 무슨 일을 할 때 큰 힘이 된다.

III. 바느질 교실

느티나무 식당을 마치고 부엌 정리가 끝나면 바느질 교실이 시작된다. 장작 난로에 둘러앉아 두런두런 이야기를 나누며 바느질을 하면 마음이 참 편안해진다. 주로 주부들이 모여서 퀼트를 하는데 나 역시 지난해에 몇 명의 지인들과 함께 참여하여 생활한복 바지를 만들어

봤다. 처음에는 전문 강사가 지도를 했는데 이젠 대부분 어느 정도 수준이 되어서 각자 솜씨껏 손가방이나 지갑, 옷 등을 만들고 처음 시작하는 분들을 도와주기도 한다. 바느질을 하면서 차를 마시고 이야기를 나누는 이 시간이 주부들에게 좋은 소통의 장이 되는 것 같다. 아이 키우는 문제, 남편 이야기, 사춘기 자녀와 씨름하는 이야기, 동네 돌아가는 이야기를 비롯하여 별의별 이야기를 다 나눈다. 그러면서 우리 교우들이 전하는 교회 이야기도 듣는다. 바느질을 시작한 분들 중에 몇 분은 신앙생활을 하겠다고 교회에 등록을 했다. 전도한 것이 아니고 일 년이 넘도록 왕래하며 살핀 끝에 스스로 결정한 일이라 모두 탈 없이 교회를 잘 다니고 있다.

IV. 사랑방 모임

시민연대 활동을 하는 중에 지역에 오래전에 귀농하여 터를 잡은 귀농자 부부를 만났다. 자주 만나지는 못하지만 드문드문 차를 나누며 몇 년 지났는데 이 부부가 교회에 등록하였다. 알고 보니 청년 시절까지 교회를 잘 다녔던 분들인데 교회 내부의 문제로 상처를 받아 이십 년 넘도록 신앙생활을 중단하고 있었던 것이다. 이 부부를 모델 삼아 지역으로 귀농하는 분들이 꽤 생겼는데 그 부부를 통해 지역의 귀농자들과의 만남이 열렸다.

귀농하신 분들이 이따금 교회에 오시면 차를 대접하고 이야기를 나누며 만남을 가졌는데 한 달에 한 번 귀농자들의 정기모임을 교회에서 갖고 싶다는 것이다. 교육관에서 한 달에 한 번 모여서 강사를 초청하여 강연회를 열고 다큐멘터리나 영화를 보기도 했는데 한 해가 지나자 매주 모이자는 의견이 나왔다. 그리하여 매주 화요일 다섯 시에 모여서 몸살림 체조를 하며 "함양사랑방모임"이 시작되었다. 귀농 첫 세대와 새내기 귀농자들, 지역주민, 교우들이 함께하여 건강한 삶을 준비한다. 지역의 생태환경과 문화에 대해 좋은 생각들을 나누고 건강한 여론을 모아가는 좋은 자리가 되었다.

올해 들어 지역에 사회문화 복지관이 문을 열어 이 모임은 그곳으로 자리를 옮겨갔다. 짐을 내려놓은 홀가분함도 있고 키운 자식 내어 놓는 허전함도 있지만 만남은 계속 이어지고 있다. 귀농자들 대부분이 유기농 농사, 축산, 양계, 과수원을 하고 있다. 앞으로 교회 한편에 좋은 농산물을 나누는 자리를 마련하고 생활용품들을 교환하는 자리도 마련할 계획이다. 그때 귀농자들이 좋은 역할을 하리라 생각한다. 이제 교회 밖에서 이루어지는 활동들을 소개하겠다.

V. 함양시민연대

군(郡)단위 지역에서 시민연대가 조직된 곳이 흔치 않은데 함양에는 시민연대가 꾸려져서 활동하고 있다. 지리산댐백지화운동을 하면서 결성된 조직인데 이후에 지역 문화운동을 이끄는 방향으로 발전되었다. 생태기행, 문화유적지 답사 등의 활동을 했고, 외국인 이주여성들을 위한 한글교실도 했다. 현재 이런 활동들은 전문적인 복지기관으로 이관되었고, 「시사함양」이란 지역신문 발행을 주요 활동으로 삼으며, 신문을 통해 생태환경의 보전과 지역행정 감시의 역할을 하고 있다.

VI. 지리산종교연대

지리산종교연대 종교인들의 모임

지리산종교연대는 지리산 자락에 모여 사는 기독교, 천주교, 불교, 원불교의 성직자들이 모여서 결성된 단체이다. 각 종단의 성직자들이 서로 각을 세우며 대립하지 않고, 함께 모임을 갖는 것만으로도 의미 있는 일인 것 같다. 서로의 삶의 자리를 방문하는 정례모임을 통해 함께 밥을 먹고 산행을 하거나 운동을 하면서 막연한 경계심을 풀고 서로를 알아간다. 정례모임 때 지역 현안들에 대해 토론하고 한목소리를 낸다.

지난해부터 '천일순례'를 시작했다. 서른 명 정도가 뜻을 모아 매월 하루씩 책임지고 지리산 둘레길을 걷고 있다. 그렇게 천일을 걷는다. 지리산 둘레길이 유흥과 관광의 길이 되고 있다. 그래서 지리산 둘레길은 순례와 자기성찰의 길이 되어야 함을 천명하면서 기도하는 마음으로 둘레길 전 구간을 매일 이어 걷고 있는 중이다. 그렇게 길을 걸으며 지리산댐 건설을 막아내고, 지금은 지리산 케이블카 유치에 집중하고 있는 지방자치단체와 맞서고 있다.

VII. 지리산기독교환경연대

필자는 수년간 지리산기독교환경연대의 공동대표로 일하고 있다. 지리산 댐 백지화 운동에 앞장서던 몇몇 교회가 주축이 되어 1997년 5월에 함양 기독교환경운동연대가 결성되었는데 지역 교회들의 보수적인 성향으로 인해 참여하는 교회들이 많지 않았고 교회의 지역운동에 대한 시선이 곱지 않았다. 연대활동도 목회자 중심으로 이루어지고 개교회 회중들의 전폭적인 참여가 부족한 상황에서 지역운동을 전개해나가야 했었다.

2005년에 이르러 지역 현안에 대응하는 것에 주력했던 연대활동에 변화를 주었다. 생태캠프, 문화기행, 환경산행, 생태체험 활동 등을 통해 지역 교회의 참여를 유도했다. 농촌의 작은 교회들이 이런 활동들을 지속적으로 전개해나가는 것이 여간 힘든 일이 아니었지만 회원 교회들이 시간과 재원의 출혈을 감수하며 활동을 지속해나갔다. 상근직원이 없는 상황에서 이런 활동들을 지속해나가기란 참으로 힘들었지만 활동을 다양화하면서 뜻을 함께하는 교회들이 늘어나서 함양 지역을 넘어 산청, 거창, 구례, 남원 지역의 교회들도 참여하게 되면서 2008년에 지리산기독교환경연대로 이름을 바꿨다. 현재 6개 교단(기감, 기장, 고신, 대신, 성결, 예장통합), 30여 개 교회가 함께 활동하며 외연을 넓혀가고 있다. 우리 교회가 가장 주력하고 있는 활동 중의 하나가 환경운동인데 이 단체에 힘이 되기도 하고 힘을 얻기도 하면서 함께 펼쳐가고 있는 활동들을 소개한다.

1. 환경보전운동

지리산 환경보전 활동 모습

지리산은 산이라기보다는 거대한 생명의 덩어리이다. 우리나라에서 생물종 다양성과 생태적 건강성이 가장 뛰어난 곳이다. 그런데 지방자치단체들이 경제성이란 구호 아래 무분별한 개발정책을 펴고 있어서 환경파괴가 우려되는 상황이다. 개발정책과 여론몰이로 인해 지역민들이 자연생태계를 대하는 생각이 왜곡될 수 있다. 자연생태계의 진정한 주인인 무수한 생명체들의 입장에서 환경에 접근하지 못하고 오직 인간의 편리와 이익을 위한 도구로 자연을 대하게 만들고 있다. 생각이 왜곡되는 것, 이것이 제일 무서운 일이라는 판단 아래 개발정책에 반대 목소리를 내고 있다.

2. 지역 사랑 활동

1) 생태캠프
매년 여름방학 중에 지역의 학생들을 대상으로 생태캠프를 열어왔다. 기독교환경회의에서 논의된 그해 환경운동의 방향에 맞추어 지리산 자락의 산, 숲, 계곡 그리고 인근의 바다로 장소를 옮겨가며 캠프를 열었다. 이제는 도시 지역의 교회들도 매년 참가하여 농촌 교회들이 도시 교회들을 돕고 섬기는 좋은 자리가 되고 있다.

2) 자전거 여행, 도보순례, 환경산행

지리산 자락을 몇 구간으로 나누어 자전거 여행과 도보순례를 매년 번갈아 진행하고 있고 매년 환경산행을 하고 있다. 지리산은 참으로 많은 마을과 역사를 품고 있다. 차를 타면 지나칠 수밖에 없는 마을 이름들과 풍경들을 찬찬히 살피며 지역을 배워가고 있다.

도보순례단

자전거 순례단
일행

3) 환경교육

격월로 회원교회들을 순회하면서 정기모임을 갖는다. 식사모임을 가진 후에 예배를 드리고 강사를 초청하여 세미나를 열거나 지역 현안에 대해 발제하여 토론을 한다. 환경주일에 연합예배를 드리며 강사를 초청하여 환경강의를 듣거나 영상물을 본다. 그리고 매년 생태캠프를 위해 공과를 자체 제작하고 있는데 지역 교회들의 교사들이 녹색교사 모임을 구성하여 매월 학습을 하며 공과를 만든다.

4) 문화활동

문화활동으로는 두부 만들기, 천연염색, 웃음치료, 환경캠페인 등의 활동을 해왔고 홍순관 님을 초청하여 '지구살리기 7년 프로젝트, 착한노래 만들기' 공연도 했다. 문화활동들은 지역 교회의 다양한 계층과 연령들을 연대활동으로 끌어내는 데 무척 효과적이었다.

VIII. 얻어진 결과들

이렇게 경계에 서서 농촌과 도시, 종교와 교단과 교회의 경계를 넘어 활동하는 것이 많은 시간과 정성을 기울여야 하는 힘든 일이기도 하지만 좋은 결과들이 있었다.

첫째, 개교회의 한계를 극복하는 것이다.

지역의 교회들이 거의 대부분 미자립 교회거나 작은 교회여서 여름성경학교를 비롯한 여러 활동들을 자체적으로 진행하기가 어렵다. 인력과 재원이 부족하기 때문이다. 그렇지만 작은 교회들이 힘을 모으니 백여 명이 넘는 생태캠프를 매년 감당할 수 있게 되었고, 다양한 연대활동들을 통해 개교회에 묻혀 있던 소수의 인력들이 각자의 은사를 발휘하여 지역의 좋은 일꾼들로 세워지고 있다. 연대활동이 십년 가까이 이어지다 보니 캠프에 참여했던 학생들이 캠프 교사로 세워지며 교회연합운동이 다음 세대로 이어지는 값진 열매도 보게 되었다. 생태캠프에 도시 교회들도 참가하게 되면서 농촌 교회가 도시 교회로부터 도움만 받는 것이 아니라 줄 것이 참 많다는 것을 지역 교회들이 발견하게 된 것도 연대활동을 통해서 얻게 된 좋은 열매 중의 하나이다. 에큐메니칼 운동이 거창한 구호 아래 대단한 단체들이 주도하여 이루어지는 것이 아니라 이렇게 지역 교회들이 연합하며 개교회주의를 극복하는 몸부림 속에서 뿌리를 내릴 수 있다는 확신을 얻었다.

둘째, 지역운동에 대한 지역 교회의 태도변화이다.

지역 교회들이 보수적인 성향이 강해서 지역의 환경 현안을 다루는 연대의 활동에 대해 배타적이었다. 그러나 지역의 교회들이 연대의 다양한 활동에 참가하기 시작하면서 지역운동을 대하는 태도도 많이 변화되었다. 사실, 이 정도만큼이라도 변화된 것은 연대활동을 다양화한 것 때문만은 아니다. 연대에 속한 목회자들 중에 지역에 오래도록 뿌리내리고 목회하면서 지역 교회와 목회자의 대소사와 경조사를 꾸준히 찾아다니고 지역의 교회연합 활동에 적극 참여한 덕분이다. 마을 어귀의 느티나무처럼 큰 품과 그늘로 지역을 지켜온 분들이 있어서 큰 힘이 된다. 그런 분들이 없었다면 개교회 한 곳이 세워지기도 힘든 이 척박한 서부경남 지역에서 교회들의 연합활동이 이만큼 왕성하게 이루어질 수는 없었을 것이다. 자신을 녹여내며 지역에 오래 머무는 것, 농촌목회에 있어서 이것처럼 중요한 것은 없을 것이다.

셋째, 교회 중심주의의 극복이다.

지역을 살리고 환경을 보전하는 일에는 기독교냐 불교냐의 구별보다는 그 사람이나 단체가 품고 있는 정신, 개발 지향이냐 생태 지향이냐는 것이 더 중요한 기준이 되는 것 같다. 광우병 사태나 자유무역협정(FTA)을 대하는 교회들의 태도를 보면 교회끼리도 정반대의 자리에 설 수 있음을 본다. 중세 유럽은 교회로 뒤덮여 있었지만 역사는 그 시대를 암흑시대라고 평가한다. 오늘날의 교회가 기독교인의 숫자를 늘리는 것에만 골몰할 것이 아니라 생명 평화의 세상을 만드는 일에 종교의 경계를 넘어 협력하는 일에 주력해야 한다.

교회 안팎에 교회에 대한 냉담자들이 있다. 개교회주의를 넘고, 교회중심주의를 넘을 때 냉담자들이 마음을 조금씩 여는 것을 경험한다. 교회에 실망하여 신앙생활을 중단하고 있던 냉담자들이 신앙생활을 시작하게 된 경우들도 있고, 귀농자들이 연대의 활동에 참가하면서 교회에 대해 열린 태도를 갖게 되었고 교회의 외곽에서 교회와 연대의 활동들을 지원하기도 한다. 요즘 들어 지역으로 귀농자들이 계속 늘어나고 있는데 교회들이 교회의 경계를 넘어 활동을 전개해나가면 교회가 귀농자들의 지역 정착을 돕는 통로가 될 수 있고, 교회는 소중한 젊은 자원들을 얻게 될 것이다.

IX. 나가는 말

경계에 서 있는 것은 위험하기도 하다. 아무래도 회의와 모임이 잦다 보니 목회자로서 혼신을 쏟아도 부족할 목양에 집중력을 잃을 수 있다. 성경을 묵상하고 기도에 깊이 들어가는 시간에 소홀할 위험이 있다. 주님의 발아래 앉아 조용히 말씀에 집중하는 마리아처럼 되지 못하고 마르다처럼 분주하게 움직이다 탈진할 수 있다. 이런 상황은 교회의 분위기로 직결될 수 있기 때문에 주변의 급박한 요구들에서 자신을 보호할 필요가 있다.

지역의 작은 교회들이 주축이 되어 일하다 보니 교육적인 부분이 취약하다. 회원들의 의식 변화가 지속적으로 이루어져야 하는데 지속적이고 체계적인 교육을 할 수 있는 상황이 안 된다. 인터넷 환경교육 개설, 다른 지역의 연대활동 탐방 등을 통해 극복해야 할 문제이다. 재원 마련도 큰 어려움 중의 하나이다. 아나바다 장터, 유기농 직거래 상설 장터 등이 지역에 절실히 필요한데 그런 일을 꾸려줄 상근활동가와 공간 마련이 쉽지 않다. 교육이 계속되지 않고, 인력과 재원이 보충되지 않으면 지역의 시급한 현안들과 요청들에 적절히 대처하지 못하게 된다. 지역에 공해업체가 들어서는 것을 막지 못한 경험이 있다. 업체를 방문하여 항의했으나 전문성이 부족하여 구체적인 문제를 지적해내지 못했고 재원이 부족하여 환경조사를 의뢰하는 일을 엄두조차 내지 못했다.

그런 위험과 한계를 안고 있기에 더 많이 기도하게 된다. 주님의 도우심이 없이는 지역활동과 목회를 겸하는 일을 도저히 감당할 수 없다. 피해 달아나고 싶을 때도 있지만 마음이 맑고 환한 분들과 함께 서로 힘과 뜻을 모아 주님의 뜻을 받들며 지리산 자락에서 살고 있는 지금이 참으로 행복하며 감사하다.

지역과 민족을 생각하는 공주세광교회

이상호 목사

(충남 공주세광교회)

I. 농촌목회 동기

필자는 충남 부여, 서천, 보령 3군계 아주 시골마을에서 태어나 어린 시절을 보냈고, 중학교 3학년 때부터 예수를 믿기 시작하여 교회에 다녔다. 예수를 믿기 전에는 무척이나 수줍고 약하고 못나고 한없이 부족했었다. 왜 공부를 하는지, 왜 사는지를 몰랐었기에 자존감이나 자아정체성이 전혀 없었다. 그런데 교회에 다니면서 자신이 천지를 지으신 하나님의 아들이라는 깨달음과 하나님의 형상으로 지음 받은 천하보다 귀한 생명임을 깨달았다. 자연히 자존감도 높아지고, 삶의 목적도 생겼다. 고등학교도 대학도 갈 수 없는 형편이었지만 예수 믿는 것이 너무 좋았고, 그래서 거의 무료로, 고학을 하며 예수 믿는 미션스쿨, 예수 배우는 신학교를 다닐 수 있었다.

예수에 미쳐 살다보니 신학이 재미있었고, 목사고시에도 합격하여 비교적 이른 나이인 28세에 목사가 되었다. 참 철없는 목사였다. 그러나 분명한 것은 농촌목회에 대한 꿈이 있었다. 그래서 신학교 동

공주세광교회 전경

기 중 7명이 '보습회'를 만들었는데, 지금까지 모이고 있다. 보습이란 땅을 갈아엎는 쟁기의 맨 밑바닥 부분에 들어가는 농기구의 하나다. 젊음을 바쳐 농촌에 들어가 농촌을 풍요롭게 개혁하고 밑바닥에 들어가 살자는 의미였다.

그래서 자연스레 작은 면(面)소재지 교회 전도사로 시작하여 리(里) 소재지 농촌 교회 담임목사로 청빙 받아 직접 교회 사택을 짓기도 하며 잘 지냈다. 그러다가 갑자기 사표를 내고 이곳 공주로 이사하여 1984년 말부터 세광교회 개척목회를 시작하였다(그 이야기를 다 하자면 길기에 생략). 올해로 목회 시작한 햇수로는 34년이고, 세광교회 근속만 30주년을 맞는다.

II. 도시 개척교회 사글세 세광교회(1984년)

농부의 아들로 태어나 농촌에서 자라나 농촌목회를 하려던 자가 작은 도시에서 무일푼 사글세 개척교회를 시작하였다. 안정된 농촌 교회를 떠나 생판 모르는 도시에서 노동자, 행상, 외판원, 소년소녀가장 등 도시빈민들과 함께 고난의 목회를 시행하였다.

그리고 바로 이어서 1987년 6월 항쟁과 9.26 성전 최루탄사건이 발생하였다. 작은 사글세 개척교회였지만 공주농민회를 비롯해서 공주민주교사협의회, 공주인권위원회 등 시민, 인권, 민주화운동의 많은 모임이 마치 성지인 듯 세광교회에서 결성되었다. 최루탄사건 역시 민주쟁취국민운동 공주시 군지부 창립대회로 인해서 벌어진 사건이었다. 세광교회는 몇 안 되는 민중들로 시작한 교회지만 민주, 민족, 양심, 인권, 통일에 관심을 갖고 교회가 서 있는 삶의 자리에서 역사와 민족의 문제를 끌어안고 씨름하는 목회를 하였다.

그 결과 교회는 매년 옮겨 다녀야 했고, 그래서 성장하지 못했다. 급기야 IMF 직전에는 시청에서 교회 자리를 사서 동사무소를 짓는 바람에 쫓겨나야만 했다. 사글세 10년에 갑자기 교회당을 비워주고 옮겨야 하니 다시 빈손이다. 전세를 살았더라면 전세금이라도 받았을텐데 사글세는 말 그대로 월세를 내고 살던 교회였으니 빈손이었다.

III. 쐐기골 세광교회(1995년)

비상긴급회의를 열었다. 앞으로 어떻게 할 것인가? 도시에서 2층, 3층 셋방살이 교회를 계속할 것인가, 아니면 시골로 옮겨 내 땅에서 교회를 할 것인가? 필자는 은근히 농촌목회에 대한 꿈과 빚진 마음이 있었기에 농촌에서 목회할 마음이 있었다. 성도들의 동의하에 공주시에서 8km 떨어진, 시골 리(里)소재지도 아닌 쐐기골에 자리를 잡게 되었다.

주봉리 소재에는 주봉초등학교가 있다. 올해만 해도 1학년 입학생이 없고, 6학년까지 총 세 개 반에 18명의 학생이 있을 정도이다. 쐐기 골이라는 지명은 이유도 뜻도 모른다. 이장도, 지역 어른들도 무슨 뜻 인지 모른다. 다만 필자가 부여하자면, 이곳은 더 갈 수 없는 막다른 골목인데 마치 양지(陽地) 목사가 쐐기를 박은 곳이 아닌가 한다.

1995년도 평당 2만 원씩 1천여 평을 샀다. 이곳에는 60여 평의 시멘트 블록 슬레이트로 지어진 가마니 공장이 있었고, 20여 평의 시멘트 블록조 관리동이 있었다. 성도들이 힘껏 헌금하여 공장을 교회로, 관리동을 사택으로 리모델링하여 소박하지만 다시 농촌목회를 시작하였다. 도시에서 나오는 성도들이 있었기에 그럭저럭 교회가 유지되었다.

근 십년은 아이들 키우랴, 교회 유지하랴 정신이 없었다. 그동안 동네 주민들과 가까워지느라 보신탕 교제도 하고, 시내버스 봉사도 하였다. 1998년에는 성전봉헌식과 함께 시무장로도 세워서 조직교회로 발전했다. 2002년에는 1구좌 100만원, 100구좌 1억을 모으고 한국목조건축학교의 도움으로 장애인들을 위한 '사랑이 있는 집'을 건축하기도 하였다. 장애인, 무의탁 노인 등이 모여 자연스럽게 살아가는 소규모 공동체가 가동되었다. 그러다가 공동체 구성원들이 돌아가시기도하고, 이사도 가고, 지금은 교회 사택이 되어 여성 지적장애인 한 사람과 함께 살아가고 있다. 장애인들과 함께하느라 농촌목회는 그리 활발하게 하지 못하였다. 그러다 보니 세월만 흘렀다. 여기서 우리 교회가 하는 몇 가지 프로그램을 소개하려고 한다.

1. 이웃과 함께하는 마구간 축제

우리 교회는 예배당 안에 기둥이 많은 사글세 개척교회였다. 교회의 관심도 소년소녀가장, 장애인, 영세 결손가정 등 소외된 이웃에게 마음을 썼다. 교회의 영구(永久)적 표어도 "하나님과 함께, 이웃과 함께 땅끝까지 선교하는 교회"이다. 그래서 매년 교회 생일잔치와 성탄절은 이웃과 함께하고 있다.

특히 성탄절에는 지금까지 24회에 걸쳐 마구간 축제를 했다. 예수님이 마구간에 태어나셨는데 마구간 같은 교회에서, 마구간 같은 곳에서 살아가는 이웃들을 초대하여 예수님 생일잔치를 갖는 것이다. 우리끼리만 먹으면 무슨 잔치인가? 이웃과 함께하는 잔치가 진정한 잔치이리라. 그러다가 18년 전부터는 시낭송회를 갖기 시작했다. 1년간 살아오면서 소박하게 지은 시들을 낭송하고 찬양하며 교우들이 준비한 선물을 나누는 것이다.

2. 노인잔치

교회가 위치한 곳은 그야말로 노령화된 농민들이 사는 시골이다. 교회 생일 때마다 우리끼리만 밥을 먹는 것은 아니라는 생각이 들어서 마침 지역 봉사단체 '사랑 만들기'의 재능기부로 음악회와 노래자랑을 펼쳤다. 이때는 완전히 유행가 딴따라 수준이다. 몇 년 했더니 지역 노인회에서 이제는 마을 행사를 교회에서 갖겠다고 한다.

3. 전교인 역사기행

초기에는 장애인들과 함께 춘장대해수욕장, 포항, 거제, 제주, 무주구천동 등지로 전교인수련회를 다녔다. 그러다가 최근에는 기독교 역사기행을 다닌다. 우리 교회 성도 수는 관광버스로 한 차 정도다.

마구간축제

경로효잔치

서울 기독교 역사기행

매년 전교인 야외예배를 주로 기독교 역사가 있는 곳으로 간다. 제 1회 여수 애양원을 필두로 해서 제암리교회 해미순교지, 이천 한국기독교역사박물관과 미리내성지, 소록도, 전북지역 기역자 교회와 예수병원 서현교회, 서울 양화진 외국인 선교사 묘원과 정동길, 청주지역 기독교 역사순례 그리고 금년에 제8회 예산지역 예동교회 등 전국을 누빈다. 주일에 멀리 가다 보니 차 안에서 주일예배를 드릴 경우도 생긴다. 요즘엔 차량 시스템이 좋아서 집중력이 있고 아주 효과적이다.

4. 반장과 지역사회 봉사

지난 2011년에는 세광교회가 쐐기골에 들어온 지 16년째를 맞아 양지 목사가 반상회를 통하여 반장이 되었다. 작은 마을인데도 불구하고 두 패로 나뉘어 반목하는 모습이 안타까워 반회에 갔다가 주민들이 모두 하나가 되어 목사가 반장 일을 맡아주면 좋겠다고 하여 수락하였다.

초등학교, 중등학교에서도 못해 본 반장이다. 100교회 노회장 보다, 200교회 공주시기독교연합회 회장(모두 역임)보다 소중한 직분으

마을 주민 윷놀이

로 여긴다. 마을을 하나로 만들고, 정기모임도 없었는데 세 달에 한번 정기모임을 가지며, 대보름 때는 윷놀이도 하고, 어려운 주민들을 섬기다 보니 주민 접촉도 많아지고 서로 간 관계도 더욱 좋아졌다.

5. 게이트 골프장

교회는 천여 평에 예배당 60평, 식당 26평, 사택 엔학고레(찻집) 60평에 나머지 주차장과 특별히 300여 평의 잔디밭을 가지고 있다. 교회 앞에는 나무들이 자라 그늘에 60여 명이 쉴 수 있는 식탁과 의자가 구비되어 있다. 문제는 잔디밭이다. 농촌에서 땅 한 평이라도 작물을 심어야 하는 마당에 잔디밭을 놀린다고 하는 것은 미안한 일이다. 전국의 전원교회 탐방을 통해서 새롭게 고안해낸 게이트 골프장을 만들어 아이들부터 노인에 이르기까지 취미 활동에 애용되고 있다.

6. 주보와 홈페이지

세광교회는 처음부터 남다른 주보, 주간 8~12면의 주간지로 만들어 300여 부까지 발송한 적이 있다. 지금은 인터넷 시대를 맞아 주보 발송은 줄이고 대신 홈페이지 활동으로 오지 쐐기골 교회가 세상과 소통하고 있다. 주보는 매년 발행하여 지금까지 30권째 통권 1519호를 만들었고, 홈페이지(sk8404.or.kr)는 매일 200~300명의 방문자를 맞고 있다. 클릭 한번이면 세계 어디서나 들어올 수 있는 열린 교회이다. 특히 오늘을 여는 유머는 매일 유머와 함께 양지 목사의 일정을 올리는 곳으로 무려 3,450여 개의 유머가 올려져 있다.

게이트 골프대회

IV. 민족과 함께하는 공주세광교회

2010년대에 와서는 교회 이름을 바꾸었다. 세광교회에서 공주세광교회로. 전국에 세광교회가 너무 많아서 지역 이름을 추가하였다. 교회가 서 있는 삶의 자리에서 역사와 지역, 민족의 문제를 끌어안고 씨름하는 목회가 그리 쉽지는 않다. 교회도 그리 성장하지는 못했다. 아니 요즘엔 한국교회 침체기를 맞고 폐농 시대를 맞아 되레 교인수가 줄고 있다. 그러나 뜻있는 분들의 도움으로 작년까지 '대전충남목회자정의평화협의회' 회장으로 섬겼고, 금년에는 '우리겨레하나되기 대전충남운동본부' 상임대표를 맡고 있다. 노회적으로는 교육부장과 함께 통일 및 사회위원장을 맡고 있고, 지역에서는 공주기독교역사위원장과 함께 이인면기독교연합회장도 맡고 있다. 총회적으로도 한국기독교장로회 총회역사위원장을 맡고 있는 등 대내외적인 일들을 맡고 있다. 목사 개인의 약력을 첨가하는 것은 교인들이 이해를 해주고 협력해 주기 때문에 할 수 있는 일들이라 여기기 때문이다.

최근에 교회 종탑을 세웠다. 종탑이 없는 공장을 리모델링한 예배당이었는데 실제로 종이 있는 종탑이 있었으면 했다. 주민들과 좋은 관계를 맺어 종을 쳐도 시비할 사람이 없기 때문이다. 문제는 종이다. 지금은 종을 치는 시대가 아니라서 종을 만드는 곳이 없다. 그래도 오랫동안 기도했는데 아주 가까운 곳에 종이 있었다. 교회 인근에 기도원이 하나 있었는데, 벌써 10여 년 전부터 원장님이 연로하셔서 기도원 역할을 쉬고 있다.

종탑

원장님은 우리 교회에 나온다. 그런데 바로 그 기도원에 옛날 종탑이 있었다. 기쁘게 종을 주셔서 종탑을 세우고 매주일 종을 친다. 사랑의 종, 복음의 종, 기쁨의 종, 추억의 종, 감사의 종이 되어 주민들의 가슴에도 복음의 싹이 트길 바란다.

V. 나가는 말

최근 세월호 침몰사고와 관련해서 글을 썼다. "퇴선명령-선장"이라는 글이다. 어른들은 대부분 구조되고 아이들은 대부분 구조되지 못했다는 슬픈 현실이다. 다 알다시피, 이 배의 운항직 승무원들은 15명 전원이 사고가 나자마자 가장 먼저 탈출해서 100%의 생존율을 보인 반면, 단원고 학생 승객의 경우 325명 중 248명, 즉 76.3 %가 사망했거나 실종되었다.

이 배의 운항직 승무원들을 비롯한 어른들은 두 시간 이상 주어진 골든타임 동안 해난사고 매뉴얼을 지키지도 않았고, 안내방송을 따르지도 않았다. 그들은 자기들이 판단하여 행동했다. 그 결과 그들은 살아남았다. '선장이 퇴선명령만 했더라면….' 부끄럽다. 두렵다. 위계질서, 순종, 인내, 어른 존중, 다 무시하고 나 살고 보자는 세상이 될까 걱정스럽다.

그런데 필자는 세월호 얘기만 할 수 있는 입장이 아니다. 목사는 한 교회의 선장이고, 이 사회의 지도자이다. 그런데 어떻게 해야 잘 사는 것인가? 자문하며 이 사태에 할 수 있는 일이 하나도 없어서 그저 무릎을 꿇는다. 필자가 선장으로 있는 세광교회와 한국교회는 지금 침몰의 위기에 서 있다. 우선 주변 여건으로 볼 때 농촌은 점점 피폐해지고 있다. 게다가 교회는 점점 인원이 줄고 있고, 지도자의 무능으로 전혀 새로운 것이 없다. 무능한 선장이지만 침몰 위기에 있다는 정황을 파악하고 퇴선명령을 내린다. "모두 살아남기 위해서 퇴선하라!"

지난 4월 13일 교회창립기념주일에 전교인 사진을 찍었는데 맨 앞줄에 다섯 명의 동네 아이들이 앉아 있었다. 이렇게 외진 시골에서 어린이 한 명은 일당백이다. 한 교사의 헌신과 사랑으로 동네 아이들이 교회에 나와 함께하고 있다. 어린이 학생들은 교회의 희망이다. 조용히 기도하며 침몰하는 '세광선'을 구하기 위해 있는 힘을 다하려고 한다. 교회 마당에 느티나무가 늘 거기에 있어서 교인들과 동네 사람들의 쉼터가 되듯이 별로 하는 일은 없지만 늘 거기에 있어서 버팀목이 되므로 존재의미를 찾는다.

문제는 기도와 성실과 실천이다. 목표는 '사랑이 있는 마을'의 건설이다. 노회나 연합회 일도 중요하지만 교회가 서 있는 삶의 자리에서 말씀을 실천하고 복음을 몸으로 살아 생활신앙을 살다 보면 이곳 쐐기 골이 사랑이 있는 마을이 될 줄로 믿는다. 많은 성원과 기도가 있기를 바란다.

마을공동체를 돌보는 용인 고기교회

안홍택 목사
(경기 용인 고기교회)

I. 들어가는 말

처음부터 지금까지 주님의 손길에 이끌렸다. 신학을 마치고 전임 전도사를 거쳐 목사 안수를 받으며, 기존 도시 교회에는 가지 않겠다는 바람이 있었다. 하나님이 기뻐하는 하나님 나라를 세우는 목회를 할 수 없다는 불안감이었다. 교회의 지난한 의사결정 과정에서 하나님 나라의 뜻이 세워지기는 낙타가 바늘귀를 통과하기보다 어렵다는 생각이 들었다. 지금 돌이켜 보면 그 생각도 하나님의 인도하심이 아니었나 싶다. 아마 견딜 수 없었을 것이다. 그래서 목사 안수를 받고 3년 부목사로 교회에 헌신하며 3년 후에는 농촌이든 어디든 소외된 곳으로 간다는 생각이었다.

1990년도에 들어와 이곳저곳, 내가 가야 할 곳을 수소문하였다. 기독공보에 올라온 청빙 광고를 살피며 강원도, 전라도로 이력서를 동봉한 편지와 면접을 두루 보았다. 그런데 돌아오는 답장은 아직 총각이어서 안 된다는 것이다. 그 당시 40세의 노총각이었다. 농촌의 가톨릭이 아닌 개신교 작은 교회가 총각을 목회자로 청빙할 이유는 없었다. 당시 농촌에는 지금과 달리 담임 목회자가 없는 교회가 더러 있었는데도 말이다. 하나님과 약속한 3년 부목사 생활은 다가오는데 갈 곳이 없었다.

II. 고기교회에 부임하게 된 경로

그러던 중 용인 수지 고기리 고기교회에서 시무하던 김동선 목사님(현 호남대 실천신학 교수)에게서 전화가 왔다. 놀러 오라는 것이다. 미안했다. 아주 절친은 아니었지만, 함께 신학을 했던 친구가 시골로 내려갔다는 소식은 들었는데, 한 번도 찾아가 보지 못하던 차에 전화가 오는 순간 참 미안했고, 그래서 날을 잡아 탈탈거리는 프라이드를 몰고 골짜기를 따라 구불구불 고기교회(지금은 광교산 주변으로 모두 아파트가 들어섰다)를 찾아갔다. 교회를 들어서는 순간 느낌은 '평화'였다. 고기교회는 보고, 느끼는 그대로의 공간에서 느껴지는 평화가 있었다. 숲과 습지와 논과 밭이 봄, 여름, 가을, 겨울 신비로운 조화를

아름다웠던 교회 주위 환경

이루며 자리하고 있었다. 김동선 목사는 영국 에든버러대학에 유학을 가게 되었으니 교회를 맡아주었으면 좋겠다는 것이었다. 이것을 보고 '여호와 이레'라 하는 것 같다. 뜻밖에도 고기교회는 총각인 나를 담임 으로 기꺼이 청빙하였다. 그렇게 고기교회 임지가 결정되어 지금까지 27년을 보내고 있다.

III. 심혈을 기울인 양란재배 15년, 그 결과

고기교회는 30여 명 정도의 성도들이 예배드리는 교회였다. 그 당시 시무하던 김동선 목사는 교인들과 공동투자하여 양란 재배사업을 하고 있었다. 100평 비닐하우스를 짓고 종묘를 키우고 있었는데 사업에 진척이 없었다. 그래서 한번 시작한 사업이니 끝장을 보자는 생각에 사업을 확대하기로 하고, 100평을 연동하여 지었다. 초록은 난이고, 검정은 화분이라는 것밖에 몰랐을 때였다. 나중에 120평을 더 짓고(참 열심히 하우스를 지었다. 일반 채소 하우스가 아니라 시설 하우스다. 농담으로 예수님은 집 짓고, 나는 하우스 짓는다고 하던 생각이 난다. 지금도 비닐하우스는 자신 있게 지을 수가 있다), 개울 건너 300평 하우스를 인수하여 교회만 600평 비닐하우스에 양란을 재배하였다. 공동투자했던 교우들에게 가정당 2,500묘를 분양하여 고기리 곳곳에 비닐하우스가 지어지며 거의 5,000평 규모의 난초 재배단지가 형성되었다. 처음에는 정말 금을 캐는 것 같았다. 난 값이 제값을 받았던 때이다. 그래서 다섯 가정에게 계속 묘를 분양할 수가 있었고, 그렇게 600평까지 사업을 확장했는데, 딱 거기까지였다. 기름값이 오르고, 중국에서 값싼 난초가 몰려오고, 관엽재배자들이 난이 고소득이라는 말에 모두 난

재배로 돌아서면서 난 사업은 난관에 봉착하였다.

처음부터 난초 재배사업과 교회 재정은 분리하였다. 지금도 그렇지만 교회는 가난하여 돈으로 일을 해본 적이 없다. 비닐하우스를 지을 때에도 교회 뒤의 방을 수련회 장소로 빌려주고, 그로부터 받은 사용료로 지급대금을 충당하였다. 파이프와 비닐을 사고, 전기용접하고, 고정구, 스프링벨트를 파이프 골격에 전기드릴로 피스를 박고, 하우스 스프링으로 비닐을 채고, 보온 부직포를 구입해 재봉틀로 박음질을 해서 와이어에 붙여 자동 개폐로 이중 삼중 보온을 했다. 처음에는 수평을 잡지 못해 32mm 파이프 하나를 세우기 위해 일주일 내내 꽂았다 뺐다 하며 쩔쩔맸다. 통풍을 위해 천장에 수동 개폐기를 달아 설치하면서 환호했다.

가을에는 하우스 이중 비닐 사이에 보온을 하기 위해 카시미론을 넣었다. 6m 높이의 하우스 위로 올라가 기어다니며(나중엔 걸어 다님) 비닐 벨트에 비닐을 채고, 여름에는 그 비닐을 다 벗기고 95% 차광망을 덧씌웠다. 하우스 골격을 완성하고 마구리와 문을 완성하고, 하우스 안에 난분 받침대를 위해 파이프로 다리 받침을 1.5m 간격으로 세우고 철사로 이었다. 난의 식재인 바크를 잘 숙성시키고, 거름을 만들기 위해 깻묵, 쌀겨, 조개껍질을 잘 섞어 발효 하우스를 밀폐시켜(혐기성 발효이므로) 뒤집어주기도 했다. 풍란을 키우려고 서양 이끼를 수입해 쪼개어 난 뿌리를 감싸주었고, 모종을 들여와 비닐 포토에 희망을 갖고 심었다. 난 꽃 한 분에 꽃대가 두 대, 세 대 올라올 때의 그 기쁨, 꽃이 피어나면 밤새 꽃대에 지주를 세우며 올해 수입이 얼마 정도 될지를 가늠하였다.

중국으로 신비디움 종류를 역수출하기도 했고, 공판장에 경매 물량이 너무 많이 쏟아져 들어와 유찰되어 다시 가지고 오기도 했다. 한

겨울에 온풍기가 고장 나 교회의 모든 석유 난로를 가져다가 온도를 맞추기도 했고, 구파발 공판장에 난을 시집보내기 위해 잘 포장하여 승용차 트렁크와 뒷좌석에 차곡차곡 가득 싣고 가다가 교통경찰에게 걸려 한 번 봐달라고 생떼를 쓰기도 했다. 직거래로 더 수입을 얻으려고 트렁크에 난을 100개, 200개씩 싣고 분주히 교회들을 찾아다녔다.

2015년까지 참 열심히 양란 목회를 하였는데, 결산을 해보니 더하고 빼기해서 영이다. 그래도 판매의 1/10은 적자와 흑자 상관없이 꼬박꼬박 통장에 입금하였다. 그 저축금으로 도서관을 설립하는 데 사용하였고, 교회의 여러 가지 돈 들어가는 일에 보탰다. 그러나 도로가 들어서고 비닐하우스가 철거되면서 15년 양란 사업은 중단되고 말았다. 이것이 농촌이다. 서울깍쟁이가 그렇게 15년 동안 농촌을 맛보았다. 2차 계획으로 우리 동네는 낙생저수지 위로 막혀있어 오염되지 않은 수도권 근교 청정 유기농 채소단지를 꿈꾸었는데, 그렇게 접어야만 했다.

IV. 저유소 설치 저지 투쟁

난을 키우며 목회하는 중, 1995~1998년에 서울남부저유소가 마을 맨 위쪽 보존녹지 지역에 들어오게 되었다. 나는 주민들과 함께 온몸으로 저지투쟁을 하였다. 매일 모여 회의하고 관할 성남시청을 방문하여 담당자를 만나고, 집회를 열고, 연대체를 구성하였다. 건축허가가 나지 않은 상태에서 강행되는 불법 건축을 막기 위해 마을 입구에 초소를 세워 지켰다. 새벽기도가 끝나자마자 차를 몰고 산을 넘어 몇 배 큰 덤프트럭과 레미콘 차를 막아 놓고 차 안에서 덜덜 떨기도

했고, 정월 초부터 몰려오는 레미콘 차를 막기 위해 레미콘 차 밑으로 기어들어갔다가 한 겨울에 물벼락도 맞았다. 임신한 아내는 "나는 임산부다"라고 쓴 종이 피켓을 들고 저항하였다. 수요예배를 공사현장에서 촛불을 켜고 드리기도 했다. 고립되면 패하니 전국에 알려야 한다는 순진한 생각에 구속될 각오를 하고 마을사람들과 관광버스를 대절하여 서울 광화문 사거리 이순신 동상 앞에 가서 서울남부저유소반대 현수막을 펼치려고 했는데 그 순간 바로 경찰들이 저지하여 모두 성남경찰서로 끌려오기도 했다. 결국 현장에서 집행부가 구속되고 조직은 와해되었다. 마을 주민들은 협상과 투쟁으로 의견이 갈라지면서 온갖 회유와 협박에 시달렸다. 결국 서울남부저유소는 법 개정까지 하면서 들어왔고, 2차 안전장치를 보완하는 정도에서 저유소투쟁은 마무리되었다.

교회는 처음에 이 싸움의 주변에 있었다. 마을 투쟁본부에서 함께 해줄 것을 요청해오면서 함께했는데 어느덧 사람들은 하나둘씩 뒤로 물러서고 언제부터인가 투쟁의 제일 앞에 서서 위원장까지 맡게 되었다. 한 집사는 구속되어 감옥형을 살았다. 또 한 집사는 협상대표가 되어 갈등을 겪었다. 투쟁을 통한 열매도 있었다. 고기리 마을에 들어온 지 몇 년이 흘렀지만 마을사람들을 전혀 몰랐다. 남자들은 우락부락하고 거칠어 보여 말 건넬 엄두도 내지 못하던 때에 저유소 문제가 터진 것이다. 저지투쟁을 하면서 마을의 모든 사람을 다 알게 되었다. 마을목회자가 된 것이다. 그렇게 마을과 소통하기 시작하였다. 하나님께서 하신 일이다.

재미있는 이야기가 있다. 30만 평의 부지에 거대한 서울남부저유소가 들어오면서 각 마을마다 보상을 해주었다. 우리 마을에는 4층 규모의 마을회관을 지어주었고, 그곳에 노인회관과 보건소 등이 들어왔다. 10여 년 후 윗마을에 교회가 들어섰는데, 이 교회에서 노인회관을 찾아와 머리도 해주고, 음식도 대접하며 열심히 전도를 한 모양이었다. 그런데 할머니들이 하시는 말이 "대접은 잘 받겠는데 우리가 만일 교회를 나가면 고기교회를 나갈꺼여"라고 했단다. 저유소 싸움할 때 레미콘 차 밑으로 기어들어간 분들이 모두 마을을 지키겠다는 할머니들이었다. 교회도 그렇게 할머니들과 함께 했기 때문에 그런 말을 한 것이리라. 저유소 싸움 이후 몇 분은 교회에 등록하고 신자가 되었다. 또 저유소 싸움이 분열되어 나와 먹살잡이를 하고 협상을 주도하던 전 저유소투쟁위원장도 교회에 나와 세례교인이 되었다. 하나님의 일 하시는 방법이다.

수도권이어서 그런지 부동산 열풍이 마을에 불어닥쳤다. 적지 않은 사람들이 소위 원주민 부동산을 차려 부동산 중개 사업에 뛰어들었고, 이 개발의 논리와 교회의 창조질서 보전의 생태지향적 목회 방향은 항상 충돌하였다. 지금도 교회 뒤 녹지 지역에 6만 평이나 되는 대규모의 실버타운을 세우려는 원주민의 욕망에 마을이 들썩거리고 있다. 교회는 이 문제를 위해 지금도 기도중이다. 맘몬은 끊임없이 자연과 공동체와 인격과 사회질서를 파괴한다. 교회는 이때 무엇을 할 것인가? 주여! 주여! 부르기만 할 것인가?

V. 마을공동체를 돌보는 교회

마을공동체에는 다양한 사람이 함께 살아간다. 정신질환자, 상이군인, 홀로 사는 노인, 무당, 이발사, 목수, 구멍가게, 침을 놓는 사이비 아저씨, 절 그리고 교회도 모두 공동체의 일원이다. 1990년만 해도 이렇게 함께 살았다. 요즈음 마을 만들기가 유행처럼 퍼지고 있다. 그런데 마을을 어떻게 만들 수 있나? 제목을 바꾸어야 하지 않을까? 너무 오만하지 않나 싶다. 인위적이다. 프로그램과 돈으로 이루어지기 십상이다. 마을은 프로그램으로 만들어지는 것이 아니다. 도로는 돈으로, 프로젝트로 만들어지지만 마을은 그렇지 않다. 마을은 수많은 사람들의 사연이 있는 발걸음들과 삶의 경험과 이야기들을 통해 생겨난다. 생겨난다는 말이 맞다. 원래 농촌 마을에서는 소외되고, 약한 자들을 따로 격리시키지 않고 함께 살았다. 별도로 관심 갖지 않아도 그냥 서로 인사하며 안부 물으며 살았다. 요즈음 동네마다 노인들을 수용하는 시설들이 들어와 있다. 참 고맙기는 한데…. 30년 전 만 해도 마을은 모두 함께 살았다. 우리 마을의 홀로 사는 할아버지 한 분은 점심때만 되면 마을을 둘러보다가 어김없이 우리 교회 앞 작은 바위 옆에 누워 낮잠을 즐기셨다. 학교 앞 움막에는 상이군인 한 분이 살았는데, 명절 때 음식을 보내드리고, 농번기에 함께 거들며 늘 그렇게 곁에서 함께 마을의 대소사를 나누며 즐겁게 살았다.

개울 건너 유 씨는 정신질환자였다. 딸 둘과 홀아버지를 모시고 살았는데, 안방에서 소를 키우며 살았다. 우리는 이해할 수 없었다. 하루는 여전도회에서 대청소를 해주었는데, 냉장고에서 죽은 쥐가 나왔던 적도 있다. 당시 우리 마을은 젖소 키우기가 한창이었다.

한 마을 청년은 술만 먹으면 눈이 뒤집어져 모두 꺼리는 청년이다. 이 청년이 하루는 옷에 온통 소똥으로 범벅이 된 채 저녁 늦게 교회 사택으로 쳐들어왔다. 내가 부임하고 신고하지 않았다는 것이었다. 밤새 횡설수설하다가 갔다. 기독교식으로 장례를 치르는 것에 앙심을 품고 예배를 방해하고, 나중에 꽃상여가 나갈 때에는 내 멱살을 잡고, 큰 돌을 들어 뒤에서 내 머리를 내려치려고 했다.

혜정이는 다 쓰러져 가는 동네 방앗간(이미 멈추어진)에 엄마와 외조부모님 그리고 동생 명훈이와 함께 살았다. 엄마와 동생 명훈이는 지적장애가 있어 글을 읽지 못한다. 그 외에는 모두 정상이다. 교회에 부임한 지 얼마 안 되는데 한겨울에 개울을 따라 진숙 씨가 명훈이를 업고, 혜정이 손을 꼭 잡고 올라가는 모습을 보았다. 몹시 추운 날이었는데 입은 옷이 겨울옷이 아니었던 것 같다. 하도 애처로워 차에 태워 주려고 하니 그냥 가라고 한다. 그렇게 진숙씨네와 처음 알게 되었다. 흙벽돌로 지은 방앗간 틈으로 겨울에는 눈보라가 방 안으로 들어왔다. 움막도 이런 움막이 없었다. 마침 그때 개울 건너 교회 난 하우스 300평을 인수하던 터라, 그 하우스에 관리사가 있어 혜정이네를 살게 했다. 참 잘 살았다. 도로가 나서 철거대상이 되기 전까지 말이다. 할아버지가 먼저 돌아가시고 그리고 할머니가 나중에 돌아가셨는데, 모두 교회에서 장례를 치러주었다. 할머니 장례 때에는 시신은 병원에 모셨지만 영정과 빈소를 교회 아랫방에 차려 장례를 치렀다.

동네 아이들을 읍내에 새로 생긴 느티나무도서관에 매일 가득 태우고 다녔다. 모두 결손가정 아이들이었다. 그 아이들 가정의 이야기들이 모두 드라마이다. 여러 가지 프로그램을 하던 중에 심리치료 그림을 그리는데, 혜정이가 그린 엄마 그림에는 엄마의 손이 없었다. 그리고 늘 교회가 배경이었다. 느티나무에서 야외로 놀러가던 날 혜정이가 어디서 구했는지 예쁜 밀짚모자와 원피스를 차려입고, 어깨에 걸치는 작은 지갑을 가로질러 매고 교회 앞에서 단정하게 두 손 모으고 기다리던 그 예쁜 모습이 생각난다. 용서고속도로가 들어서며 하우스가 철거되어 혜정이네를 교회 옆에 컨테이너 하우스를 지어 살게 했다. 민원이 들어와 쫓겨날 즈음에는 용인시청에서 지원하는 장애인 임대주택에 당첨이 되어 지금 수지에서 잘 살고 있다. 교회는 그렇게 마을 속에 하나로 녹아들었다.

작은음악회 때이다. 그날 가을비가 적지 않게 내렸다. 진행이 중단되고, 악기와 무대에 비닐이 씌워지고, 작은 공간의 예배당에서 계속하자는 이야기, 기다리자는 이야기가 나오던 중에 갑자기 천막 두 동이 공연장에 도착하여 공연을 무사히 마쳤다. 알고 보니 마을 분들이 마을과 학교의 천막을 급히 구해서 가져온 것이다. 교회가 크면 그 모든 일을 자체적으로 한다. 그러나 교회가 작으면 마을이 도와주려 한다. 은혜가 무엇인가, 주는 것인가 받는 것인가? 받는 것 아닌가? 교회는 무엇을 꼭 베풀어야 한다는 그 쓸데없는 교만에 가득 차 있지는 않은가? 받는 것이 은혜다. 마을 속에서 마을과 주고 받았다. 물론 부동산 세력과는 팽팽한 긴장감을 갖고 말이다.

작은 음악회에서 공연하는 모습

VI. 마을도서관의 설립

지금은 마을버스가 두 개의 노선으로 30분 간격으로 다니지만 부임 초기에는 하루 세 번 정도 아이들 학교 시간에 맞추어 다녔다. 동네 아이들에게 문화는 없었다. 자라나는 아이들에게 꿈을 심어주고 싶었다. 당시 기적의 도서관 바람이 불기 시작했다. 도서관 공부를 1년 하고, 마을사람들과 준비과정을 거치면서, 교회 사택을 도서관 장소로 마을에 내어주었다. 도서관에 관심을 가진지 3년 만이다. 보통 사람들은 일을 너무 쉽게 뚝딱한다. 그러나 교회 일은 천천히 정말 하나님이 기뻐하시는 일인지, 교회가 해야 마땅한 일인지 곱씹어 생각해보아야 한다. 하나님 나라의 일은 무엇을 해야 되겠다는 욕심이 아니라 물 흐르듯이 자연스럽게 생겨나야 한다.

난 재배 수익금은 도서관 리모델링하는 데 큰 도움을 주었다. 역시 목수인 교회 집사님과 성도들이 땀을 흘리며 멋지게 리모델링하였다. 모든 것을 자본이 잠식한 때에, 교회도 자본에 물들어 있는 이때에, 자본에 물들지 않은 공간이 있다면 바로 도서관이다. 아래는 유네스코 도서관 헌장이다.

공공도서관은 그 설립목적을 이루기 위하여 인종, 피부색, 국적, 연령, 성별, 종교, 언어, 신분, 또는 학력에 따라 차별하는 일 없이 지역사회의 모든 주민에게 개방하고, 무료로 공평하게 장서를 이용하고 봉사를 받을 수 있게 하여야 한다.

물론 지금도 한국의 과열된 이기적 교육열이 영향을 끼쳐 엄마들이 도서관에서 독후감쓰기, 영어공부 같은 프로그램을 진행하려고 한다. 도서관은 과감히 그런 세속적 욕망을 차단시켜야 한다. 도서관은 아이든, 어른이든, 어떤 종교를 가지던, 누구든지 자기가 원하는 정보를 자기 스스로 구하는 공간이다. 프로그램을 진행한다면 책과 관련한 프로그램이어야 한다. 밤토실어린이도서관에는 아이들 스스로 책

밤토실 도서관 입구와 내부

읽고, 대본 만들고, 공연하는 올챙이인형극단이 있다. 그리고 도서관
과 함께 시작된 순수 문학동아리 '글쎄다'가 10년째 계속되고 있다. 도
서관은 마을의 우물가이다. 유럽에서는 민주화 과정에서 시민정신이
고취되면서 도서관운동이 일어나 마을마다 작은 도서관을 세웠다고
한다. 오늘날에도 유럽과 미국에는 마을마다 작은 도서관들이 있다.
빌게이츠가 마을 도서관에서 자기 꿈을 키운 일은 유명한 일화이다.
우리 밤토실어린이도서관은 마을 주민들의 참여도가 교인들보다 4:1
정도로 높다. 도서관은 마을의 도서관이다. 그래서 실제 기독교 관련
책은 눈으로 찾아보기 어렵다.

VII. 용인 경전철 문제

마을뿐 아니라 용인시 지역 문제에도 가능하면 함께하였는데, 고마운 것은 지역의 현안에 대해 정치든, 경제든, 문화든, 사회든 교회로 찾아와 함께 이야기를 나누자고 한다. 감사한 일이다. 사람들이 교회에 등을 돌린다고 하는데 의논의 파트너로 생각해준다.

몇 년 전부터 용인의 경전철이 도마 위에 올랐다. 경전철 이용 수요예측을 잘못하여 실사용자가 턱없이 모자란다. 매년 300억 이상의 적자를 30년 동안 용인시가 외국 회사에 물어주어야 한다. 이런 말도 안 되는 일이 발생한 것이다. 아무도 책임을 지지 않는다. 시민들이 전직 시장들을 대상으로 책임을 묻기 위해 법적 소송을 제기하였다. 이제 마지막 판결을 앞두고 있다. 1조 5천억 원의 시민 세금이 사라지는데도 법정에서 전직 시장과 공무원들이 증인으로 답변하는 것을 보면, "모른다", "부하직원 소관이다", "기억이 나지 않는다" 등 책임회피로 일관하였다. 파렴치하고 뻔뻔스럽다. 이러한 말도 안 되는 행정에 책임을 물어 다시는 재발하지 않기 바라는 마음에서 참여를 하였는데, 그렇게 잊혀지고 있다. 허탈하다. 1조 5천억! 이 예산이면 얼마나 귀하고 소중한 일들을 시민들과 같이 만들어낼 수 있을까? 소외되고 어려운 사람들을 위한 복지의 꿈을 이룰 텐데 말이다. 그 생돈을 외국인 회사에 바친다. 하나님 마지막 재판 때 우리는 어떤 모습으로 서게 될까? 두렵다.

VIII. 목공방의 설치와 세월호 유족들

어느 날인가 문득 가구를 직접 손으로 만들고 싶다는 생각이 들었다. 가구 만드는 일과 목회와 무슨 상관이 있느냐고 물을지 모르겠지만, 그냥 즐기는 것이다. 내가 좋아하는 것을 하는 것이다. 마을에 목공소가 있어서 가구를 만들기도 하고 리모델링해서 쓰기도 하면 얼마나 재미있을까 하는 생각이 들었다.

운 좋게도 우리나라 목공의 명장이신 제갈제호 선생의 문하에 들어가 2008년 1년 동안 순수 장부맞춤 목공을 배웠다. 그럼 목공소를 어디에 둘까? 난 하우스를 철거하며 마지막으로 60평 한 동을 그냥 놓아두었는데, 그 하우스가 이렇게 요긴하게 사용될 줄은 몰랐다. 비닐하우스 철거 시에 받은 보상금으로 목공기계를 사들였다. 중고 테이블 톱, 수압자동대패혼합기, 각 끌기, 드릴프레스, 절단기, 드릴 등등을 구입하였다. 하나님께서는 난초재배 사업을 목공으로 전환시켜 주셨다. 내 생애 손으로 하는 일은 그림도 그렇지만 재주가 없다. 그런데 목공을 하겠다고 덤벼들었으니, 이건 내 생각이 아니다. 하나님이 인도하신 것이다. 그렇게 즐거울 수가 없다. 목공을 하다 보면 스트레스도 풀린다. 우리 아이들 책상을 만들어줄 때의 기쁨, 도서관의 책꽂이를 만들 때의 기쁨, 아는 사람만 안다.

목공이 인연이 되어 세월호 가족들과 만나게 되었다. 세월호 침몰이 일어난 지 850일째였다. 세월호 가족이 바라는 미수습자를 찾고 사고의 진실이 규명되기를 바라는데, 어느 한 가지도 해결된 것이 없다. 세월호 사건이 있었던 4월 16일 다음 주일 부활절에 말씀을 도저히 전할 수가 없었다. 그래서 "눈물을 흘리셨다"는 타이틀을 걸고 설교 없이 떼제 찬양으로 예배를 드리며 온 교우가 주님과 함께 울었다

목공작업을 하고 있는 세월호 유족들

(고기교회는 매달 둘째 주 저녁에 떼제 찬양으로 예배를 드린다). 우리는 광
화문에서 모이는 세월호를 위한 시민단체들의 집회와 기독교에서 주
관하는 예배에 꾸준히 참석하였고, 용인 지역의 시민들과도 계속 세
월호 관련 활동을 연대하고 있다.

　　하루는 안산분향소 목요기도회를 주관하는 오상열 목사에게서 연
락이 왔다. 세월호 가족들이 싸움이 길어지니까 힘들어하며 살아갈
에너지가 안 생긴다는 것이었다. 엄마들은 두런두런 이야기를 나누는
데, 아빠들은 담배나 피우며 앉아있다는 것이다. 그러다가 목공이 제
격이라는 이야기가 나왔단다. 그렇게 해서 공방이 시작되었다. 공간

416 희망목공방 현판을 걸고 있다

과 기계가 필요하였다. 이 시설을 어떻게 확보할 수 있을까? 안산 화
정교회 박인환 목사님께서 중요한 역할을 해주셨다. 감리교 총회와
교회를 통해 시설과 기계를 들여 지난 2015년 가을부터 본격적으로
목공 교습이 시작되었다. 엄마들도 배우고 싶어하여 DIY과정과 장부
맞춤 과정을 이원화하여 지금까지 오고 있다.

아빠들 이야기로 전에는 잠을 못 잤는데 목공을 배우면서 잠을 잘
수 있게 되었다고 한다. 또 목공소에 오면 아침부터 저녁까지 아무 생
각 없이 몰입할 수 있어 위로가 된다고 하였다. 세월호 가족 바자회
때에도 목공소품을 만들어 판매하였다. 세월호 침몰의 상처로 인해
직장에 적응을 하지 못하거나 세월호 일로 직장을 그만두는 분들도
있다. 목공방이 단초가 되어 세월호 가족 협동조합을 생각하고 있는
데, '416희망목공방'이 그 시작이 될 수도 있을 것 같다. 스페인의 몬
드라곤 협동조합이 떠오른다. 죽음이 생명의 부활로 바뀌는 꿈을 꾼다.

IX. 교회 주변 환경의 변화

처음 고기교회에 왔을 때, 고기교회의 성도는 30여 명 정도였다.
주일 아침예배 그리고 저녁예배, 수요예배, 새벽기도회, 구역모임 등
이 모임의 전부였다. 이것으로 충분하였다. 특별히 심방 갈 필요 없이
논에서, 밭에서, 축사에서, 하우스에서 교인들을 만났다. 큰 비가 오
던 날 개울 곁 대중이네 축사에 물이 넘쳐, 밤새 젖소들을 끌어내리려고
했었다. 눈이 많이 오던 날 교회 집사님 하우스가 무너질까 하우스에
올라가 눈도 쓸어내렸다. 모두가 가족이었다. 27년 동안 부흥회를 한
다든가, 특별집회, 전도훈련 등 어떤 프로그램도 하지 않았다. 인위적

인 종교적 행사는 거부해왔다. 프로그램보다는 교회의 공식적인 예배를 통해, 수요성경강해, 주일 저녁 정기 기도회를 통해 직접 하나님과 만나는 것이 옳다고 생각했다.

마을에 서울의 땅주인들이 투기를 목적으로 지은 조립식 주택들이 들어서며 유입인구가 늘어났다. 지금 교인은 원주민들보다는 오히려 외곽의 아파트 단지에서 오는 분들이 더 많다. 5-6년 전만 해도 원주민들이 많았는데 이제는 역전되었다. 이전의 농촌 모습은 모두 사라졌다. 논과 밭, 축사에 집들이 들어섰다. 농사를 짓지만, 소작을 하던 땅 없는 원주민들은 하나둘씩 마을을 떠날 수밖에 없었다. 한 번은 서울 사람의 산지기 일을 맡았던 집사님에게 집을 떠나라는 통보가 왔다. 그래서 산에 하우스집이나, 컨테이너 집을 짓고 버티며 일단 살아보자 했는데 마음 착한 집사님은 그렇게 못하겠다고 하며 안타까워했다. 집사님 편을 들어주다가 주인 여자에게 깡패 목사라는 소리를 듣기도 하였다. 결국 집사님 가족은 평생 살던 집에서 떠나 작은 연립에서 농사 없는 삶을 살고 있다.

교회 옆도 이전에는 논과 밭과 밤나무 숲이었는데 주택들로 모두 바뀌었다. 교회만 이전의 모습 그대로이다. 간혹 고기교회를 방문하는 사람들이나 목회자들이 "왜 이 땅을 놀리느냐?"고 묻곤 했는데, 일고의 가치도 없다고 일축해버렸다. 놀린 것이 아니라 27년 동안 지켜왔다. 개발이다, 성공이다, 부흥이다 하며 한창 교회가 성장의 깃발을 올릴 때였다. 지금도 그렇지만 지리적으로 이곳은 분당, 판교, 안양, 수원, 수지의 한 가운데 위치해 있다. 마음만 먹으면 몇 천 명이 모일 수 있는 예배당을 건축할 수 있는 땅도 있다. 근데 어쩌란 말인가? 하나님의 나라와 무슨 상관이 있나? 있는 그대로의 자연에서부터 오는 하나님의 평화를 어디서 맛볼 수 있으랴? 당시는 개발과 성장 논리에 온 나라의 땅들이 들썩일 때였다. 이제는 자연의 가치를 소중히 여기는 때여서 고기교회의 자연 그대로의 모습이 너무나 아름답고, 자랑스럽다. 주변의 아파트 단지에 콘크리트 장벽에 둘러싸여 살고 있는 지역의 시민들에게 자연이 주는 평화의 향기를 풍긴다.

X. 카페, 부담 없는 대화의 장소

60평 비닐하우스 중에 40평은 목공방으로 잘 사용하였고, 20평은 무언가 요긴하게 쓰일 것을 염두에 두고 비워놓았다. 그리고 창고에 물건을 들이고 내는데 사용하는 빠레트를 냉동 창고에서 트럭으로 한 차를 구해 가지고 와서 일일이 다 분해하여 벽면을 장식하였다. 문은 고물상에서 짝당 1만 원에 구입해 와서 공방에서 문틀을 멋지게 짜 맞추었다. 8평 남짓한 하우스에 각목을 대고 그 위에 빠레트에서 분리한 나무 조각들을 붙이고, 색칠을 하여 멋진 공간을 창출하였다. 여기서 무얼 할까 생각하다가 마땅한 아이디어가 떠오르지 않아 그냥 창고로 사용하던 차에, 교인 수가 조금 늘어나면서 함께 차 마시며 이야기 나눌 수 있는 공간이 있으면 좋겠다는 생각에 카페 공간이 되었다. 그러나 이 공간에서는 커피를 돈 내고 마시지 말고 돈 안 내고 마음을 나누는 공간이 되었으면 좋겠다는 생각이 들었다. 찾아오는 사람들의 자존감을 위해서, 수익금을 어려운 사람들을 위해 사용할 수 있게 조금이라도 돈을 받자는 의견도 있었지만, 돈 없이 마음을 주고받을 수 있는, 그냥 와서 편하게 차 한 잔 마시며 마음을 나누는 공간이 있으면 좋지 않겠나 하는 생각이 들었다. 그래서 카페라고 하지 않고 '그냥... 가게'라고 이름 지었다. 나머지 12평에는 재활용가게를 만들어 집에

카페에서 담소를 나누는 교인들

서 사용하지 않고 있는 것들을 가게에 내놓아 서로 주고받으며, 그 수익금을 사회에 돌리고 있는데, 500원, 100원씩 모아진 돈이 몇백만 원이 되는 것에 번번이 놀란다. 물론 '그냥...가게' 초기부터 커피 생두를 볶아서 원두로 가공하여 판매하는데, 직접 소량으로 볶는 커피 맛은 우리나라 커피전문점 어디에 내놓아도 맛과 향이 최고라고 자부한다. 처음에는 커피 생두 값이나 뽑을 수 있을까 했는데 순이익이 창출되고 있다. 오병이어의 기적이 '그냥...가게'에서 지금도 일어나고 있다. 하나님의 일은 하나님이 하신다. 가게는 주일, 수, 목요일에만 개장한다. 봉사자가 그 정도만 할 수 있기 때문이다.

XI. 교회 본질의 회복과 영성

나 자신의 신앙을 위해서는 20년 전 영적 공허함을 채우기 위해 가톨릭 예수회에서 운영하는 수원의 '말씀의 집'에서 9박 10일 침묵피정을 하였고, 그 후 30일 침묵피정도 하였다. 그리고 서강대 이냐시오 연구소에서 개설한 영성지도자 강습에 3년 동안 열심히 다녔다. 시끄러운 개신교 기도원에는 가고 싶지 않았다. 기복적이고, 개인체험에 제한된 기도에서 이제 역사와 우주적인 그리스도와의 만남과 하나님 나라를 위한 내적인 깊은 침묵 속에 감동 주시는 성령의 인도하심이 있어야 하겠다. 앞으로 은퇴 후 기회를 주신다면 한국교회를 위한 기도운동을 할 수 있으면 좋겠다.

피정 중에 받은 기도 응답이랄까? 피정지도 신부님의 지도로 예수님의 공생애를 관상하는 중에 예수님이 고기교회에 찾아오셨다. 이것은 환상이나 어느 특별한 신비한 계시가 아니고, 나의 이성과 감성으로 느낀 성령의 내적 감동이다. 원래 이냐시오 영성 기도가 그렇다. 하여간 고기교회에 찾아오신 주님께서 난 하우스에도 들르시고, 교회 뒤의 논과 그리고는 교회 사택에 찾아오셨다. 집사람이 아이들과 함께 있는 모습을 찬찬히 둘러보시고는 이내 예배당으로 들어가서서 나도 따라 들어갔다. 예수님이 강단에 서셨다. 무슨 말씀을 들려주나 귀를 기울이는데, 잠시 후 예수님이 춤을 추셨다. 젊은이들의 힙합리듬을 타는 춤이었다. 무엇이랄까? 예측치 못한 일이 생겨난 것이다. 이게 무엇이지? 잠시 멍해지는 느낌 그리고는 이내 느낌이 온다. '그래 예수님이 놀라고 하시는구나.' 이 기도 이후 20여 년, 지금까지 나는

오병이어와 가나의 혼인잔치를 상징하는 강단보

놀았고, 즐겼다. 물론 목회적인 고충과 아픔과 어려움이 왜 없었겠는 가마는 그 중심에는 축제와 잔치가 있다. 그래서 최근 강단보에도 보리떡 다섯 개와 물고기 두 마리의 나눔과 물이 포도주로 바뀐 가나의 혼인잔치를 상징하는 잔치다운 디자인이 그려져 있다.

2년 전부터 교인들의 수가 갑자기 늘어났다. 이상한 기류가 포착이 된다. 고기교회의 목회가 여기저기 동영상에 올라온 탓인가 보다. 그래서 외부에 교회를 알리는 것을 자제하고 있다. 농촌과 목회는 예외이다. 찾아온 성도들은 젊은 분들이다. 이름을 대면 알만한 서울 대형 교회를 열정적으로 다니던 친구들이다. 고기교회를 찾아온 이유인즉, 어느 날부터 그렇게 열심히 기도하고, 교회 활동하고, 가족의 축복을 구했는데 '그 다음에는 무엇인가?'라는 회의가 왔다는 것이다. 용인쪽으로 이사 왔고 여러 가지 접촉을 통해(교회 다니지 않는 분의 추천, 직장동료의 추천 등) 교회를 찾아온 것이다. 역이동이 시작된 것 같다. 이전에는 작은 농촌 마을에서 도시로 이사하여 대형 교회에 등록을 하였는데, 이제는 대형 교회의 모습 속에 예수님이 없다는 것을 느낀 것이 아닐까? 아마도 생각과 의식이 있는 젊은이들을 중심으로 급속히 역이동이 이루어질 것이다.

XII. 후쿠시마 핵발전소의 폭발과 금식기도

2011년 5월 대구 칠곡교회에서 대한예수교장로회(통합) 사회부가 주최한 환경선교정책협의회에 참석하여 큰 자극을 받았다. 후쿠시마 핵발전소가 터진 직후였다. 환경연합의 김혜정 님의 강의를 듣고, 무언가 해야겠다는 절박감을 느꼈다. 일본의 후쿠시마 핵발전소의 폭발

새로 등록한 교인들 가정

은 에너지에 대한 시각을 바꾸어 놓았다. 우리나라만 모르쇠이다. 나는 2012년 4월 23일에 있었던 '핵 없는 세상을 위한 한국 그리스도인 연대'에 참여하여 지금까지 활동하고 있다.

　인상 깊었던 활동 중 하나는 2013년 WCC 부산총회에 핵발전소의 위험을 알리기 위해 40일 금식기도를 한 것이다. 결국 본회의 안건으로 상정되었고, 전 세계교회의 주제안건으로 결정되었다.

　또한 지난 2015년 5월 10일~6월 18일까지 광화문 KT지사 건물 원자력안전위원회 앞에서 고리 1호기 폐쇄를 위한 40일 금식기도회를 했는데 그 기도회 중에 정부가 공식적으로 1호기 폐쇄를 결정했다. 참으로 뜻깊은 일이었다. 기도의 응답도 응답이지만 중요한 것은 하나님 나라의 창조질서를 위해 열심을 다 하시는 하나님 곁에서 하나님이 이루시고자 하는 일에 기꺼이 참여한 그 자체가 감사하다.

　언젠가 목회자 몇 분이 함께 같은 숙소에 묵었을 때, 후쿠시마 핵폭발사고 이후 일본열도가 방사능으로 오염되었을 뿐만 아니라 지금도 방사능이 전 세계 바다로 퍼지고 있다는 사실과 우리나라야말로 핵발전소 밀집도가 세계 1위여서 폭발 위험에 가장 많이 노출되어 있

WCC 총회 장소에서 기도회를 하고 있다

다는 점, 그래서 핵발전소의 위험을 알리고 폐쇄와 대체에너지로의 전환운동을 벌리는 것이 하나님의 창조질서를 보전하는 일이라고 열변을 토하자, 한 목사님이 "목사님 왜 그리 열심인가요? 이제 주님 다시 오시면 다 해결될 텐데"하는 것이었다. 그래서 내가 대답하였다. "목사님, 종말이 아니라 멸망이 옵니다."

'지금 핵 없는 세상을 위한 한국그리스도인연대'의 교회회원은 10여 교회에 불과하다. 지난 총회 때에 개교회 300교회 회원 모집을 하기로 결의를 하였는데 난감하다. 우리 농촌목회자들이 기꺼이 핵발전소 폐쇄와 생태에너지전환을 위한 운동에 적극 참여하면 좋겠다.

XIII. 창립 50주년 감사예배

지난 5월 29일 창립 50주년 감사예배를 드렸다. 50주년이면 희년이다. 50주년을 준비하면서 제직회에서 50주년 감사를 준비할 것인지, 희년 감사를 준비할 것인지 물었다. 50주년감사를 기념한다면 그동안의 은혜에 감사한다는 것 그리고 앞으로 교회를 새롭게 세워나가겠다는 다짐이 떠오른다. 그러나 희년 감사는 이야기가 달라진다. 소

생명, 정의, 평화의 일꾼, 고기교회 성도들

위 사회적, 역사적 신앙고백이 구체적으로 우리의 삶 속에서 교회의
신앙을 따라 고백되고 실천되어야 한다. 나는 안식년을 지내며 고기
교회가 50주년 희년 감사 이후 어떻게 무뎌진 역사의식을 되살려 하
나님 나라, 비폭력, 무저항 평화운동을 지혜롭게 펼쳐 나갈지를 고민
하고 있다.

마을과 함께 하나님 나라를 꿈꾸는 송악교회

이종명 목사

(충남 아산 송악교회)

I. 신학

1961년 감리교대전신학교 창립 10주년을 맞으면서 창립자인 이호운 목사는 다음과 같이 말했다.

그런데 오늘날 우리 대전 신학교를 보고 '너는 무엇 때문에 세워졌느냐?'고 묻는다면 우리는 이렇게 대답할 것이다. 곧 학문의 상아탑 속에서 백일몽을 꿈꾸는 얼굴이 창백한 골샌님을 기르는 것이 아니요, 정통, 이단의 교리 싸움을 하는 독선과 독주에 취한 정통주의자, 율법주의자들을 양성하려는 것도 아니며, 처세술에 능하고 기술에 익숙한 직업적인 밥벌이 꾼을 생산하려는 곳은 물론 아니요, 맹목적인 동조자들과 어수룩하게 충성을 다하는 졸개들을 키워서 파를 짜고 당을 지어서 교권을 휘두를 세력을 배양하려는 데 목적이 있는 것은 전혀 아니다. 그러면 무엇인가? 그것은 단순하다. 우리가 소중히 지니고 실현시키려고 애쓰고 힘쓰는 꿈은 복음의 실제화와 생활화이요 복음의 대중화와 민중화이다. 교회는 회개, 중생, 구원을 말해왔지만 세상의 부패한 정치와 굶주린 사람들과 소망 잃은 수많은 사람들을 거의 외면하다시피 했다. 교회 안의 생활과 밖의 생활이 전혀 다르며 우리의 기도와 실생활이 전혀 다른 세계인 것을 우리는 본다. 그래서 우리는 우리가 할 수 있는 최대한의 노력으로 복음의 진리를 일상생활 속에서 살아 보이고, 복음이 어떤 층 특히 중산계급의 일부 사람들에게만 독점되어 있게 하지 않고, 복음을 들고 대중 속으로 들어가서 평민들과 함께 살며 그들의 친구가 되어, 우리들의 생활을 통하여 복음을 살려보려는 것이다. 우리는 가난하거나 넉넉하거나 영과 육이 병든 사람들을 치유하여 영도 육도 건전해지고 물질도 넉넉한 생활을 하는 사회를 만들어 보자는 것이다…. 높고, 거룩하고, 영원한 말씀을, 예수님의 교훈을 민중의 일상생활에서, 가정에서, 지역사회에서 반영시키고 그대로 실천해보려는 것이다. 갈릴리, 사마리아, 디베랴호수, 변화산, 감람산, 가버나움, 수가, 예루살렘 거리에서 세리와 창기와 문둥병자, 마귀들린 사람들과 함께 느끼고 말하고 걱정하고 애타했으며 그들과 함께 사신 예수처럼 대중 속에서 대중과 함께 살며 주님의 말씀과 생활을 오늘날 생활 속에서 살아내자는 것이다.

II. 왜 마을인가?

마을은 하나님께서 창조하신 인간과 모든 생명이 더불어 살아가는 터전이다. 특히 농촌에서 마을은 인간이 서로가 더불어 살아가는 가족공동체이며 동시에 자연과 인간이 생명을 공유하는 유기적인 생명체였다. 특히 농경사회에서 마을은 인간이 생산과 문화, 교육 등 삶을 공유하면서 자율적인 자치와 문명을 실현해왔다. 이제 산업화가 급속히 진행되면서 농경사회가 산업사회로 편입되는 과정에서 농촌 마을은 해체되고, 삶이 개인화되면서 그 개인은 효율성과 경쟁을 원리로 하는 시장경제체제로 들어가 버리고 마을공동체도 위기를 맞이하게 되었다.

한편, 인간의 탐욕과 무한경쟁을 기반으로 발전해온 근대 산업문명은 지구 생태자원의 과도한 사용으로 이제 그 한계에 다다랐다. 화석, 핵에너지 사용, 화학비료와 농약, 유전자 조작, 환경호르몬, 환경오염, 지구온난화에 따른 기후변화 등 이제 여기서 시급히 대안을 찾아 실천하지 않는다면 우리 인간 문명은 조만간 종말을 맞이하게 되어있다. 인류가 세운 문명이 지속가능하지 않게 된 것이다.

대안은 무엇일까? 지속가능한 생산과 소비, 지속가능한 에너지의 사용, 여기에 맞는 교육과 문화와 공동체…. 어디서 길을 찾을까? 그 길은 인간이 아주 오래전부터 살아온 삶의 자리 '마을'을 회복하는 것이다. 그래서 생태적 대안을 고민하는 사람들은 마을을 '인류의 오래된 미래'라고도 말한다.

마을은 생태적이다. 인간과 모든 생명이 유기체가 된다. 마을은 기본적으로 공동체이다. 생산과 소비, 문화. 삶을 공유한다. 마을은 곧 세계다. 마을 자체가 세계이고 인간은 마을에서의 삶을 통하여 세계와 보편적 인간으로 소통한다.

III. 송악교회와 마을목회

송악교회와 성도들은 마을이 주님의 이름으로 부름 받은 성도들이 이 땅에 세워진 주님의 몸인 교회를 통하여 나누고, 섬기고, 사랑함으로 하나님 나라(천국)를 이루어가는 '더 넓혀지는 교회'이며, 땅끝까지 이르러 내 복음을 전하라 하신 주님의 말씀을 실현하는 '땅끝'이라고 고백한다.

송악교회가 우리 지역에서 구체화한 꿈은 '생태공동체마을'이다. 이는 모든 '생명이 살기 좋은 마을'이고, 동시에 '살아있는 마을'이며, '함께 사는 마을'인 것이다. 그래서 우리는 자주 "모든 생명 하늘같이!" 라고 말한다. 사람뿐 아니라 마을을 이루고 있는 모든 존재들(피조물)이 각자에게 주어진 존재의 의미를 살리며 생명력이 충만한 삶을 살아가는 것이다. 주님의 몸된 교회를 통해서 세상을 하나님의 나라로 만들어가는 것이 목회인 것이다.

1. 농촌 교회로서의 정체성 — 농민선교위원회의 결성

송악교회는 1951년 한국전쟁 중에 설립되었는데 일찍이 농촌 교회로서의 선교적 정체성을 정립했다. 이는 송악지역이 가지고 있는 농업 중심의 산업생산성 조건에서도, 교회 성도들과 지역사회 주민들의 삶의 조건에서도 그리고 송악교회가 지역사회와 함께 꿈꾸는 선교적 비전에서도 적절한 것이었다.

1980년대 초부터 농촌선교에 뚜렷한 정체성과 사명감을 가진 목회자(1980년 - 김영주 목사, 1985년 - 이영우 목사)가 목회하면서 지역 신협운동, 기독교농민운동, 지역사회복지사업 등 농촌 지역사회와 함께하는 선교 프로그램을 지속적으로 진행해왔다. 그러다가 지난 1998년 교회 안에서 지역주민들과 함께하는 선교 프로그램을 논의하던 중, 우리 지역의 특성을 살려 '친환경생태농업'을 시작하기로 하고 교회 안에 뜻을 함께하는 성도들이 모여 '농민선교위원회'를 조직했다.

농민선교위원회에서는 무엇보다도 지역에서 복음 안에 있는 생명운동을 이해하고 실현하기 위해 노력하여 수차례의 강좌와 현장답사, 교육과정을 거치고 훈련과 논의과정을 통해 교회와 지역의 미래 농업을 고민했다. 그 과정을 통해서 송악교회는 자연스럽게 농촌 지역 교회라는 정체성을 확인하게 되었고, 송악 지역사회의 역사와 특성, 문화를 좀 더 구체적이고 실제적으로 분석하면서 지역과 함께 생명을 보듬는 교회로서의 실천방안을 모색하고 대안을 제안하고 실천하게 되었다.

농민선교위원회를 교회 안에 설치한 후 이어 2000년 2월에는 뜻을 함께하는 지역 농민들과 함께 '송악동네친환경농사연구회'를 창립했다. 창립 당시 참여한 회원은 약 30여 농가였는데 곧바로 그 해부터 쌀, 잡곡, 표고버섯, 야채 등을 중심으로 친환경농업을 시작했다. 판로를 고민하던 중 마침 인근의 음봉교회 교우들이 중심이 되어 운영하던 한살림 생산자조직이 있었고, 자연스럽게 그 조직과 연결이 되면서 '한살림 송악면지회'를 창립했다. 그 후 참가자들이 매년 꾸준히 늘어나 2017년 현재는 약 150여 농가가 참여하고 있는데, 논농사 약 20만 평, 밭농사(잡곡, 야채, 시설채소 등) 약 20만 평으로 재배작물도 쌀, 콩, 잡곡, 여러 가지 야채와 버섯, 벌꿀농사 등으로 친환경농사를 확대해 가고 있다. 이 한살림생산자 조직은 송악교회 농민선교위원들이 주도적으로 일을 맡아 지역 농민들을 섬기고 봉사하며 이끌고 있고, 지금은 몇몇 생산자(영농조합) 조직과 유통, 농산물재가공 시설도 함께 운영하고 있다.

송악교회 농민선교위원회가 이렇게 진행되는 지역의 친환경농업 운동이 가지고 있는 과제를 함께 풀어내기 위해서 무엇보다 역점을 두었던 사업은 도시소비자와 지역 농민생산자와의 만남이었다. 생산자와 소비자의 입장에서만 만나면 농산물을 사고 파는 관계가 될 뿐이므로 이 일을 보다 폭넓고, 깊이 있고, 지속적으로 해나가기 위해서는 다양한 행사나 사업을 만들어 서로 간의 만남의 장이 이루어져야 한다. 그래서 우리는 도시지역의 시민단체와 소비자단체 그리고 학교나 교회 등과 함께하는 다양한 방식의 프로그램을 진행해왔다.

1) 마을과 함께하는 추수감사축제

매년 추수감사절에 하며, 연합예배, 찬양집회, 농산물 장터 등을 운영한다.

2) 생태체험교육프로그램

야생화, 계곡, 냇가 등 물속 생물, 논생태 탐사, 송악저수지 철새 탐사, 봄나물 채취, 여름밤 반딧불이 탐사 등.

추수감사절 풍물패

3) 농사체험교육프로그램

친환경논 모내기, 논매기, 가을들판 메뚜기 잡기와 추수 체험, 고구마 캐기, 밤 줍기, 여름철 콩밭매기, 감따기 체험 등.

4) 농촌문화프로그램

친환경 논 오리 넣기, 된장, 간장 담그기, 정월대보름문화축제, 짚풀문화축제, 허수아비 만들기, 농촌마을의 겨울놀이 등.

5) 체험관사업을 통한 사업

지역 내 친환경 농업체험관을 만들어 체류하면서 체험할 수 있는 프로그램.

이렇게 도시민과 교류하는 프로그램을 진행한 결과 현재는 크고 작은 도시생산자, 시민단체, 각종 공동체들이 체험관과 교회, 민간숙박시설을 통해 송악 지역을 찾고 있고, 이는 계속 늘어나고 있다. 이를 통해 청정 송악 지역에 대한 이미지를 새겨주고, 농사 과정에 직·간접으로 참여하도록 한다.

또한 송악교회 농민선교위원회는 지역에서 생산된 유기농산물의 판로를 다변화하기 위해 도시 시민단체나 교회, 지역 내 학교에 유기농 직거래로 급식체계를 만들어가고 있다.

이러한 활동에 힘입어 다양한 농업 생산, 가공, 유통 공동체들이 조직되었다. 항생제나 기타 화학약품을 쓰지 않고 생산하는 벌꿀농가들이 연합하여 2005년에 겨레벌꿀영농조합을 세웠고, 2006년에는 유기농 콩나물을 생산하는 송악골영농조합법인이 세워졌다. 여기서 발생하는 수익은 출자자들의 기본 지분 이외에 지역사회를 보다 건강하게 만드는 공공의 사업을 후원하는 재원이 된다. 송악골영농조합법인은 아산 지역의 학교급식 체계와 연결하여 다양한 유기농 야채생산으로 확대해가고 있고, 이는 지역 먹거리(로컬 푸드)운동의 중요한 근거가 되어 지역의 시민사회 망(network)으로 연결하여 꾸러미 사업과 유기농 시장, 지역 생협의 전망을 만들어가고 있다. 이후 송악지역 내 다양한 생태유기농 생산, 소비공동체들이 조합이나 작목반 형식으로 만들어지고 있다.

2. 마을교육공동체운동

1991년에 '사랑선교원'으로 세운 교회부설 유아교육기관을 '송악골어린이집'으로 이름을 바꾸면서 '생태유아교육'으로 지역사회 선교의 방향과 맞추었다. 지역의 청정 자연 속에서 자연을 닮은 교육을 하는 것이다. 송악골어린이집의 대표말은 '자연과 함께, 이웃과 더불어'이다. 개울에 나가 물놀이하고, 논두렁에 나가 뛰어놀고, 마을을 돌아다니면서 사람과 동물과 나무와 꽃을 느끼게 하고, 모든 교육을 생태중심의 감성교육으로 한다. 처음에는 시행착오도 있었지만 이제는 보다 전문화되고 세련된 교육과정(프로젝트 접근법, 절기와 민속세시풍속을 활용한 과정)을 통해 생태유아교육의 모델을 만들어내고 있다. 어린이집을 통해서 연결되는 관계는 지역사회 내에서 어린이들이 자라나면서 지역사회 안에 교육을 통하여 인적 자원이 연결되어간다. 그 역량이 동력이 되고 지역사회와 상호작용을 하면서 지역 내 제도권학교(초등학교와 중학교)의 교육의 내용을 바꾸어가는 일을 하게 되었다.

그 결과 폐교 위기에 처해있던 학교(분교)를 '작은 학교를 살리는 운동'으로 시작하여 지금은 '제도권 내 대안교육을 실현하는 학교'로

'송악동네사람들' 발기인 모임

만들어가고 있다. 지금은 참교육의 내용을 채워가 인근 도시에서 전입하는 전국적인 생태교육 모범학교가 되었고 송악면 내 2개의 초등학교와 중학교에서 전면 유기농 급식을 하고 학교의 교육 내용이 지역사회와 함께하는 학교로 바뀌었다. 마침 뜻을 같이하는 선생님들과 학부모들이 지역주민들과 함께 헌신적으로 일하면서 지역사회에 활력을 불어넣는 기분 좋은 변화를 일으켰다.

3. 더불어 사는 공동체문화

1998년에 송악교회의 문화부에서 풍물패를 조직했다. 무엇보다 지역생명운동을 하는 데 있어서 문화가 가진 힘이 필요했기 때문이었다. 그래서 풍물강습을 시작하였고, 해를 거듭할수록 실력도 늘어나고 쓰임새도 많아져서 이제는 여러 개의 풍물패로 분화되어, 마을 단위로 풍물패가 만들어지고 있다. 그리고 학교의 교육운동과 연결되면서 지역 내에 여러 공동체에 활력을 불어넣어 다양한 형태의 문화모임(청소년 연극동아리, 영화모임, 인문학독서모임, 주민연극단, 마을밴드, 숲학

논에서 즐겁게 일하면서 노는 아이들

교, 서예, 서각모임 등)으로 발전해가고 있다. 최근에는 이런 교육과 문화사업을 마을에서 기획하고 조정하는 교육문화협동조합(송악사람들)을 만들어 조금 더 체계적으로 만들어가고 있다.

4. 지역 복지사업

송악교회 사회봉사부는 1997년부터 지역 내 노인복지사업으로 '사랑의 오병이어'을 시작하여 혼자 사는 노인분들 중에 음식을 조리하기 어려우신 분들을 중심으로 약 30명에게 반찬을 만들어 배달해드리고 있다. 먼저 교인들 중심으로 후원회원을 모아 매주 배달했는데 시간이 가면서 이제는 교인이 아닌 분들도 후원회원으로 많이 참여하고 있다. 조리나 배달은 교회 안에 혹은 밖에 자원봉사자들이 맡고있다. 그러면서 마을에도 노인들이 점점 많아지면서 조금 더 전문적이고 종합적인 노인복지 대안이 필요하여 이제 지역에서 노인복지사업을 담당할 협동조합을 준비하고 있다.

2005년 9월에는 교인들이 중심이 되고, 지역주민들과 참여하여 지역아동센터 '반딧불이 교실'을 시작했다. 지역 내 한부모 가정, 조모

협동조합 '고랑이랑' 축하마당

자녀 가정, 저소득층 가정의 어린이들을 모아 방과 후에 숙제도 봐주고, 사회교육도 하고, 저녁도 함께 먹는 그야말로 가정의 역할을 대신해주는 일이다. 모두 30여 명의 어린이들이 함께하고 있는데 이 일에 실무자는 교사를 포함하여 다섯이고, 후원회원은 이사 9명, 전문위원 6명을 포함하여 약 100여 명이다.

지금 반딧불이지역아동센터는 청소년문화프로그램도 진행하고 학교와 교회, 지역사회가 협력하여 지역교육, 아동청소년 문화교류, 지역사회에서 진행되는 여러 가지 정보가 소통되는 교육과 복지를 연결하는 역할을 담당하고 있다.

5. 에너지 협동조합 설립 — 에너지 자립을 위하여

2012년부터 송악지역에 적정에너지 기술을 연구 공유하고 재생에너지와 지속가능한 에너지를 생산하고 나누는 '에너지공방'을 만들어 운영하고 있다. 여기서는 폐유를 이용해서 바이오디젤 연료를 만들어 함께 나누어 쓰고, 겨울철 난방시설을 저에너지 사용으로 한 난로를 제작하여 보급하고, 기타 지역 내 에너지 절감 또는 재생산을 연구한다. 아직 여러 가지 운영상의 어려움이 있지만 이러한 공동체적 시도를 통해 지역의 에너지 문제를 고민하고 대안을 모색하는 과정을 통해 생태마을의 전망을 세워가고 있다.

IV. 회복되는 마을

송악면 친환경농업 지역에서는 가을철만 되면 메뚜기가 사방에서 날아다닌다. 농약사용으로 사라졌던 메뚜기가 다시 돌아온 것이다. 그래서 가을 추수철이 되면, 도시 소비자들을 초청해서 '메뚜기 잡기와 추수 체험'행사를 연다. 제비가 돌아왔다! 10여 년 전까지만 해도 송악에서도 제비를 보기 어려웠는데, 지금은 삼월 삼짇날이 되면 어김없이 제비가 돌아와 농가 추녀마다 집을 짓고 여름내 새끼를 길러내고 가을에 남쪽나라로 돌아간다.

어린이들이 많아졌다. 송악에 젊은이들은 더이상 이농이나 이향을 하지 않고, 도시에 살던 젊은이들이 들어와 살면서 어린이들이 많아졌다. 게다가 송악마을의 젊은 부부는 아기를 많이 낳는다(보통 3명씩, 4자녀 가구도 많다). 한 학년에 한 반 유지하기 어려웠던 초등학교는 이제 한 학년에 두 반씩 되었고, 동네마다 골목마다 아이들이 늘 뛰어다니고, 자전거를 타며 놀고 있다.

이런저런 모임이 많아졌다. 농사와 관련해서 유기농생산자 모임, 소비자단체모임이 생겼고, 교육과 관련해서는 학부모 모임, 교사들의 연수연구모임, 지역사회와 학교가 함께하는 모임이 생겼다. 문화와 관련해서는 풍물패모임, 연극모임, 미술모임, 도자기모임, 우리 소리

마을에서 길을 여는 모임

를 배우는 모임, 청소년 밴드모임, 숲과 자연을 공부하고 가르치는 모임 등이 생겼다.

마을이 곧 세계다. 많은 사람들이 송악마을과 함께하려고 찾아온다. 함께 농사를 짓자고 하고 문화를 함께 만들고 나누자고 하고 함께 살자고 한다. 도시의 주민들뿐 아니라, 다른 농촌 지역에서도 우리나라뿐 아니라 외국에서도 찾아와 함께 고민하고, 대안을 찾고 소통한다. 마을은 인간과 모든 생명의 삶의 터전이기 때문에 나라와 민족, 문화를 뛰어넘는 보편성을 가지고 있기 때문이다.

지금 우리는 꿈을 꾸고 있다. 맨 처음 하나님께서 창조하시고 '보기 좋았다' 하신, 모든 생명이 함께 어우러져 살아가는 그 아름다운 세상이 우리가 지금 살고 있는 송악마을에서 그리고 온 세상에서 이루어지기를….

제2부

농사와 더불어
가는 목회

자연농업으로 시작한 전원교회

한석봉 목사
(충북 충주 전원교회)

I. 들어가는 말

과거에는 농촌에 사람도 많고 교회는 성도들도 많았다. 그러나 현재는 세계화의 추세에 우루과이 라운드, 자유무역협정(FTA) 등에 따라 농산물 가격하락, 이농현상, 특히 저출산 등으로 급격히 농촌인구가 줄어드는 현상이다. 물론 이것은 제대로 대처하지 못한 면도 없지 않다.

내가 목회하고 있는 곳도 어느 농촌이나 교회와 같이 힘들고 어려운 건 마찬가지라고 본다. 그런 측면에서 현실을 어떻게 헤쳐나가며 특히 개척정신을 통해 지역과 또는 교회가 함께하며 더 나아가 다시금 회복과 부흥을 할 수 있는지 그간의 사역을 통해 공유하고자 한다.

II. 전원교회

1. 전원교회와 지역 현황

충주시 동량면 대전리 사천마을(모래내) 즉, '모래가 많은 지역'이라는 뜻이다. 충주댐 옆에 위치하고 있다. 마을의 가구 수는 150여 가구에 인구는 약 390여 명 정도 살고 있다. 그중 65세 이상이 100여 분이고, 30~60세까지는 고르게 분포되어 있다. 어린이들은 지역을 통틀어 20여 명 남짓이다. 지역 농산물로는 담배, 사과가 주 특산물이고, 그 외에는 여느 농촌 지역과 같다.

2. 부임 당시 교회 상황

2003년 5월 9일에 부임을 했다. 당시 교회는 완전히 파산지경이었다. 60여 명 되었던 성도들은 뿔뿔이 흩어졌고, 남아 있는 분이라고는 힘없고 교통편이 없는 노인들 몇 분들이었고, 교회 건물과 땅은 일부는 팔렸고, 현재의 건물과 사택뿐이었다.

부임 후 첫 주일예배를 8명과 같이 드렸다. 비가 와서 천정에서 빗물이 떨어지는데 양동이와 큰 그릇 15개 정도는 새는 곳에 놓은 것 같다. 쥐가 돌아다니고 교회 종탑에 있는 나무 십자가는 언제 쓰러질지 모르는 상황이었다. 여름 장마철에는 물이 강같이 흘러 교회 앞마당을 거쳐 둑을 무너뜨리기도 했다. 또한 마을과 교회와의 관계는 소통이 안 되었고, 교회로서의 역할은 전혀 없는 가난한 교회, 도움 받을 교회였다.

3. 사역의 시작

이런 상황 속에서 첫 번째로 한 일은 예배당을 수리하는 일이었다. 비가 새고 쥐가 들끓고 조명이 어두워 노인들이 성경을 볼 수가 없었다. 그래서 교회 지붕을 조립식 지붕으로 덮고 내부는 조명을 밝게 하고 내부 전체를 리모델링하였다. 그렇게 부임 3년간은 교회를 수리하며 보냈다. 재정이 없어 다행히 신용조합에서 목사의 신용으로 2,000만 원을 대출하여 수리하고, 일부는 교회 빚을 갚았다.

III. 자연농업

1. 자연농업에 눈을 뜨다

교회 재정은 어렵고, 자녀들의 교육도 막막하였다. 어느 농촌 교회 목회자나 마찬가지였을 것이다. 그래서 우연치 않게 노는 땅에 채소를 심게 되었다. 전혀 농사를 모르는 상황에서 남들이 하는 대로 비료를 듬뿍 주었는데 비실비실 말라 죽었다.

어느 날 집사님께 그런 얘기를 했더니 책 한 권을 주셨다. 조한규 장로의 『자연농업』이라는 책이었다. 책을 보는 순간 정신이 번쩍 나고 농사에 대한 흥미가 생기기 시작했다. 그 책을 붙들고 씨름하여 첫 작품을 만들었는데 그것이 쌀겨 발효 퇴비였다. 토착 발효 미생물을 산에서 채취하여 쌀겨와 깻묵으로 만들었는데 신기하게도 술 익는 냄새가 나고 온도가 60~70도 정도로 올라가는 것이었다. 정말 신기했다.

각종 효소도 만들어 보았다. 쑥 효소, 미나리 효소, 은행잎 효소 등을 만들어 보았다. 드디어 70여 평의 밭에 배추 300포기를 심고 열심히 각종 미생물과 효소를 주었는데 그 변화가 놀라웠다. 땅이 변하고 배추 잎사귀가 다른 배추보다 싱싱하고 병충해에 강한 모습을 볼 수 있었다. 그렇게 배추에 빠져있는 동안 어느 순간 머리에 한 가지 생각이 강하게 떠올랐다. "이렇게 농사 지으면 우리 가정이 살겠구나!" 그리고 며칠 뒤 "교회가 살겠구나!" 더 나아가 "우리 지역과 농촌이 살겠구나"라는 신념이 생기면서 힘이 나고 새로운 비전이 생겨나기 시작했다.

2. 서울신대에서의 농어촌 목회자 연구 과정(2005년)

그러던 중에 서울신대에서 '농어촌 목회자 연구과정'이 생겼다. 우리 지방회 목사님들과 등록을 했다. 그런데 첫날 강의를 들으며 큰 충격을 받았다. 먼저는 농촌에서 직접 농사를 지으며 목회하시는 목사님이 많다는 것과 두 번째는 그 농사를 일반 관행 농법이 아닌 유기농업 또는 친환경적으로 농사를 지으며 지역의 환경과 생명을 살리는 생명농업을 하고 있는 것이었다. 더 깊이 빠져들게 되었다. 재미가 있었고 사명감이 불타올랐다. 그런데 당시 100여 명이 등록했는데 한 학기가 끝나자 절반으로 줄었다. 일 년 후 수료식 때는 29명만이 수료증을 받았고, 그중 농사짓는 목사는 나 혼자 밖에 없다는 것을 후에 알았다.

3. 벼농사에 도전

2006년도에는 처음으로 벼농사에 도전해보았다. 650평, 세 마지기 반이었다. 두려웠다. 어떻게 벼농사를 지어야 할까? 고민하다 기계로 짓지 말아야겠다고 생각했다. 좀 미련한 생각이었지만 옛날 방법으로 모를 길러서 손 모내기를 해야겠다는 생각을 했다. 즉 고전적 방법을 통해서 지역민의 마음을 움직이겠다는 생각이었다. 그래서 마을 어르신들께 자문을 구하고 볍씨를 사서 하우스에서 모를 길렀다. 드디어 모내기 날 지역의 여러 교회들에게 손 모내기 봉사활동을 할 수 있는 성도들을 보내 달라 했더니 서울에서 한 교회, 지역에서 한 교회 그리고 동네 어르신들이 같이 참여하였다. 한 200여 명 정도는 참여한 것 같았다. 그 모습이 장관이었다. 조그만 논에 200여 명이 웃고 떠드는 소리가 멀리서도 들렸다. 잔치가 벌어졌다. 여러 가지 음식을 하고 논에서는 30여 년만에 손 모내기 즉 전통 방법으로 모내기를 하였는데 모두들 오랜만의 체험이었고, 참여하신 분들도 재미있어했고 보람을 느꼈다고 했다.

그렇게 모내기를 한 이후에는 제초제를 쓰지 않는 쌀겨농법이라 해서 모내기 3일 후 쌀겨를 뿌려주면 유막을 형성해서 빛이 차단되어 풀이 안 난다고 했다. 그러나 풀이 엄청나게 올라오는 바람에 그 여름 땡볕에 등이 벗어질 정도로 논에 풀을 맸다.

드디어 가을에 추수를 했는데 쌀 열두 가마니가 나왔다. 방아를 찧어서 첫 번 밥을 수저로 떠서 먹는데 목이 메고 눈물이 나왔다. 그리고 하나님께 감사드렸다. 사람으로 태어나서 직접 벼농사를 지어 그 쌀로 밥을 지어 먹는 그 기분은 무엇으로도 표현할 수 없을 만큼 감사하고 뿌듯하고, 말로 표현할 수 없는 그런 기분이었다. 그러면서 무엇인가 구체적 계획을 세우기 시작했다. 배추 농사도 계속했고 벼농사도 늘어나면서 더욱 바빠지기 시작했다.

4. 건강 장수마을 유치(2007년)

그렇게 농사를 지으며 농촌 사람들과 함께 지내다 보니 동네와 지역에서는 목사를 새롭게 보기 시작했다. 목사가 농사를 짓는다는 소문이 나기 시작했는데, 그것이 아마도 여러 기관까지 알려지게 된 것 같았다.

2006년 12월 어느 날 면사무소에 갔는데 상담소장을 만났다. 상담소장은 하나의 서류를 주면서 이것을 내일까지 작성해오라고 하였다. '건강장수마을'이란 사업인데 마감일이 내일이라고 하였다. 3년간의 사업계획과 예산, 지출 계획을 짜오라고 하는데 당시에는 그 사업의 내용도 몰랐고 어리둥절했는데 받아 보니 상당히 어려운 작업이었다. 그래서 내가 생각하고 있었던 계획을 짜서 올려보았다. 밤새워 계획을 짠 것은 '우리 마을의 유기농 사업계획서'였다.

지금 생각해보면 어이가 없는 일이다. 그러나 기관에서는 그것을 긍정적으로 보았다. 하지만 올해는 안 되고 2007년도에는 꼭 해주겠다고 했다. 그래서 다시 계획서를 들고 와서 몇 달 동안 마을의 이장, 대동계장, 노인회장 등 주민과 더불어 머리를 맞대고 연구하여 결국 이듬해 충북도에서 1년에 4개 마을에 주는 '건강장수마을'을 유치했다. 3년간 1억 5천만 원을 지원해주는 사업이다.

2007년도 드디어 첫 사업으로 마을회관을 건축했다. 마을 온 주민의 축제 속에 건축이 되었고 그러면서 교회와 목사에 대한 인식이 바뀌기 시작했다. 마을의 중요한 일에는 꼭 참여해달라는 부탁도 받게 되었다. 2008년에는 마을 앞 하천변을 개발하여 산책로와 야생화를 심고 원두막을 지어 걷고 싶은 길을 만들고 구름다리를 만들어 운치 있는 하천변을 조성하였다.

이웃사랑 초청 잔치를 하는 장면

2009년도 사업은 마을 어르신들을 위한 '소일거리 창출'이라는 사업을 시행하여 한우 20마리를 들여와 잘 키우고 있다. 이렇게 3년간의 사업을 마치고 나니 마을과 교회의 담이 없어졌다. 마을 주민이 목사와 교회를 다른 데 가서 자랑을 하고 전도도 대신해주신다. 그래서 이웃마을의 부러움을 사고 있다. 목사님 때문에, 교회 때문에 이렇게 마을이 발전되고 변화되었다고…. 그리고 올해 초 대동계 때는 마을에서 감사패와 더불어 금 열 돈을 주셨다. 안 받겠다고 했는데 주민들 특히 어르신들이 강력하게 받아야 한다고 밀고 나가시는 바람에 온 마을 주민들의 축하 속에 받게 되었다. 그렇게 마을과 교회는 하나가 되어가기 시작했다.

건강장수마을이 진행되는 동안 농한기인 11월부터 이듬해 3월까지 여러 가지 프로그램을 마을에서 운영 중이다(사물놀이 교실, 어르신 노래교실, 스포츠댄스교실, 사과떡 만들기 등).

5. 서울 신촌교회와의 도·농 직거래 시작(2006년)

농촌 생활, 농촌목회에 좀 적응이 되면서 나름대로 농촌목회에 대한 비전과 계획을 시작할 때 2006년 봄 한 장의 공문이 날아왔다. 신촌교회와 도농 교류 프로그램을 함께할 농촌 교회를 찾는다는 것이었다. 처음에는 별 관심이 없었으나 주변 목사님들의 끈질긴 권유로 도·농 교류 계획서와 앞으로 목사로서 농촌목회에 대한 비전을 담을 계획서를 신촌교회로 보냈더니 그것이 채택이 되어 2006년 5월 30일부터 직거래 장터를 열어 주셨다. 또한 생활비도 4년간 보내주셔서 큰 도움이 되었다.

그것으로 끝난 것이 아니라 신촌교회에서는 여러 프로그램을 함께 시행했는데 여름에는 청년대학부의 단기 선교팀 약 60여 명이 내려와 여름성경학교, 러브 하우스(집 고쳐주기), 지역주민 초청 잔치, 농촌 일손 돕기, 이·미용 봉사 등 다양한 프로그램을 지원해주셨다. 여름이면 내려오는 신촌 청년들을 온 동네가 손꼽아 기다리며 엄청난 반응을 일으키고 있다.

1) 농촌 일손 돕기

7월 중순부터 이 지역 특산물인 담배의 수확이 시작된다. 그렇지만 수확 후 담배 대궁을 치는 일과 비닐을 걷는 일이 보통 힘든 일이 아니다. 작게는 수천 평에서 많게는 수만 평에 이르는 담배밭이라 일손이 없는 농촌에서는 가장 힘든 일이다. 그런데 이때 인원을 대거 투입하여 많은 일손이 거들어 주니 그 고마움을 말로 표현할 길이 없다. 지금은 신촌교회뿐 아니라 청량리성결교회와 교단이 다른 여러 교회들이 참여하여 수만 평의 밭에서 일손을 돕고 있다.

2) 러브 하우스

이는 지역의 독거노인의 집을 도배 및 장판, 전기 등을 수리해주는 봉사다. 노인 혼자 살기에 집안이며 전기며 엉망이었던 것을 깔끔하게 정리해주며, 일하는 청년들과 집주인 할머니들이 서로 교제하며 예수님의 사랑을 전하기도 한다. 지금까지 다섯 채의 집을 수리해주었다.

3) 추수감사 지역주민 초청 잔치

신촌교회에서 2006년부터 2009년까지 11월 셋째 주에 지역주민 초청 잔치를 열어 섬겨주었다. 선물과 잔치 비용 등 약 700여만 원의 경비를 지원하여 음식을 장만하고, 지역주민들을 교회에 모이게 하여 식사를 하며, 교회와 동네의 소통을 원활하게 하였다.

6. 자연농업 이야기

앞서서 처음 접한 책이 조한규 씨의 『자연농업』이라고 하였는데, 이와 더불어 건강장수마을을 시작하면서 여러 교육을 이수한 바 예를 들어 2007년 충주시 기술센터에서 개설한 '미생물 농업대학'을 통해 1년간 미생물과 흙, 퇴비 등을 집중적으로 공부하였다. 이는 나의 농사 일과 지역민의 농업 그리고 지역 작목반을 만드는 데 큰 도움을 주었다. 2008년에는 건국대 원예과에서 '과수작목반'을 이수하고, 2009년에는 건국대 최고경영자과정에서 '원예과'를 1년간 이수하였다. 동시에 한국관광대학에서 '살기 좋은 농촌 마을 가꾸기'를 이수함으로 마을 컨설팅을 하는 데 토대가 되었다.

충주시 기술센터에서는 이런 면을 보고 2008-2009년도 더덕 사업을 지원해주셨고, 2009년에는 충주시 뽕나무 작목반을 만들고 사업비를 지원해주어서 마을에 뽕나무 작목반을 만들어 2011년부터 오디를 생산하고 있다.

이 모든 것의 기본이 발효퇴비이다. 나는 연간 20-30톤의 발효퇴비와 매년 봄 각종 미생물과 효소를 만든다. 이것이 농업 자재가 된다. 일반 관행 농업에서는 이 모든 것을 돈 주고 사야 되지만 자연농업에서는 주변에 있는 것으로 다 만들면 된다. 2008년에는 하동에 있는 '자연을 닮은 사람들'이란 곳에서 '천연 농약 만들기'를 이수하여 자연 속에서 농약을 만드는 것을 적용하고 있다.

왜 굳이 자연농업을 선택했는지의 질문을 자주 듣곤 한다. 운이 좋았다고 할까? 조한규 씨의 『자연농업』이란 책을 우연히 받았고 그대로 했는데 오늘의 이런 결과를 얻게 되었다. 처음 시작이 농사였고 그 농

모내기하고 있는 모습

사가 목회에 영향을 끼친 것뿐이다. 열심히 일을 했고 그것이 하나님의 은혜로 바람직하게 흘러간 것이다. 조금 더 목회적, 신학적으로 들어가 보면 하나님의 계획하심과 인도하심에 도구만 되었다고 고백한다. 예를 들어 2008년에는 최대 5,000평의 농사를 지었다. 논이 3,000평 15마지기이고, 밭이 2,000평이었다. 그만큼 늘어났으니 일이 많을 수

밖에 없었다. 논이 동네 공동소유였는데 수렁이 많아 모두 포기한 논이었다. 내가 하겠다고 했다. 다들 말렸는데 '그래도 목사가 하면 달라지지 않을까?'라는 마음으로 시작했다. 모를 심었는데 기계가 들어가지 못하는 곳은 손으로 심어야 했다. 그게 세 마지기 약 600평이었다.

아침 6시에 나가 밤 10시에 들어왔다. 별 보고 나가 별 보고 들어왔다. 그런데 그렇게 일하면서 한 가지 놀라운 사실을 깨달았다. 육체는 힘든데 머리와 영은 무척이나 깨끗해짐을 느꼈다. 땅을 살리고 먹거리를 생산해내는 것은 곧 하나님의 창조 섭리와 생명을 회복시키는 일이었다. 태초에 하나님께서 만드셨던 땅을 회복하는 일, 하나님께서 창조하신 식물을 하나님의 방법대로 생산해내는 일, 이것이 농촌목회자의 사명이 아닐까? 너무 감사했다. 아니 논을 매면서 울었다. 감사의 눈물이었다. 그렇게 온 여름을 논과 밭에서 행복한 시간을 보냈다.

7. 본격적인 도·농 직거래(2008년 이후)

신촌교회와 프로그램을 공유하기 시작하면서 절임 배추를 시작하였다. 직접 농사지은 유기농 배추라 호평을 받기 시작하면서 조금씩 주문이 늘게 되었는데 그 판로를 처음 우리 교회 장로님께 열어드렸다. 장로님은 그 거래 교회와 개인의 거래처를 꾸준히 관리하여 신촌교회 수요 장터뿐 아니라, 올해로 절임 배추의 거래량만 해도 약 만 포기 이상 되었다.

그래도 내가 농사지은 배추 맛을 본 분들은 매년 꾸준히 증가하여 올해 약 5천 포기의 절임 배추를 공급하게 되었다. 직거래 농산물 종류로는 찰옥수수(대학 품종), 감자, 고추, 고구마, 쌀 콩, 참깨, 들깨, 배추(절임) 등 다양해졌다.

8. 트랙터를 기증받다(2008년)

2007년부터 본격적으로 농사가 시작하니 한계가 오기 시작하였다. 농기구가 없으니 적시에 밭갈이나 비닐 씌우기를 하는 것이 수월하지 않았다. 그래서 국내선교위원회의 김춘백 목사님(당시)에게 꾸준히 요청하여 결국 2008년 봄 전국 여전도회 연합회를 통하여 700만 원을 지원받고, 내가 100만 원을 더해서 43마력짜리 중고 트랙터를 구입하였다. 농사 규모가 달라지게 되고, 시기가 적절하게 잘 맞아 떨어져, 농사를 보다 편하게 지을 수 있게 되었다. 지금까지도 김춘백 목사님과 전국 여전도회 연합회에 진심으로 감사를 드린다.

9. '지역사회와 함께하는 상'을 받다(2008년)

한국기독교총연합회 산하 기독교윤리실천위원회에 크리스천라이프센터가 있다. 어떻게 알게 되었는지 소식이 알려져서 2008년 5월에 시상자로 선정되어 상을 받게 되었다. 그때 기독교방송국(CBS)과 국민일보 등 여러 기독교 매체에서 나의 이야기를 소개하기도 하였다. 보람도 있었고 하나님께서 주신 사명이라 생각하며 열심히 한 것뿐인데 상을 받게 되니 그것 또한 감사했다. 그래도 그 상을 받으면서 내가 농촌에서 품었던 비전이기도 한 '지역사회와 함께하는 교회'로서 여러 일들이 탄력을 받게 되었다.

그 후 여러 기독교 계통의 월간지에 본인의 사역이 게재되고, 그로 인해 각 교단의 농촌 목사님들이 찾아와 견학을 하고 각 교단의 신년 목회 또는 농촌목회에 강의를 다니게 되었다.

10. 게이트볼 팀 창단

이 소식은 앞서 「성결신문」이나 「활천」 12월호를 통해 소개가 되었다. 우리 동네 게이트볼 어르신들이 지난 9월 19일 14명이 전원 등록하고 전원교회 게이트볼 팀으로 재창단되었다. 이 같은 결과는 앞에서 해온 여러 사역의 결과로 온 것뿐이다. 앞으로 하나님께서 어떤 결과를 보여주실지 기대가 된다.

11. 농촌문제에 대한 국가정책

이미 오래전부터 여러 정책들이 시행 중이다. 2010년 12월 충주시 농업기술센터에 가서 농촌정책에 대해 조금 더 자세히 알 수 있는 방법에 대해 물었는데 다행히도 예전에는 각 부처가 세분화되어 따로따로 찾아서 일을 봐야 하는 복잡한 시스템이었지만, 2011년부터는 각 시-도 친환경과나 농촌정책과를 찾아가면 자세하게 상담을 해준다. 아울러 각 시·군의 농촌기술센터에도 문을 두드리면 잘 알려주실 것이다. 그래서 여기서는 그런 기관이 있다는 것만을 말해둔다.

IV. 농촌목회

1. 농사가 목회에 끼친 영향

이제 지금까지 농촌목회를 하면서 목회적 측면에서는 어떤 영향을 끼쳤을까? 우선 지역주민이 보는 교회와 목사에 대한 시각이다. 완전히 바뀌었다. 목사보다는 같은 동네 주민으로, 몇 년이 지나면서 목사에서 같이 살 사람으로 시각이 달라졌다. 뿐만 아니라 농사꾼으로, 앞선 농민으로 인식하였다. 교회에 대한 비판이 사라졌다. 담이 없어졌다. 이것만 보아도 대단한 것 아닌가?

교회 성장 면에서 보면 부임 당시 8명에서 지금 예배 출석인원이 80명이 넘어섰다. 2006년부터 매년 12명이 등록하였는데 이상하게도 매년 1월부터 새 가족이 등록을 해서 매달 1명꼴로 오는 것이었다. 작은 시골 동네의 교회에 매달 새 가족이 들어온다는 것을 처음 이곳에 와서는 상상도 하지 못했다. 전도 받고 오시는 분도 있지만 자진해서 오는 분들이 더 많다. 교회 오는 것이 전혀 낯설지 않다는 것이다. 지난 2010년에는 놀랍게도 하나님이 보너스를 더 주셨다. 약 30명이 새로 나오게 되었다. 목회에 끼친 영향을 글의 뒷부분에 넣은 이유는 여러 활동들의 결과로 되었다는 것을 말하고 싶어서이다.

2. 농촌목회자들의 자세

무엇보다도 목회자 스스로 자신의 농촌목회자에 대한 정체성을 확립하는 것이 필요하다. 신학교나 다른 어느 곳에서도 농촌목회자를 훈련시키고 준비시키는 곳은 없다. 그래서 아무런 준비 없이 농촌에 내려갔다가 해보려고 이 방법 저 방법(도시 교회에서의 목회방법)들을 해보아도 농촌은 그리 쉬운 곳이 아니다. 그래서 실패하고 좌절하고 나중에는 체념하고는 떠날 생각만 하게 되는 것이다.

좋은 환경에서 누구는 못하겠는가? 그러나 현장은 그렇지 않다. "지금 내가 왜 이곳에 왔는가?", "왜 여기 서 있는가?", "이곳에 뼈를 묻은 것인가?"라는 질문을 수없이 나 자신에게 던져야 할 것이다. 그리고 마음이 정리되었다면 그다음에는 '죽을 각오'를 하고 사역해야 한다. 죽을 각오가 되었는데 농사를 못 짓겠는가?

만약 농촌목회를 준비하고 계시는 분들이 있다면 먼저 어느 지역으로 갈 것인지 정하고, 그다음에는 그 지역을 연구하고 지역에 대한 정보를 수집해야 한다. 그런 다음 농사 지식과 기술, 농기계 다루는 방법 등을 익히고, 거기에 국가의 농촌지원 사업, 사례 등을 파악하고 현장에 간다면 많은 도움이 될 것이다. 또한 모든 마음을 내려놓고 섬기는 마음과 하나님의 도우심이 함께 한다면 행복한 농촌목회가 될 것이다.

3. 전원교회의 지역에 대한 미래적 대안

첫째, 지역 경제의 중심이 되고자 한다. 올해 배추 때문에 얼마나 온 나라가 시끄러웠는가? 앞서 올해 절임배추를 5,000포기를 했다고 했다. 20kg짜리 상자 약 500상자이다. 이것을 하면서 하나의 비전이 생겼다. 배추 한 포기에 만 오천 원, 물론 나중에 최소 3,000원으로 내렸는데 평년에는 밭에서 포기당 500원만 받았어도 잘 받았다고 했다. 올해 배추값을 작년과 같이 받았다. 소비자들의 전화가 수없이 걸려왔다. "진짜 그 가격이냐?"라는 것이다. 그렇다고 했더니 참 많은 분들이 감사를 표했다. 이것을 통해 느낀 것은 농촌 교회와 도시 교회가 함께하면 농촌의 문제를 해결할 수 있겠다는 생각이었다. 그래서 농촌 교회가 중심이 되어 생산을 안정되게 하고, 도시 교회의 참여로 가격변동 없이 계약재배를 이끌어가면 가능할 것 같다.

예를 들어 올해 5천 포기 전량이 교회로 올라갔다. 참여 교회가 10개 교회 넘었다. 참여 교회들의 공감대가 형성되었다. 앞으로 20만 포기의 배추를 유치할 계획이다. 이렇게 되면 절임배추로 11월 한 달 동안 지역에 미치는 경제적 효과는 5억 5천만 원 정도가 된다. 엄청난 금액이라 이를 지역에 환원하고 지역의 교육 문제, 독거노인 문제를 해결해보려고 한다. 농촌 교회와 도시 교회, 또 농촌의 성도와 도시의 성도가 조금만 관심을 갖게 되면 가능한 일이다.

여기에 크리스천라이프센터에서 전원교회 홈 쇼핑몰을 준비 중이다. 라이프센터와 함께 초교파적으로 농촌 살리기 운동을 펼칠 예정이다. 이 쇼핑몰은 단순히 물건을 사고파는 일반 쇼핑몰이 아니라 농촌의 현실 문제를 다루고, 도·농 문화교류의 장, 농촌 교회와 도시 교회의 만남의 장이 될 것이다.

둘째, 성도들로 구성된 작목반 결성이다. 앞서 배추에 대한 얘기를 했다. 올해 나는 3,500여 포기를 생산했다. 내년에는 그 수효가 몇 배는 더 될 것이다. 나 혼자 할 수는 없다. 그래서 몇몇 성도들과 작목반을 결성하여 내년에는 2~3만 포기를 재배할 예정이다. 이제 시작이다.

농촌 교회가 지역의 경제, 교육, 문화의 중심이 되어 이 사역을 같이 이루어나가면 교단의 농촌 교회뿐 아니라 한국 농촌의 문제 해결에 많은 도움이 되지 않을까 하는 희망을 가져본다.

V. 맺는 말

목회적 부분도 그렇지만 이런 경제적 활동에는 금전 문제가 반드시 따른다. 그렇기에 목회자는 정말 모든 것 내려놓아야 한다. 사심이 없어야 한다. 청지기가 되어야 하고, 돈 보기를 돌 보듯 해야 한다. 그렇게 하다 보면 어느덧 교회 안에 성도들로 꽉 찬 것을 보게 되고, 경제적인 문제도 해결된 것을 보게 될 것이다. 오른손이 하는 것을 왼손이 모르게 할 정도로 해야 된다. 정말 사명감 갖고 해야 한다. 청결하고 심령이 가난한 자세로 하게 될 때 하나님은 더 큰 것으로 채워줄 것이다. 더 많은 얘기가 있지만 추후에 기회가 있을 때 하기로 하자. 마지막으로 한 가지 제안을 하고 맺으려 한다.

도시 교회와 농촌 교회와의 교류에 대한 제안

1) 농촌 교회

농촌과 산촌, 어촌에는 교회가 없는 곳이 없다. 이것은 큰 자원이다. 목사는 그래도 고등교육을 받는 사람이요 깨어있는 리더들이다. 그러기에 그 지역을 변화시킬 수 있는 준비된 리더들이다. 그 지역을 잘 연구하고 준비할 때 반드시 기회가 올 것이다.

2) 도시 교회

농촌선교를 한다고 선교비를 보내준다거나 봉사활동을 하는데 그 것은 좋은 일이다. 그러나 그것이 일회성 또는 행사용으로 끝나기에 실상 아무런 효과가 없다. 어찌 보면 성도들의 헌금만 낭비될 뿐이다. 도시 교회는 선교 또는 봉사할 농촌 교회를 선정한 후 무엇이 그 지역과 교회에 필요한지 현지와 잘 연구한 후 단계적 교류를 해야 한다. 물론 그 지역의 교회와 목회자가 준비된 자라야 한다. 그럴 때 교류를 하면 선교에 큰 효과가 있다.

예를 들어 우리 교회는 2004년부터 도·농 교류를 하였는데 봉사활동이 끝나고 나면 항상 과제가 남는다. 농촌 교회에서는 그 과제를 잘 정비하여 다음 해에는 더 나은 단계로 나가게 된다. 그렇게 하여 생긴 건물이 화장실, 식당, 야외시설 등이다. 다음 해에 작년에 왔던 교회가 왔을 때는 많이 놀란다. 해마다 현지 교회가 바뀌고 변하는 모습에 도시 교회는 대단한 만족을 느끼고 더욱 견고한 교류를 하게 된다.

프로그램을 계속 개발해야 한다. 농촌 교회는 농촌 교회대로 그 지역에 필요한 프로그램이 무엇인가를 잘 연구하여 다음에 내려올 교회들에게 정보를 제공해주면 그 교회는 그렇게 준비하게 된다.

별을 노래하는 농부 목사, 갈계교회

강기원 목사

(전북 남원 갈계교회)

I. 들어가는 말

"나는 참 포도나무요, 내 아버지는 농부다"(요 15:1). 시골 교회에서 직접 농사를 지으며 목회를 하다 보니 이 말씀이 나에겐 큰 힘과 위로가 된다. 이전엔 이 말씀이 별로 마음이 와 닿지 않았다. 하지만 시골에서 농사도 짓다 보니 새로운 깨달음으로 다가오고 있다.

II. 별을 노래하는 사람, 농부

농부(農夫)라는 단어가 왠지 모르게 좋다. 자라온 삶의 내력 때문일까? 지금도 부모님은 안동에서 수박이랑 배추농사를 40년 넘게 짓고 있다. 농사를 통해 6남매를 모두 교육시키셨다. 올해(2014년) 11월말이면 이제 막둥이가 결혼한다.

많은 사람들이 경험했던 바이겠지만, 나 역시 고등학교 시절까지는 농사가 뭔지도 몰랐고, 또 싫어했다. 농사는 배우지 못한 사람들이 하는 짓으로만 생각했다. 시골은 떠나야 할 곳으로만 생각했다. 참으로 어리석었던 시절이었다. 아니, 그렇게 된 것은 좋은 선생님을 만나지 못했기 때문이라 할 수도 있다.

대학시절, 매년 여름이면 한 번도 빠지지 않고 농활을 갔었다. 때론 봄과 가을에도 갔다. 그런 과정을 거치면서 농사에 대한 부정적인 생각을 자연스럽게 극복할 수 있었다. 대학시절 그런 인식의 전환이 없었다면 아마 시골 교회를 거쳐 가려고만 했지 지금처럼 장기적인 목회 구상을 하진 못했을 것이다. 힘겨운 농사를 교회 재정사업의 대안으로도 생각하지 못했을 것이다. 몸이 고달프긴 하다. 하지만 직접 농사를 짓다 보니 생각하지 못했던 깨달음이 많아 감사한 시간들을 보내고 있다.

農夫(농부)라는 단어를 다시 생각해본다. 농사를 뜻하는 農(농)이란 한자를 분석하면 노래를 뜻하는 曲(곡)자와 별을 뜻하는 辰(진)자로 구성되었다. 그러니 농부란 '별을 노래하는 사람'이란 뜻이 된다. 참으로 아름다운 표현이다. 그만큼 농부란 자연의 순리에 따라 새벽별을 보며 일찍 논밭에 나갔다가 저녁나절에 초저녁별을 보며 집으로 왔기에 이런 표현이 만들어진 게 아닐까 생각해본다. 아름답다기보다는 농부들의 고단하고 서글픈 삶의 현실을 반영한 말이기도 하다. 하지만 난 '별을 노래하는 사람'으로 농부를 지칭하고 싶다.

갈계교회에 부임한 지도 어느덧 10년째를 보내고 있다. 척박하고 어려운 갈계교회를 보면서 그냥 거쳐 가는 곳이 아니라, 환경에 구애받지 않고, 변함없이 장기목회를 할 수 있으면 좋겠다는 생각이 들었다. 그러다 보니 대안으로 농사를 선택하게 되었다. 생각 끝에 시골 정서가 배어있는 청국장이 좋겠다는 판단을 했다. 2006년부터 지금까지 콩 추수를 마친 후 11월부터 2월말까지 꾸준히 청국장을 만들어 교회 재정을 마련해오고 있다. 직접 콩도 심는다. 작년에 1,600평 밭이 새롭게 생겨 이젠 콩도 자립하게 되었다.

갈계교회는 1928년 10월에 창립되었다. 지금까지 86년째 변함없이 갈계리에 터 잡고 있다. 지역에서 가장 오래된 교회이다. 그러나 오늘의 모습은 초라하다. 1985년 6월 면소재지가 갈계리에서 지금의 지역으로 이동해가고, 두 번의 교회분열*과 한 번의 분가**가 있었다. 그리고 나이 들어 돌아가시는 분, 노환으로 요양원과 자녀 댁으로 가는 분들이 늘어나면서 이젠 교인이 13명밖에 되지 않는다. 늙어가는 마을 어르신들을 보고 있노라면, 이후 농촌이 어떻게 될까 걱정이다. 그럼에도 희망의 싹은 있다고 본다. 귀향, 귀농, 귀촌 인구가 조금씩 늘어나고 있기 때문이다. 앞으로 갈계마을에 어떤 변화들이 올지 기대된다.

III. 청국장꽃

2006년부터 지금까지 변함없이 콩농사를 짓고 있다. 2006년 처음으로 콩농사를 지었던 때가 생각난다. 그땐 경운기도 들어갈 수 없는

---

* 1956년에 갈계서부교회(예장통합)가 갈라져 나갔다. 이 분열로 한 마을에 두 교회가 있는 아픔이 생겼다. 1928년부터 1985년 6월까지 갈계리는 아영면 소재지였다. 1956년엔 면소재지였으니 이 비좁은 마을에 1,500여 명이 살았다. 인구가 많다 보니 두 교회가 있는 것이 크게 도드라져 보이지는 않았을 것이다. 지금은 아영면 전체 인구가 2,100명이고 갈계리는 분열 당시의 1/10일인 150여 명에 불과하다. 인구가 줄다 보니 한 마을에 두 교회의 존재는 그리 좋게 보이지 않는다. 1989년경에 지금의 성은교회(감리교)가 갈라져 나갔다. 12가정이 이때 나갔으니 여파가 컸을 것이며, 두 번의 분열이 가져다준 충격이 교우들의 마음속에 남아있을 것이다.

** 1967년에는 월산교회(장로교 기장)가 분립되었다. 교회에서 4km나 떨어진 곳에서 많은 교우들이 나왔기에 당회 결의로 그 지역 교우들을 위해 교회를 세운 것이다. 잘한 일이다.

300평 밭을 구해 심었다. 할 수 없이 소 쟁기로 밭을 갈고 70대가 넘는 어르신들과 함께 밭을 만들어 심었다. 시간이 지날수록 소 쟁기로 밭을 일군 그 장면이 귀하게 여겨질 것이다. 나중에 사진을 표구해둘 생각이다.

첫 해 콩농사를 지어 청국장을 만들었지만 판로가 문제였다. 결국 홍보용으로 총회 홈페이지를 이용했다. 그간 콩농사 짓고, 청국장 완성까지 사진들을 편집해 홍보했더니 두 가지 감사한 일이 생겼다. 하나는 서울에 계신 집사님 한 분이 그 장면을 본 뒤 십일조를 6년이나 해주셨다. 매월 40-100만 원을 변함없이 보내주셨다. 재정 자립이 안 되는 교회에서 집사님의 후원이 큰 힘이 되었다. 또 하나는 독일에서 목회하시는 선배 목사님이 그 글을 보고 지금까지 변함없이 후원을 해주고 있다. 또한 2007년부터는 교회 출신자들이 후원회를 만들어 매년 200~300만 원씩 후원을 해주고 있다. 2010년에 CBS에서 박유진 피디가 "목사님과 청국장"이란 제목으로 50분짜리 영상을 만들어 방송해주기도 했다. 그런 과정을 거쳐 2011년에는 꿈에도 그리던 8평 남짓한 식당 및 교육관 겸 손님맞이 방을 만들고, 교회를 리모델링할

콩농사 첫 해 소쟁기로 밭을 만들고 있다

수 있는 길이 열렸다. 하늘이 무너져도 솟아날 구멍이 있다는 속담을 현실에서 경험하게 되니 얼마나 감사하고 생기가 넘치는지 모르겠다.

이곳은 지리산 자락이다 보니 지인들이 많이 찾아온다. 하지만 사택 외엔 부대시설이 없어서 손님을 편히 맞을 수가 없었다. 재래식 화장실이 딸린 쌀 창고가 교회 뒤채에 있었다. 사무실과 서재가 없기에 전임 목회자들이 이 쌀 창고를 개조해 서재로 사용하고 있었다. 그것을 헐고 목조로 원룸을 잘 지었다. 이젠 한 가정 정도는 여유롭게 묵어갈 수 있게 되어 감사하기만 하다.

초반엔 콩을 심은 뒤 새들이 콩을 빼 먹기에 일일이 콩밭을 덮석으로 덮어줬다. 그래야 소출이 많기 때문이다. 그러던 어느 날 옛 어르신들이 콩을 늘 세 개씩 심었다는 것을 알게 되었다. 하나는 새가 먹고, 하나는 땅속 생물들이 먹고, 나머지 한 알은 사람이 먹었다는 게 아닌가! 옛 어르신들의 자연과 더불어 살아온 귀한 삶을 알게 된 이후부터는 덮석으로 콩을 덮지 않고 있다. 다만 더 촘촘히 콩을 심는다. 올해도 덮석을 덮지 않았다. 그랬더니 새들이 신바람이 나서 많은 콩을 빼 먹었다. 그래도 콩 자립은 되니 감사하다.

콩 한 알에서 보통 10-200여 개의 알이 맺힌다. 신기할 뿐이다. 내가 하는 일은 심고, 두 번 정도 풀 뽑아주는 일이 전부이다. 그럼에도 알아서 스스로 이렇게 많은 열매를 선물로 주고 있으니 자연의 힘은 놀라울 뿐이다. 오묘한 하나님의 섭리다.

청국장은 교우들과 마을 어르신들에게 알음알음 배워서 예전 방식 그대로 하고 있다. 9년째를 맞다 보니 이젠 나와 아내가 만든 청국장이 맛있다며 어떻게 담는지 거꾸로 배우러 오는 분들도 있다. 우린 전통적인 방식으로 짚을 넣어 5일간 발효과정을 거쳐 만들고 있다. 처음엔 쥐병도 있고 해서 짚을 넣는 것에 대한 불안감이 있었다. 책을 구해서

청국장 꽃

연구하다 보니 그런 대목이 마음에 걸리면 끓인 물에 짚을 데치면 된다는 것을 알았다. 바실러스균은 고온에도 잘 견디기에 괜찮다고 했다. 하지만 최근 미생물을 전공한 청국장 박사의 책을 보면서 짚을 그대로 넣어도 문제가 없다는 것을 알게 되었다. 이젠 더이상 번거롭게 끓는 물에 짚을 데치지 않고 그냥 사용하고 있다. 우리네 조상들의 지혜로운 삶의 결과물이다.

청국장은 끈적끈적한 실이 많이 나와야 좋다는 말을 한다. 그래서 발효과정 중에 찬바람이 들어가면 좋지 않다고 한다. 그게 궁금해 발효과정을 지켜본 일도 있다. 내 경험으로는 콩을 발효시킨 지 24시간 지난 뒤에 가장 실이 많이 나온다. 4~5일이 지나면 발효를 마친다. 발효가 다 되면 콩을 빻는다. 콩을 빻기 전에 짚 주변을 보면 하얀 곰팡이들이 펴있다. 참 예쁘다. 마을 분들은 그것을 '청국장꽃'이라 부른다. 그 표현이 참으로 인상적이라 나도 이젠 그 곰팡이를 청국장꽃이라 부른다. 문학적인 아름다운 표현 같다.

2012년부터는 된장과 간장 사업도 하고 있다. 매년 콩 구입에 많은 비용이 지출되었다. 콩으로 자립할 수 있는 길이 열리기를 바랐다. 결국 2013년 늦봄에 1,600평 밭이 생기는 바람에 작년부터 콩을 자립하고 있다. 이젠 콩도 기계로 심고, 기계로 추수하는 시절이다. 콩 심고 추수하는 게 보통 일이 아닌데 기계화가 되어 콩 농사도 어렵지 않게 되었다. 올해도 콩 타작을 마치고 요즘 메주를 만들고 있는 중이다. 청국장도 만들고 있다. 갈계에 있는 한 변함없이 청국장, 된장 사업은 진행할 것이다.

IV. 벼농사는 농부의 상징이다

교회 논 900평이 있다. 1980년대 중반까지만 해도 교우들이 직접 힘을 모아 농사를 지었단다. 그러다 보니 쌀 창고가 필요했기에 교회 뒤에 쌀 창고와 재래식 화장실을 만들었던 모양이다. 후에 교인들 연세가 들어가면서 힘에 부치자 소작을 준 것 같다.

갈계교회에 부임한 후 늘 벼농사를 짓고 싶은 마음이 있었다. 농부의 상징이기도 하고, 우리나라를 대표하는 중심 작물이기 때문이다. 하지만 교우들의 반대로 실행에 옮기지 못했다. 그러다 2010년 봄에 교회 논에 벼를 심게 되었다. 18년 전 고향으로 낙향해온 젊은 분이 이장이 되면서 나의 마음을 알고 도와줄 테니 해보라는 게 아닌가. 그때부터 지금까지 변함없이 이장님이 논농사는 전적으로 도와주고 있다. 논두렁 만들기, 써레질, 심기, 추수까지 다 도와주고 있다. 교회도 다니지 않는 분인데 수고비도 받지 않고 말없이 늘 변함없이 도와주고 있어 감사할 뿐이다.

벼농사 첫해, 경험이 없는 사람이 도전하려니 갑갑하기만 했다. 못자리를 만드는 일이 제일 큰 난제였다. 감사하게도 그때 농협에서 어르신들을 위해 못자리를 대행해주는 제도가 생겼다. 작년까지 농협에서 대행하는 못자리를 편하게 사용했다. 하지만 올해는 여러 곳에서 못자리 대행을 이용하는 바람에 나이에 밀려 하지 못하게 되었다. 비닐하우스가 있다면 못자리 만드는 일에 도전해 봄직도 한데 아직은 여력이 없다.

작년에는 산자락 사이에 있는 두 다랑논 400평도 생겼다. 이곳은
천수답이다. 논 위로 집이 없다. 산에서 내려오는 일급수의 깨끗한 물
이고, 주변에 다른 논밭이 없기에 올해 이곳에 우렁농법으로 유기농에
도전했다. 처음이라 물 조절을 잘하지 못해 피 때문에 고생이 많았다.
그럼에도 지인들에게 직거래를 해서 모두 판매를 했기에 보람이 있었
다. 내년엔 흑미를 심어 우렁농법에 도전해볼 생각이다. 풀 작업에 성
공하면 교회 논 900평도 우렁농법으로 지어볼 생각이다. 벼농사 5년
만에 꿈에도 그리던 우렁농법을 직접 해보니 뿌듯한 마음이 생긴다.
또한 직접 생산한 쌀을 지인들과 함께 나눠 먹는 보람도 있어 더욱이
감사했다.

V. 농·도간 교류 방식으로 절임배추를 결정했다*

2010년에는 기장교단 전국여신도회와 기장농목이 연합해 두 번째
로 농·도간 자매결연 사업이 추진되었다. 7쌍 14교회가 짝이 맺어졌
다. 첫 번째 자매결연 사업 이후 지금까지 꾸준히 진행되는 곳은 서울
향린교회와 완주 들녘교회이다. 좋은 모델을 만들어가고 있다. 두 번
째 자매결연 사업을 진행하면서 중심을 둔 것은 일반 교회에서 모델을
만드는 것이었다. 갈계교회랑 서울 동광교회는 전형적인 농촌과 도심
의 일반 교회다. 자매결연 취지를 살려내고 싶은 마음으로 5년간 달려
오고 있지만 쉽지 않다. 넘어야 할 산이 많다. 갈계교회에 젊은 분들이

---

* 갈계교회가 전교인 13명이라 다른 교류방식을 만들 수가 없어 절임배추 사업을 선택하
  게 되었다. 교회학교 교류도 어렵고, 남녀신도회가 없다 보니 그런 교류도 할 수가 없었
  다. 농활봉사도 시도했지만 1-2회에 그치고 말았다. 그럼에도 절임배추 사업은 꾸준히
  3년간 지속되었다. 올해는 동광교회 목회자가 바뀌는 바람에 지속되지 못해 아쉬웠다.

두세 명만 있어도 훨씬 쉽고 편하게 할 수 있을 텐데 함께할 사람이 없다 보니 힘겨움을 느낀다. 그럼에도 하나님의 인도하심을 따라 변함없이 한 길을 가고 싶을 뿐이다.

배추를 거두고 있다

갈계교회는 서울 강남구 대치동에 있는 동광교회와 자매결연을 맺었다. 교류 물꼬를 트기 위해 꾸준히 할 수 있는 것이 무엇인지 고민하던 중 절임배추 사업을 하기로 결정했다. 동광교회에서 공동식사를 위해 매년 300포기 김장을 하기 때문에 갈계교회에서 배추를 키워 보내주면 좋겠다는 생각에서였다. 3년간 지속적으로 진행되었는데 올해는 추진을 못했다. 작년 9월에 동광교회의 목회자가 바뀌었기 때문이다. 이를 통해 새롭게 깨달은 것은 평신도들의 중요성이다. 목회자가 바뀌어도 변함없이 추진되려면 평신도들의 주체적이고 자발적인 힘이 있어야 가능하기 때문이다. 두 번째 맺어진 7쌍 교회 중에 한 쌍만 꾸준히 교류가 이루어지고 있다.

자매결연 사업 때문에 배추를 심기 시작했다. 올해는 사정상 동광교회에 절임배추를 공급하지 못했지만 1,200포기나 심었다. 알음알음으로 배추를 다 소화했다. 우리 지역은 해발 500m 고지인지라 모든 야채나 과일들이 맛이 좋다. 배추도 먹어본 분들의 반응이 좋다. 연일 배추를 거두어들이고 절임배추를 만들고, 콩타작해서 메주 만들고, 청국장 발효하느라 바쁜 시절을 보내고 있다.

VI. 지리산 자락에 깜둥 똥돼지도 있었네!

 그 외에 감자도 꾸준히 심고 있다. 감자는 마을 주민들이 가정마다 모두 심기에 따라 했는데 이제는 정착이 되었다. 올해는 콩심기 전 1,600평에 감자를 심었는데 직거래를 못하고 상인에게 판매하는 바람에 수입이 적어 아쉬웠다. 농산물은 직거래를 하지 않거나 대량으로 생산하지 않으면 경쟁력이 약해진다. 적게 하더라도 직거래를 하는 것이 의미도 있고 수입도 낫다.

 지리산권에서는 깜둥 똥돼지를 옛날부터 키워왔다. 생활 방편 때문에 생긴 문화일 것이다. 산자락이라 논밭이 넓지 않고, 육식을 대하기 어렵다. 거름도 쉽게 구할 수 없다. 그런 삶의 조건들 때문에 자연스럽게 똥돼지를 키우게 된 것이 아닐까 생각해본다. 지금도 여전히 어르신

추수한 감자를 고르고 있다

깜둥 똥돼지

들이 살아계신 집은 집집마다 똥돼지를 키우고 있다. 2층 똥돼지 화장실도 남아 있는 가정이 많다. 갈계교회에 부임해서 이 돼지를 보고 놀랐다. 제주도에만 깜둥 똥돼지가 있는 줄 알았기 때문이다. 귀한 지역 문화라는 생각에 돼지우리가 생긴 5년 전부터 나도 두 마리씩 늘 키우고 있다. 거름치는 것이 쉽지는 않지만 음식 쓰레기를 없앨 수 있고, 거름이 생겨 순환농법을 할 수 있어 좋다. 특히 감자엔 돼지거름이 좋다기에 요긴하게 사용하고 있다. 갈계를 찾는 이들을 위해 일부러 2층 똥돼지 화장실도 만들어 놓았다.

VII. 앞으로는 6차 산업이 대안이다

앞으로 농촌의 대안은 6차 산업으로 가야 한다고 생각한다. 가만히 보니 나도 지금 6차 산업의 기본틀은 다 만들어 놓은 것 같다.

1차 단계로 농산물을 생산한다. 쌀, 콩, 감자, 배추를 직접 키우고 있다. 또한 마늘, 양파, 고추, 들깨, 오미자도 기본적으로 재배하고 있다. 2차 단계로 가공품을 만드는 일도 하고 있다. 농사지은 콩으로 청국장, 된장, 간장을 만들고 있다. 3차 단계는 문화관광을 비롯한 서비스 산업이다. 여름에는 외부에서 찾아오는 사람들이 점점 늘어나고 있다. 찾아오는 분들을 위해 교회와 마을 홍보를 위해 10분짜리 영상물도 만들어 놓았다. 또한 마을과 지역을 종종 안내해 드리고 있다. 마을과 지역 문화와 역사를 찾아 꾸준히 정리하고 안내했더니 최근엔 지역 초등학교 학생들과 선생님들에게도 지역을 안내하는 경험을 하게 되었다. 그러나 아직 미약하다. 공간이 부족한 것이 가장 아쉽다. 허름한 옛날 집이라도 한 채 있으면 다양한 것들을 시도할 수 있을 텐데 그것이

마을 문화와 역사를 배우는 학생들

쉽지 않아 아쉽다. 그러나 지치지 않고 꾸준히 일구어가면 새로운 농촌 교회의 모델이 만들어질 수 있으리라 생각한다.

지난 11월 20일(목) 서울에선 전국 농민대회가 있었다. 최근 타결된 한·중자유무역협정(FTA)과 내년부터 본격적으로 진행되는 쌀시장 개방으로 농촌이 더욱 피폐화될 것이기 때문이다. 예부터 농자천하지대본야(農者天下之大本也)라 했건만 이제 이 말은 구호에 불과할 뿐이다. 농산물 가격이 공산품처럼 결정된다면 농민들의 삶이 이렇게 고단하지는 않을 것이다.

농사를 지으면서 '노동의 소외'라는 개념을 새롭게 새기고 있다. 직거래를 하면서 노동의 소외가 아니라 노동의 보람을 느끼고 있다. 지인들에게 알음알음으로 판매를 하다 보니 소비자들은 믿고 먹을 수 있어 좋고, 생산자인 나는 생산물을 인정받고 판매할 수 있으니 노동의 소외가 아니라 보람을 누릴 수 있다. 또한 일반 시세보다 높은 가격을 받을 수 있어서 좋다. 앞으로 대안은 직거래일 수밖에 없을 듯하다. 그렇게 될 때 농부들의 고단한 삶에 조금이나마 위로가 되지 않을까 생각한다.

마을의 일꾼이 된 목사, 임마누엘교회

조휴중 목사

(경기 이천 임마누엘교회)

I. 흰민들레 농사꾼이 되어

요즈음 내게 있어 가장 큰 웃음을 짓게 만드는 것 중 하나를 꼽으라면 나는 서슴없이 토종 흰민들레꽃이라 말하겠다. 모진 비바람에도 꿋꿋하게 살아남아 풀씨를 날려 보내는 흰민들레는 하나님이 내게 보내주신 손길과도 같았다. 높지도 않고 낮지도 않게 스스로의 힘으로 씨앗을 날려 보내는 흰민들레처럼 하나님은 다시 설 수 있는 용기를 내게 주셨다. 그 용기가 거름이 되어 지금 나는 이천의 작은 시골 교회에서 흰민들레가 만발한 하나님의 밭을 일구는 하나님의 일꾼이 되었다.

주님이 없는 빈 가슴들만 모인 황무지 같던 시골에서 하나님의 밭을 일구고 복음의 씨앗을 나누기까지 그리 순탄치 않았다. 주님이 가장 가까운 곳에서 날 잡아주시고 이끌어주셨던, 하루하루가 너무나 값지고 소중했던 그 순간들이 있었기에 나는 이제 2,200여 평의 대지에 심어진 흰민들레꽃의 주인이 되었다. 이제 흰민들레들은 농촌 사역의 소중한 씨앗이 되어 조금씩 사람들의 빈 마음속에 주님을 옮겨 놓고 있다.

아직 많이 미약하지만 교회 자립의 기틀을 마련하기까지 대부분의 미자립 농촌 교회들이 그러하듯이 내게도 지난 13년간의 농촌 사역은 많은 노력과 인내를 필요로 했다. 힘든 시간들이었지만 그 시련의 순간들이 없었다면 주님 안에서 참 기쁨을 느낄 수도, 소외된 농촌의 사람들에게 하나님을 만날 수 있는 기회를 만들어줄 수도 없었을 것이다.

II. 농촌 사역을 결심하다!

농촌 사역을 시작하기 전에는 경기도 하남시에서 약 5년간 개척 목회를 했다. 직장생활을 하며 집사의 직분으로 다니다가 서른일곱 늦은 나이에 중앙신학교에 입학하였다. 교육전도사를 거쳐 신학교 4학년 때인 1995년 5월에 개척 목회를 시작했다. 집을 팔아서 지하 30평 규모에서 시작한 개척교회는 하나님의 인도하심과 돌보심으로 구원받을 자와 병든 자, 문제 있는 자들이 교회의 문을 두드렸고, 2년 후에는 상가건물 2층에 50평을 얻어 확장 이전할 만큼 성장했다.

교인들도 늘고 교회도 점차 자리 잡아가는 듯했지만 개척교회는 대형 교회들 앞에서 힘없는 약자였다. 주변의 대형 교회들로 인해 교회는 설 자리를 잃어갔다. 성도들이 줄어드는 것은 당연한 결과였다. 그런 상황에서 목이 터져라 외쳐보았지만 귀 기울여주는 사람이 없었다. 교회 임대료마저 내지 못할 정도로 재정적인 어려움을 겪게 되었다. 낙심하면서도 늘 마음 한구석에서 자리 잡고 있었던 농촌 사역의 길을 생각했다.

그러던 중에 이천 인근에서 밭을 가꾸고 있는 교회 성도를 따라 함께 이천을 몇 차례 왕래하게 되었다. 그것이 인연이 되어 폐가로 있던 현재 교회 부지를 발견하고 구체적인 농촌 사역의 꿈을 꾸기 시작했다. 하지만 아무리 사람의 마음으로 계획할지라도 그 길을 함께하시고 인도해주시는 것은 주님이셨기에 모든 것을 주님께 맡긴 채 기도했다.

큰 시련의 시절마다 다시 일으켜 세워주셨던 하나님은 "땅 위에 내 전을 지으리라"는 음성을 들려주셨다. 오로지 주님만을 의지한 채 주님이 이끄시는 대로 교회를 정리한 보증금으로 현재의 교회 부지 205평을 매입했다.

III. 교회 건축을 위한 험난한 여정의 시작

먼저 어떻게든 교회 건축을 시작해야만 했기에 2000년 7월에 임시 거처를 만들어 간단한 가재도구만 챙겨 아내와 함께 이천으로 내려왔다. 제대로 된 거처조차 마련되지 않은 상황이었기에 당시 대학생이었던 큰아들은 기숙사에, 고등학생이었던 작은아들은 하남에 혼자 남아서 자취를 해야 했다. 당장 폐가를 허물고 교회 건축을 해야 했지만 땅을 사고 나니 수중에는 돈이 거의 한 푼도 남아있지 않았다. 교회 부지만 확보한 채로 빈손으로 교회 건축을 시작하려니 막막할 따름이었다.

하지만 주님의 약속이 있었기에 믿음으로 교회를 건축할 수 있는 방법을 강구했다. 한 달 후(8월 15일)에 하남에 있는 교회를 비워주고 교회 집기와 살림을 옮겨와야 했기에 빠르면서도 비용도 적게 드는 방법이 필요했다. 다행히 인슈판넬로 짓는 조립식 건물이 짧은 시간 안에 적은 비용으로 지을 수 있다는 사실을 알게 되어 건축자를 수소문했다.

사택과 교회로 사용할 60평 규모의 건축공사를 1,600만 원에 짓기로 약속하고 공사에 착수했다. 공사에 드는 자재 비용은 따로 구입해서 대주는 조건이었다. 가진 돈이 얼마 없었기에 자재 구매는 카드로 해결했다. 그러다 보니 카드빚은 계속 불어났고 공사비마저 지불할 능력이 되지 않아 공사는 중단되고 말았다. 또 한 번의 시련을 통해 하나님은 나를 굳세게 만들어 주심을 알았기에 여기서 주저앉을 수는 없었다. 나에게는 최고의 동역자이신 하나님이 함께 계시지 않는가….

우선 모양만 겨우 갖춘 교회를 마무리 짓는 것이 시급했다. 건축이 제대로 마무리 되지 않아 비가 오면 여기저기서 비가 샜다. 당시 교회에서 교육전도사로 사역하고 있던 처남과 함께 비가 새는 곳을 메우고 직접 석고보드를 붙이고 도배를 했다. 바닥 보일러는 아는 분의 도움으로 엑셀호스를 깔고 직접 리어카로 시멘트를 이겨 나르며 겨우 마무리 지었다.

교회 건축은 그런대로 끝냈다. 그러나 지불하지 못한 공사대금과 자재를 구매하는 데 쓴 카드빚이 남아있었다. 결제하지 못한 카드대금 때문에 신용불량자가 되었고, 빚 독촉으로 많은 고통을 겪어야 했다. 그래도 다행히 이 무렵 공사를 맡아주었던 건축자의 도움으로 공사현장에서 일을 구할 수 있었고, 밀린 공사대금은 일하면서 조금씩 갚아가기로 약속했다.

호법에서 여주 IC까지 영동고속도로 확장 공사장에서 아내와 처남뿐 아니라 방학 때는 두 아들도 내려와서 함께 일했다. 덕분에 조금씩 부채를 갚아 나갈 수 있었다. 지금 생각해보면 참 힘들고 고된 나날들이었지만 그때만큼 가족들이 똘똘 뭉쳤던 적도 없는 것 같다. 몸은 지치고 피곤했지만 마음속에는 생기와 활기가 가득했다. 보다 나은 내일이 있었고 주님이 함께 계셨기에 퉁퉁 부은 다리도, 무겁게 짓누르는 어깨도 아프지 않았다.

먼지가 까맣게 내려앉은 서로의 얼굴을 보면서 얼마나 키득거리며 웃었던가! 일 끝나고 다 함께 되돌아가던 그 저녁 길이 얼마나 따뜻하고 행복했던가! 주님을 믿고 아내를 믿고 내 사랑하는 아이들을 믿었기에 누릴 수 있었던 기쁨이고 만족이었다. 그 믿음은 아직도 내가 살아가는 데 가장 큰 힘이 되어주고 있다.

아무리 지칠지라도 오늘을 믿고 하루하루를 충실히 살아가는 것만큼 삶에 대한 정직한 고백은 없을 것이다. 주님은 그 고백에 응답이라도 해주시듯 내게 공사가 끝날 때까지 직영 반장으로 일을 할 수 있는 기회를 허락하셨고, 그곳에서 3년 이상을 일하면서 모든 부채를 정리할 수 있었다.

IV. 마을의 일꾼이 되다

물질적으로 힘든 여건 속에서 교회를 세우기는 했지만 풀어야 할 더 큰 숙제가 남아있었다. 아직 주님의 손길이 닿지 않은 마을 주민들에게 복음을 전하는 일이었다. 그러기 위해서 무엇보다 마을 주민과의 진심 어린 소통과 교제가 뒷받침돼야만 했다. 하지만 마을 주민에게 나는 같은 마을의 주민이 아니라 외지에서 온 목회자일 뿐이었다.

처음 교회 건축을 시작할 당시에도 마을 주민의 반대에 부딪혔다. 당황스럽기는 했지만 마을 주민이 반대하는 데는 이유가 있었다. 8년 전에 마을의 외진 곳에 하우스를 짓고 교회를 하겠다고 내려온 목사님이 있었는데 안타깝게도 마을 주민에게 좋은 인상을 심어주지 못했던 것 같다. 마을사람들과의 교류는커녕 마을 일에도 무관심하고 경제적으로 어렵다 보니 마을 지도자들에게 많이 의지를 했던 모양이었다. 마을사람들은 나 또한 그러지 않을까 하는 노파심에서 반대했던 것이다.

교회에 대해 안 좋은 인상을 간직하고 있는 마을사람들에게 다가서기란 쉽지 않았다. 나는 목회자이기 전에 마을 주민의 한 사람이 되어야 했다. 교회는 마을에 피해를 주는 곳이 아니라 힘이 되고 도움이 되는 곳임을 일깨워 주어야 했다. 교회와 마을이 하나의 공동체를 이루는 것이 먼저였다. 부족한 힘이지만 마을에 조금이라도 도움이 될 수 있도록 마을 일에 적극적으로 관심을 갖고 동참했다. 마을사람들에게 힘이 되고 마을에 보탬이 되는 일이라면 망설이지 않고 두 팔을 걷었다. 주님이 붙들어 주신 그 두 손을 이제는 내가 그들에게 내밀 차례였다고 생각했다.

반장으로 일하고 있던 공사현장에서 일손이 부족한 경우에는 마을사람들에게 일자리를 소개하고 함께 교회 차량으로 출퇴근하면서 교제를 나누었다. 또 몇 년 전에는 정부에서 추진한 희망근로사업에 마을과 지역주민들과 함께 일할 수 있는 기회를 얻었고, 덕분에 한 발짝 더 마을사람들과 가까워질 수 있었다. 마을청년회 활동은 물론 마을 반장 일을 하면서 주민들과 함께 마을의 크고 작은 문제들을 해결해나갔다. 이렇게 일을 함께 하면서 만난 주민 몇 분은 성도가 되어 하나님을 섬기게 되었다. 거리감을 두던 사람들도 이제는 오히려 먼저 어려운 일들이 생기면 함께 의논하기 위해 교회의 문을 두드린다. 그렇게 진심어린 교제를 통해 주님을 섬기는 가정이 한 가정 한 가정씩 늘어갈 때마다 한 걸음 한 걸음이 든든해졌다.

V. 하나님의 선물 흰민들레

농촌 교회의 현실은 내가 짐작했던 것 이상으로 열악했다. 숨 한번 크게 내쉴 틈 없이 한 고개를 넘기면 그보다 더 높은 산이 내 앞에 우뚝 서 있었다. 마을 주민과 스스럼없이 어울릴 만큼 친해졌지만 교회의 경제적 어려움은 별개의 문제였다. 성도 20명 안팎의 작은 시골 교회가 재정적으로 안정을 취할 수 있는 방법은 그리 많지 않았다. 안정적인 교회 자립은 농촌 교회가 해결해야 할 가장 큰 과제이기도 했다. 교회도 살고 마을도 부흥할 수 있는 길이 절실했다. 하지만 농촌에서 힘들게 사역하고 있는 대부분의 교회들이 그러하듯 낙후된 농촌의 환경 속에서 교회가 할 수 있는 일은 별로 없었다. 농사를 짓거나 더 많은 지역주민이 교회를 찾아 주는 것을 기대하고 전도하는 것밖에는 없었다. 하지만 마을 주민이라고 해봤자 거동마저 불편한 나이 든 어르신들과 60-70대의 노년층이 전부였기에 그들의 손길만으로 교회를 유지해 나가는 데는 많은 어려움이 있었다.

그나마 농작물재배를 통한 생산적 자립을 꾀하는 것이 교회가 할 수 있는 유일한 선택이었다. 감자나 고구마, 콩 등을 재배하는 일반 농사에만 의지한 채 교회를 꾸려가기에는 분명 한계가 있을 터였다. 보다 체계적으로 꾸준히 교회의 재정에 보탬이 되는 일을 찾아야만 했다. 그래서 고심 끝에 시작하게 된 것이 흰민들레 재배였다.

흰민들레와의 인연은 우연한 기회에 맺어졌다. 농사를 짓기로 결심했지만 아무 계획 없이 무작정 농사에 뛰어들 수는 없었다. 실패하지 않기 위해서는 무엇보다 철저한 준비과정이 뒷받침되어야 했다. 최대한의 경제적 효과를 거둘 수 있는 품종을 선택해야 했고, 거름에서부터 재배 방법, 생산품의 판로까지 꼼꼼히 챙기고 계획해야 했다.

하지만 내가 알고 있는 농사에 대한 지식은 어린아이의 발걸음 정도밖에는 되지 않았다. 농사에 대해 처음부터 체계적으로 알아가는 것이 무엇보다 중요했다. 그러던 중 2004년부터 2005년에 걸쳐 나는 서울신학대학교에서 진행한 '농어촌 전문화과정'을 듣게 되었다. 그 과정 중에 경남 산청에서 민들레공동체를 운영하고 계시는 한 교수님의 강의를 듣게 된 것이 민들레와의 첫 만남이었다. 강의를 들으면서 흰민들레의 효능과 우수성에 대해서 알게 된 것이 계기가 되어 민들레 재배에 관심을 가지게 되었다.

옛날부터 여러 질병의 치료제로 쓰였던 흰민들레는 항암효과가 뛰어날뿐더러 피를 맑게 해주고 위와 간에 좋은 효능을 가지고 있다. 민들레를 대량으로 재배하여 판매를 할 수 있다면 교회 재정에 도움이 될 뿐만 아니라 병으로 고통받는 많은 사람에게도 희망을 심어줄 수 있을 것 같았다. 민들레 재배를 결심한 후 내게 흰민들레는 더이상 길 위에 핀 흔한 들꽃이 아니었다. 하나님이 나에게 보내주신 선물이었고 농촌 선교의 새로운 비전을 만들어 줄 소중한 씨앗이었다.

흰민들레꽃

VI. 민들레 재배를 시작하다

민들레 재배를 위해서는 노란 민들레보다 약효가 뛰어난 토종 흰민들레의 뿌리가 필요했다. 여기저기 흰민들레 뿌리를 찾아다녔지만 생각만큼 흰민들레 뿌리를 구하기는 쉽지 않았다. 그렇게 민들레 뿌리를 찾던 중에 심방을 간 성도의 집 주변에서 우연찮게 흰민들레를 발견할 수 있었다. 비탈밭을 경운기로 작업하다가 경운기와 함께 굴러 위험한 상황에 처해 있던 분을 도와드렸던 것이 인연이 되어 함께 주님을 섬기게 된 가정이었다. 어떤 방법으로든 헤매는 순간마다 나아갈 길을 열어주시는 주님의 보살핌에 다시 한 번 가슴이 뜨거워지는 순간이었다.

본격적인 민들레 재배를 위해서는 경작할 땅이 있어야 했다. 다행히 마을 분들의 도움으로 휴경농지를 저렴하게 임대할 수 있었다. 우선 성도에게서 얻은 20개 남짓한 흰민들레를 밭에 옮겨 심고 민들레를 번식시키는 데 주력했다. 민들레 뿌리가 몇 개 되지 않았기 때문에 처음에는 수확하기보다는 민들레의 개체 수를 늘려 가는 데 비중을 두었다.

좋은 땅에서 좋은 열매가 맺듯 퇴비에도 심혈을 기울였다. 그때 농어촌 전문화 과정을 수강하면서 무농약 친환경농법에 대해 공부한 것이 많은 도움이 되었다. 여러 시행착오 끝에 내가 선택한 방법은 EM발효액을 이용한 퇴비 만들기였다. 인간과 환경에 무해한 유용 미생물들을 복합 배양시킨 EM발효액은 항산화력이 강해 토양의 산화와 부패를 방지한다. 농촌에서 쉽게 구할 수 있는 소똥과 부엽토, 왕겨 등을 잘 섞어 그 더미에 EM발효액을 고루 뿌려주는 과정을 몇 차례 반복적으로 시행하면 잘 발효된 퇴비를 얻을 수 있다. 이렇게 만든 발효퇴비는 민들레가 자라는 데 훌륭한 거름이 되었다. 화학비료나 농약을 사용하지 않고 자연퇴비를 이용한 친환경 유기농 재배는 건강한 농작물을 얻을 수 있는 가장 좋은 답안이었다.

그렇게 친환경 농사로 경작한 민들레들은 몇 해 지나지 않아 1,000여 평의 대지를 다 뒤덮을 만큼 자라났다. 빼곡하게 피어있는 흰민들레들은 바람을 이기지 못한 나뭇가지들이 맥없이 부러져나갈 때에도 흔들림 없이 제자리를 지켜 주었다. 흰민들레의 강한 생명력은 내가 앞으로 한 걸음 더 나아갈 수 있는 힘의 원천이 돼주었고, 무엇이든 해낼 수 있다는 용기를 가르쳐준 고마운 스승이기도 했다.

VII. 흰민들레가 만들어 준 희망

이제 남은 것은 흰민들레를 수확하여 즙을 만들고 상품화시키는 과정이었다. 엑기스를 만들기 위해서는 건조기를 비롯한 기계들이 필요했다. 당장 장만할 수 있는 형편이 되지 않아서 급한 대로 건강원에서 엑기스를 만들었다. 그렇게 만들어진 민들레 엑기스를 우선 지인들과 몸이 아픈 주변 분들에게 선물로 드렸다. 민들레의 효능에 대해서는 익히 알고 있었지만 직접 내가 키우고 수확한 민들레가 정말 효과가 있는지에 대한 확신이 필요했다.

이른 새벽부터 해가 동산에 뉘엿뉘엿 질 때까지 수없이 밭을 오가며 정직하게 지은 농사였다. 설령 내가 기대했던 만큼의 희망을 흰민들레에서 찾지 못하더라도 한 분 한 분 찾아가 흰민들레를 선물해드릴 수 있다는 기쁨에 행복했고 감사했다. 지금의 이 작은 시작이 훗날 커다란 희망이 되어 돌아오리라는 기대가 있었고 주님을 믿었다. 다행히 흰민들레 엑기스를 선물 받은 주변 분들의 반응은 생각했던 것 이상으로 뜨거웠다. 흰민들레 엑기스를 먹기 시작하면서 더 건강해지고 지병이 있었던 분들은 병세가 많이 호전되었노라고 내게 감사의 인사를 해오셨다.

그 순간 여태까지의 고단함과 피로는 그저 살짝 베인 상처로밖에 느껴지지 않았다. 작은 손짓이지만 희망이라는 두 글자가 내 안에 선명히 박히는 찰나였다. 캄캄한 어둠 속에서 언제 사라질지 모르는 반딧불을 쫓듯 초조하게 달려왔던 그동안의 삶을 한꺼번에 주님께 위로받는 기분이었다. 수만 개의 촛불들이 내 삶을 환하게 밝혀 주고 있는 것만 같았다.

더이상 두려울 것도, 가슴 쓸어내리며 놀랄 일도 일어나지 않을 거라는 삶에 대한 강한 자신감이 샘솟았다. 그것은 무엇이든 이룰 수 있고 할 수 있다는 스스로에 대한 믿음이었고, 하나님이 나를 도우리라는 주님을 향한 강한 믿음이기도 했다. 언제나 내 어깨에 손을 얹어 주고 계시는 주님이 계셨고 늘 나를 믿고 따라와 주는 가족들이 내 곁에 있었다. 이제 더 망설일 필요도, 주저할 이유도 없었다.

나는 여의치 않은 형편 때문에 건강원에 맡겼던 엑기스 만드는 작업을 직접 해보기로 결심했다. 작고 하찮은 부분일지라도 내 손길이 닿지 않은 것이 있다면 감히 내가 했다라고 말할 수 없을 것 같았다. 내 손으로 직접 즙을 내려 정성스럽게 포장하는 것도 오롯이 나의 몫이어야 한다고 생각했다. 게다가 효과적이고 체계적인 흰민들레 엑기스 판매를 위해서는 전문화된 생산시설이 절실했다. 경제적으로 넉넉한 상황은 아니었지만 나는 흰민들레 엑기스를 만들기 위한 추출기와 건조기, 포장기(파우치기) 등을 구입했다.

아직 대량으로 생산할 정도의 규모는 아니지만 흰민들레 엑기스의 효능을 경험하신 분들의 재구매가 계속해서 이어지고 있어서 사업을 조금씩 확장해나가고 있다. 몇 해 전부터는 흰민들레 재배에 머물지 않고 수세미도 함께 재배를 시작했다. 기관지, 천식에 좋고, 아토피 피부에 좋은 효능을 갖고 있는 수세미 엑기스와 수액을 발효시켜 만든 수세미 효소를 함께 생산해내고 있다. 또한 상품의 홍보와 판매처 확보를 위해 다양한 판로를 모색 중에 있다.

지금 생각해보면 주님의 이끌어 주심이 있었기에 가능했던 일이었다. 그저 막막하기만 했던, 용기보다는 망설임이 먼저였던 시간들도 있었지만 어떤 순간에도 주님은 나를 놓지 않으셨다. 나는 주님으로 인해 오늘을 기뻐할 수 있었고, 내일을 사랑하는 법을 배웠으며 미래를 꿈꾸는 자가 되었다. 그리고 주님이 주신 선물과도 같았던 흰민들레는 내가 그려갈 삶의 밑그림의 가장 첫 번째 주인공이 되었고 농촌 사역의 든든한 거름이 되어 주고 있다.

VIII. 교회는 농촌의 든든한 후원자

흰민들레를 재배하면서 농촌 교회가 사는 길이 그 지역을 살릴 수 있는 길이고, 교회와 농촌이 함께 살아남을 수 있는 길이라는 것을 다시 한 번 절감하게 되었다. 농촌 주민들에게 교회는 좋은 길잡이가 돼 주어야 한다. 나는 흰민들레가 마을사람들과 교회를 연결해주는 훌륭한 다리 역할을 해줄 수 있기를 간절히 소망한다. 흰민들레의 대량 재배가 현실화되어서 마을 주민들과 교회가 함께 공동 작업을 통해 하나의 공동체를 이루기를 기대한다.

얼마 되지 않는 농사 소득으로 경제적 어려움을 겪고 있는 마을 주민에게 일자리를 제공하고 그들의 인력을 통해 흰민들레를 대량 생산할 수 있다면 힘들게 농촌 사역을 해나가고 있는 많은 미자립 교회들에게 좋은 본보기가 돼줄 것이라 생각한다. 농촌과 교회가 함께 상생할 수 있게 되고 더 나아가 농촌 지역의 부흥을 꾀하게 되어 농촌 선교의 사명을 감당할 수 있지 않을까 생각해 본다.

흰민들레 재배 외에도 교회는 마을사업에 적극적으로 참여하고 있다. 교회가 자매결연을 맺고 있는 수원 농촌진흥청의 신우회의 도움으로 설성면 주민들에게 쌀농사에 대한 영농교육을 실시하여 150여 명이 교육받고 교회에서 점심식사를 대접해드렸다. 또한 농어촌 전문화 과정에서 배우게 된 지식을 바탕으로 마을 지도자들과 함께 '녹색체험마을'을 신청하여 2007년에는 '녹색체험마을'로 선정되었다. 2008년에 열심히 준비하여 2009년부터 본격적으로 체험객을 유치하면서 지역의 특색있는 사업을 교회와 마을이 함께 전개해나가고 있다. 교회도 감자와 고구마밭 등 농촌 체험을 해볼 수 있는 다양한 체험거리를 준비하여 마을 사업에 힘을 실어주고 있다. 2011년에는 수산권역 종합개발사업 계획을 신청하여 선정을 받았다. 32억 원을 보조받게 되었는데 기본계획과 세부설계를 마치고 올가을부터 본격적으로 공사가 시작될 예정이다.

농촌 교회의 노령화 문제 역시 농촌 교회가 안고 가야 할 과제 중 하나다. 갈수록 노령화되어가는 농촌의 현실에서 농촌 교회는 설 자리를 점점 잃어가고 있다. 사회에서 외면받고 소외당하는 노인들에게 복음을 전하고 함께 구원받을 수 있는 그 날을 나는 꿈꾼다. 외롭고 쓸쓸한 어르신들에게 주님의 울타리를 만들어주고 주의 말씀으로 그들의 핏기 없는 삶에 생의 활력을 불어 넣어주고 싶은 것이 지금 나의 가장 큰 소망이자 바람이다.

IX. 농업회사법인 흰민들레 주식회사의 설립

더이상 농촌에는 희망이 없다고 말하는 사람들에게 나는 힘주어 말해주고 싶다. "심은 대로 거둔다"는 성경 말씀대로 정직한 농사는 희망이 있다고 말이다. 농촌의 사람들에게 진정 필요한 것은 그들에게 희망을 보여 줄 수 있는 진심 어린 관심과 사랑이면 족하다. 소외된 농촌의 사람들에게 교회가 건네는 손길이 그들에게는 희망이며 삶을 지탱해나갈 수 있는 힘이라는 것을 이제야 나는 어렴풋이 깨닫는다.

2013년 나는 이천시청 기업지원과를 통해 흰민들레 재배를 통해

농업회사법인 흰민들레(주)의 가공건물과 시설

마을기업을 해보지 않겠느냐는 제안을 받고 준비하여 신청하였다. 시청과 도청의 심사를 통해 행정안전부로부터 최종 선정 통보를 받고 여호와이레로 준비된 작은 땅(140여 평)에 가공시설(40여 평)을 건축하였다. 아주 작은 규모이지만 나와 함께한 마을기업 8명의 회원들과 농업회사법인 흰민들레(주)의 상표로 흰민들레 진액과 환, 발효액(효소)과 수세미 효소와 꾸지뽕엑기스와 차 등의 제품들이 가공 생산될 것이다. 나는 이날을 위해 열심히 준비하여 현재 흰민들레 재배지 2,200여 평을 친환경농지로 인증받아 재배하고 성도를 포함한 회원들이 하나 되어 열심히 재배하여 준비하고 있다.

지금 나는 농사꾼이며 내가 살고 있는 마을의 주민이자, 수만 송이 흰민들레꽃의 주인이고, 작은 시골 교회의 목회자이다. 어떤 이름으로 불리든 누군가 내 이름을 불러 주고 주님이 나를 부르시는 한 나는 내가 일군 이 땅을 사랑할 것이고, 이 땅으로 나를 이끄신 주님의 일꾼이 될 것이다.

마을기업은 정부로부터 1차로 5,000만 원을 보조받고 잘하면 심사를 통해 3,000만 원의 보조를 더 받을 수 있다. 마을기업은 지역주민들과 소외계층에게 일자리와 도움을 주고 함께 어려운 이웃을 도울 수 있는 기업이다. 이 글이 소개될 즈음에는 시설이 준공되어 상품 개발과 재품 생산이 이루어질 것이다. 물론 언제나처럼 가장 큰 도움은 하나님이시지만 전국의 교회 성도들이 농촌의 작은 교회 목사가 성도들과 함께 정직하게 농사짓고 가공한 건강기능식품 흰민들레와 꾸지뽕과 수세미를 통해 온 국민의 위와 간을 치료하고 피를 맑게 하고 당뇨와 혈압과 기관지 해소 천식 등을 치료하고 회복되는 기회가 되기를 기대해본다.

X. 이천에서 깨달은 하나님의 소명

현재 나는 지난해부터 마을의 노성산 정거장 마을 위원장을 다시 맡아서 운영하고 있다. 또 수산권역 종합개발사업도 선정 받아 32억을 지원받아 기본계획과 세부설계를 마치고 금년 가을부터 공사가 착수될 예정이다. 지난해부터 설성면 주민자치위원(문화분과장)으로 일하고 있으며, 이천 농업기술센터를 통해 농업생명대학 친환경과를 수료하였고, 현재는 체험 지도사 과정을 공부하고 있다. 지난해에는 내가 농사짓는 흰민들레밭이 친환경(무농약)인증을 받았다. 흰민들레 재배 면적도 금년에 2,200여 평으로 확장하였고, 마을기업으로 선정되어 5,000만 원을 보조받아 가공시설을 갖추었다. 이제 이곳을 통해 흰민들레 진액과 환, 효소, 꾸지뽕진액, 차, 수세미효소 등과 각종 농산물을 재배, 가공, 판매하게 될 것이다. 나의 작은 꿈은 현재 20여 명 성도만이 아닌 우리 마을 170여 명과 설성면민, 이천시민 그리고 인근지역주민들까지 함께 구원받는 그날까지 마을과 지역을 섬기며 현재처럼 사는 것이요, 훗날 많은 사람들에게 참 좋은 사람, 꼭 필요한 사람, 유익한 사람이었노라고 인정받았으면 하는 것이다.

노성산 정거장 마을

XI. 글을 맺으며

열악한 농촌의 환경 때문에 농촌 사역을 망설이고 있는 목회자들에게, 그래도 그들에게 주님의 사랑을 전하고자 오늘도 땅을 일구며 복음을 전하는 농촌의 사역자들에게, 막연하게 농촌 선교의 꿈만 꾸고 있는 주님의 종들에게 나는 고백할 수 있다.

86세 노(老) 집사님이 손수 만든 도토리묵을 내 손에 쥐어주던, 세월의 주름이 가득했던 늙은 성도의 손길이 얼마나 따뜻했었는지를, 일년에 수차례 활짝 핀 흰민들레 꽃을 보고 싶지 않은지, 늦여름 부슬부슬한 흙 속에 보석처럼 박혀있던 고구마가 얼마나 탐스러웠는지, 바람조차 머물지 않고 떠나버리는 한적한 시골 마을에 울려 퍼지는 찬송가가 얼마나 아름다웠는지를, 까만 밤이면 멀리서 반짝이던 마을 어귀의 우뚝 솟은 십자가가 얼마나 든든했었는지를, 한겨울 꽁꽁 싸맨 목도리 사이로 눈만 내민 채 교회에 들어서던 성도의 눈빛이 얼마나 반짝거렸는지를, 노인들만 가득한 시골 마을에 체험 마을을 통해 온 도시 아이들의 시끌벅적한 소리가 얼마나 정겨운지를… 마을 주민이 구원받는 그날까지 새벽기도회를 마치면 나는 흰민들레가 만발한 하나님의 밭으로 향한다.

귀농인들과 함께하는 좌포교회

한명재 목사
(전북 진안 좌포교회)

I. 들어가는 말

"농촌 교회 패러다임의 변화가 요청된다. 지금까지 교회를 방주로 이야기하며 교인들을 교회로 모아들였다면 이제는 교회가 세상 속으로 나아가야 한다"라는 말을 우리는 많이 들어왔다. 그러나 농촌의 현실에서 어떻게 교회가 지역에서 녹아야 하는 가는 여전히 남아있는 과제이다.

후배 목회자들이 농촌 교회에 들어오는 것을 두려워한다. 그들에게 농촌은 교육과 문화 그리고 의료 환경이 열악하게 보이기 때문이다. 거기에 기초생활비에도 못 미치는 열악한 사례비는 한 가정의 경제 주체로서 해결하기 어려운 현실적 문제이다. 목회자뿐 아니라 교인들의 급속한 노령화는 인적 자원을 고갈시켜 교회 고사(枯死)까지 거론하게 만들고 있다. 주변에 10명 미만의 교회도 눈에 띄게 늘어가고 있다.

"'농촌의 상황에서 교회는 어떻게 패러다임을 변화시켜야 할까?"

좌포교회 전경

전북 진안의 좌포교회에서 고민하며 실천했던 이야기가 조금이라도 도움이 되었으면 하는 바람으로 이 글을 쓴다.

II. 좌포교회 부임

내가 좌포교회에 부임한 것은 2005년 5월이었다. 벌써 13년 전의 일이다. 당시 교회는 땅 문제로 소송 중에 있었는데, 불법 점유(1960년부터 2004년까지)라는 이유로 1심에서 패소하여 1,400만 원의 벌금을 맞았다. 교회 재정 문제로 더이상 항소할 수도 없는 상황이었다. 교인 수가 16명인 상황에서 교회를 이전하여 건축하는 과정이었다.

내가 할 수 있는 일은 아무것도 없다는 사실에 답답한 세월을 보낸 것이 기억의 대부분이다. 교인 수는 매년 1–2명씩 줄기 시작했으며 교회를 찾아오는 사람은 없었다. 특히 좌포교회가 위치한 곳은 원불교의 성지이기에 더욱 상황이 어려웠다.

III. 목사의 길 찾기(2005~2007)

1. 야생화배우기

목회자로서 농촌에서 무엇을 할 수 있을까? 아니면 이 시간을 어떻게 보낼까를 고민하다가 주변에 널려있는 야생화를 보게 되었는데 나 자신부터 꽃 이름을 모른다는 것을 깨닫고 야생화 배우기 모임에 들어가 일주일에 1회 꽃과 조류와 물고기를 배우기 시작했다. 교육을 받으며 들꽃 속에서 성서 말씀을 깨닫기도 했다.

2. 농사배우기

농촌에서는 도시처럼 정기 심방이 필요 없다(좌포교회의 경우). 그냥 지나다가 음료수를 들고 들어가서 이야기 나누다가 돌아오는 것이 다였다. 주일날 보이지 않으면 다음날 들러 이야기를 들어주는 것이다. 밭에 교인이 있으면 도와주고, 배추 심고, 콩 심고 하는 것이 다였다. "나는 농촌사람인가? 나는 농촌에서 무슨 설교를 하고 있나?

콩농사를 지어 된장을 만들기 위해 메주를 띄우고 있다

하는 물음에서 나는 잠시 농촌에 있다가 기회를 봐서 도시로 가려는 것인가? 아니면 농촌에서 열악하지만 남으려는 생각은 있는가?" 자문하게 되었다. 부끄럽지만 나에게 당시에는 자신 넘치는 큰 목회의 꿈도 있었다. 이 물음에 나는 농부의 색깔은 있어야 하겠다 싶어 농사를 짓기로 생각하고 밭 1,000평에 콩을 심었다. 이것이 목회자로서 시작한 첫 농사였다. 결과물은 그리 성공적이지 못했다. 거두어들인 콩 200kg으로 된장을 담갔다. 그리고 이듬해에 아는 지인들에게 1kg 단위로 팔았다.

3. 절임배추 돕기

교인 중 한 분이 김장철에 배추를 절여 파는 분이 있었다. 오전 10시에 시작해서 저녁 10시까지 혼자서 배추를 씻고 절였다. 택배 발송을 위해 주소를 적고 발송하는 일을 도와주었다. 처음에는 그냥 돕겠다는 마음으로 글씨를 써주다가 배추의 양을 확대하기를 권하였고, 주변 지인과 전국여신도회와 연결을 시도하면서 물량을 확대했다. 여신도회에서는 적극적으로 나서서 판매를 도왔으며, 물량은 2,500포기에서 7,000포기로 늘어났다. 기쁨도 잠시 혼자로는 감당할 수 있는 물량이 아니어서 약속을 어기는 날이 늘었고 원망도 사게 되었다. 혼자 2,500포기만 하면 되는데 목사님이 도와주신다고 하는 바람에 물량이 많아져서 이런 사단이 났다는 것이다. 그럼 "사람을 좀 더 써서 하자"고 하니 자기가 손해 보는 것이라 하지 않겠다며 굳이 혼자서 하겠다는 것이다. 그래서 매년 겨울이면 나도 밤 10시까지 일을 돕고, 전화 응대와 택배 발송까지 책임지면서 배추가 절여지듯 나도 절여져서 파김치가 되었다.

IV. 목회계획 세우기(2008~2010)

1. 희망 세우기

목회 3년이 지나니 이제는 무엇을 해야 하는지 어렴풋하게 보여 계획을 세우기로 하였다. 최선을 다해 목회하고 교회를 떠날 때, 오갈 데가 없으면 안 되리라 생각하고 차후 머물 곳을 준비한다는 마음으로 땅을 구입하기로 결심하였다. 5,000평 정도를 구입하기로 계획하고 대출을 받기로 하였다. 그러나 대출금액과 땅값이 맞지 않아 부득이하게 2,500평을 구입하는 것으로 축소하였다. 이 땅에서 농촌목회자들과 농사를 시작하며 정보를 공유하고 희망을 세우기 시작했다.

2. 인프라 구축

희망을 세우기 위해서 가장 필요한 것은 사람, 그것도 젊은 사람이 필요하다. 고령화된 농촌에서 함께 일하면서 꿈을 가꾸기 위해 젊은 사람을 찾아 나서기로 하고 지역에 있는 귀농관련 단체를 찾아가 교육을 받기 시작했다. 그곳에서 여러 사람을 만나게 되었으며 귀촌자들에게 필요한 것이 무엇인지 알게 되었다.

당시 진안에 귀촌자들이 많이 들어왔는데 처음 난관은 주거 문제였다. 그래서 교인들과 상의하여 지역의 빈집을 교회가 수리 및 관리하기로 하고 빈집 4채를 확보하여 귀농자들에게 빌려주기 시작했다. 이 일로 진안에서는 귀농자들이 우리 교회를 찾아오기 시작했다. 물론 주거지는 빌려주지만 교회 출석과는 무관하였다. 지역에 젊은이가 있다는 것 자체가 희망이었다.

주거 다음 문제는 농지 임대였다. 산골인 진안에서 땅을 얻기란 쉽지 않았다. 내가 구입한 2,500평을 함께 농사 지으며 주변 사람들의 땅을 임대하기 시작했다. 이때 1,400평의 논에 처음으로 논농사를 해보았다. "처음에는 보잘것없겠지만 나중에는 크게 될 것이다"(욥 8:7, 새번역)의 말씀을 위안 삼았으나 처음도 끝도 보잘것없었다.

3. 판매망 확보

집과 농지의 마련은 시작이었다. 농산물의 생산량이 많지는 않았지만 생산된 물품을 어떻게 판매할 것인가, 유통이 문제였다. 다행히 2007년에 서울에 있는 교회와 자매결연을 맺고 농산물을 판매하기로 했지만 준비가 안 된 우리가 문제였다. 사전에 물량 파악이 안 된 것 그리고 농산물의 포장과 무게의 문제, 저장의 문제, 운송의 문제, 농산물의 균일성의 문제 등 여러 문제가 대두되었다.

귀농자들 간에 포장 단위별 농산물 무게를 같게 하였다. 예를 들어 1kg 포장 시 50g을 더 넣었다. 1kg만 넣었을 경우 시간이 지나면 무게가 감소할 수도 있고, 생산자 간의 무게가 다르면 소비자의 신뢰

자매결연교회 교인들과 함께

가 떨어지기 때문이었다. 양 조절과 함께 포장 등의 문제를 논의하면서 맞춰갔다. 마침내 자매교회에 쌀과 된장, 간장, 기름, 고추, 배추 등을 판매하고 여신도회를 통해 신뢰를 쌓아 우리 교인의 농산물뿐 아니라 이웃과 귀농자들의 물품까지 판매할 수 있었다.

4. 작목반 만들기

판매망이 확보되고 판매가 시작되자 생산자들 사이에 물품을 먼저 내기 위한 경쟁이 벌어졌다. 그리고 관행농산물과 유기농산물 간의 차이와 구분이 없어 교육이 필요하였다. 농산물은 관행농과 유기농으로 구분하고 직거래의 안정성 확보(동일한 가격과 물량의 확보)를 위해 작목반을 만들기로 했다. 처음 작목반은 좌포교인들과 귀농자가 함께하기로 결의하고 시작했으나 1년이 지나 귀농자와 교인들의 생각이 달라 귀농자 몇 명이 탈락했다. 교인들에 한해 작목반을 만들기로 하고 원좌배추작목반을 만들어 배추의 재배와 절임을 함께하기로 했다. 첫해 15,000포기의 절임배추를 판매하여 2,700만 원의 이득을 보았다. 모두들 기뻐했지만 기쁨이 채 가시기도 전에 개인별로

절임배추 작목반의 활동

소비자를 나누어 하겠다는 문제가 발생해 작목반 회칙에 따라 제명을 하는 안타까운 일도 발생했다.

V. 목회계획 다지기(2011~2015)

1. 맘몬을 극복하기 위한 대책

작목반 활동을 통해 "재물을 어떻게 통제할 것인가?"가 문제임을 알게 되었다. 돈 앞에 장사 없다는 말을 실감했다. 귀농자 및 작목반원 그리고 교인 모두에 대한 교육이 선행되어야 했다. 성서교육을 시작했다. 성경공부를 하면서 공동체성과 협동을 강조하고, 신뢰의 중요성과 마을 만들기에 대한 이야기를 같이 하였다. 토요일 오후 6시에 모여 9시까지 토론과 공부가 이어졌다. 또한 귀농자와의 좋은 관계를 유지하기 위해 마을 만들기 센터 및 귀농자와 함께하는 기독교 단체들을 방문하여 좌포의 미래를 꿈꾸게 하였다. 그리고 이 꿈을 이루기 위해서 우리는 무엇을 어떻게 해야 하는가에 대하여 논의했다. 또한 귀농자들에게는 함께하려면 자신의 욕심을 내려놓아야 한다는 점, 자본이 인간을 지배하는 것이 아니라 인간이 자본을 움직여야 한다는 점을 강조하였다. 이 상생의 교육을 2년간 진행했다. 교육을 통하여 교인들도 교회가 할 일이 무엇인지 알기 시작했고, 귀농자에 대해 백안시하고 거부하던 태도에서 함께하려는 자세로 변화되기 시작했다.

2. 귀농자들의 유입

교인들의 마음이 바뀌자 귀농자들이 교회에 들어오기 시작했다 (표1). 그들이 교회에 들어온 데는 교회가 배타적이지 않다는 점과 다른 교회와 달리 개인 구원에 안주하지 않고 사회에 대해 목소리를 낸다는 점이 작용하였다. 도시 교회에서 볼 수 없었던 특별한 점들, 예를 들면 주민들과 함께 교제할 때 막걸리로 대접하는 것, 술과 담배에 대한 자율성, 사고의 유연성, 교회 개방 등도 작용하였다. 물론 이러한 유연성이 단시간에 만들어진 것은 아니다. 기존 교인과 귀농 교인과의 마찰도 있었으나 목회자의 설득과 완급조절로 해결하였다.

귀농자들이 들어오자 다양한 재능들이 드러났다. 인테리어 전공자로부터 IT전공자, 조경전공자, 목공전문가, 전기전문가, 성악가 등 다양한 재능이 모이게 되었다. 이들의 재능을 교회에서 그리고 지역에서 어떻게 의미 있게 활용할 수 있을 것인가?

〈표 1〉 귀농자 현황

단위: 가정

	2006	2007	2008	2009	2010	2011	2012	2013	2015	2017
유입	2	1	1	2	2	2	2	3	5	5
탈락		1	1	1			1			
사유		경제	관계	교회 이동			탈락			

* 매년 상담자 수: 20명 정도, 해마다 증가 추세

3. 교회 운영의 변화

교인의 증가로 인해 아이들(청소년들)도 늘어감에 따라 교육 방법에 대한 고민이 늘어갔다. 혁신학교처럼 학교에서 외국에 가는 혜택도 주어지고 있는데 교회는 무엇으로 이들의 욕구를 채워주고 좋은 길로 인도할 수 있을 것인가? 그래서 재능의 재분배를 위해 교회 내에 위원회를 두고 재능에 따라 위원회를 운영하게 하였다.

목사는 설교하고 목회 방향을 설정해주고, 기도와 성서 봉독은 평신도가 하도록 하였다. 주일예배 설교를 연 6회는 평신도가 할 수 있도록 개방했다. 대표기도 및 성서봉독은 남녀 관계없이 집사 이상이면 하도록 했고, 위원회에서 결정된 사항은 당회에서 특별한 문제가 없으면 그대로 진행하게 했다.

위원회는 교육, 기획, 장학, 환경, 직거래위원회 등으로 구성하였고, 위원들의 자발적인 활동을 위해 재정지원도 하면서 자주 만나도록 유도했다. 교회학교의 재정은 교육위에 일임하여 지원을 아끼지 않도록 했으며, 1년에 두 번의 수련회(동계, 하계)와 매년 2명의 청소년에게 인도에 2개월간 탐방하는 기회를 주었고, 장학금 지급을 위한 재정도 확정했다. 모든 것이 위원회의 결정으로 이루어지기 위해서는 당회의 역할이 바뀌지 않으면 안 되었다. 좌포교회는 목회운영위원회가 당회를 대체하고 운영위원회는 각 부서장과 위원장이 참여하도록 하고 있다.

어린이찬양단의 지역행사 참여

VI. 공진화(共進化)(2016~2019)

1. 자발적 참여와 협동

교회의 모든 결정과 참여를 교인들 스스로 하도록 하고, 목회자는 예배와 예식을 디자인하고 말씀으로 인도하는 것을 중점으로 하면서 부터는 교회를 넘어 마을까지 아우르는 공동체로 나아가도록 유도하는 것이 앞으로의 과제이다. 이 과제를 이루기 위해 협동조합에 대한 교육을 하고 귀농자를 중심으로 한 '청년협업농장'을 만들었다. 협업농장은 2015년 가을에 만들어져서 현재 6명의 청년들이 함께 공동 농장을 경영하고 있다. 이 협업농장은 귀농 청년들의 귀농과 연착륙을 돕기 위한 농장으로 이들의 거처는 2018년에 마련할 계획이다. 현재는 교회가 준비한 두 채의 게스트 하우스에서 살고 있으며 계속되는 청년 귀농자를 위해 올해 청년주거단지를 만들 예정이다(35평 2층, 컨테이너공법). 이들을 돕기 위해 교인들은 자발적으로 매달 임대료와 주거비를 지원하고 있다.

2. 지속가능한 교회를 위해

농촌 교회의 지속가능성을 위해 귀농자들의 주거와 생산 그리고 유통 못지않게 중요한 것이 교육비의 문제이다. 현재 좌포교회는 예산의 10%를 장학금으로 적립하고 있다. 교인 자녀들을 대학까지 책임져야 한다는 원칙을 세워놓고 있다. 유치원부터 대학까지 교회가 책임질 수 있어야 한다는 것이다.

<표 2> 교회학교 현황

2018년 현재

	유치부	어린이부	청소년부	대학부	비고
인원	6(3)	5(1)	6(2)	10(2)	()는 여성

* 매년 교육 예산 500만 원, 해외탐방 440만 원(2명), 매년 장학금150만 원

3. 신앙의 순례 본받기

83년의 교회 역사에서 현재 기억되는 신앙의 선배는 몇이나 될까? 생각해보면 좌포교회는 설립자 외에는 기억이 없었다. 수많은 사람이 신앙의 순례를 했지만 우리의 기억에서 사라진 것이다. 이것은 교회 역사의 큰 손실이며 모범을 보여 준 믿음의 선배들에 대한 배신이다. 그들이 이 자리를 지키지 못했다면 지금 우리는 이곳에 없기 때문이다. 따라서 뿌리를 찾아야 하고 지켜야 한다는 관점에서 좌포교회는 매년 전 교우들을 추모하는 의전을 만들었다. 매년 초 선배들의 이름을 기억하고 제단에서 그들의 믿음을 찬양하고 기억하는 의전을 통해 우리의 삶을 반추하도록 하였다. 나 또한 죽으면 우리 믿음의 후배들이 기억할 것이다. 나의 길은 나만의 길이 아니라 후배들의 길이 됨을 인식하여 믿음의 본을 보이게 함이다.

4. 교회공동체를 넘어 삶의 훈련터로(수목장터 마련)

대부분의 농촌 교인들은 선산에 묻히고자 한다. 그런데 선산이 교회 주변이 아니라면 소천 후에는 자녀들이 찾기 어려워진다. 따라서 주일만 교인들이 찾는 장소가 된다. 교회의 지속성과 역사성을 찾기 위해서는 추도의전을 통해 자녀들과 함께 예배를 드림으로 전 교인

이 모이도록 해야 한다. 수목장이 있으면 기일(忌日)에 따라 자녀들이 교회 수목장을 찾아 부모를 추모할 수 있다. 이것을 통해 교회는 부모의 신앙의 장소이며 자녀들 신앙의 모태로 기억된다. 현재 좌포교회는 수목장터(임야 2만평 정도)를 준비하기 위해 기도 중이다.

<표 3> 교회 현황표

( )안은 여성

		2005년	2010년	2014년	2018년	비고
인원	장년	20	28	41(20)	61(28)	
	어린이	3	10	15(3)	17(6)	
연령	70세↑	13	8	14(8)	10(6)	
	70세↓	10	30	27(13)	68(28)	50세↓ : 49명
변동	사망	8	1명			
	유입		8가정 (15명)	6가정 (11명)	10가정 (27명)	귀농자

VII. 나가는 말

좌포교회에 부임해온 지 벌써 14년이 되어 간다. 2019년 5월이면 14년이 된다. 교인들과 14년간 목회하기로 약속했다. 아직 제대로 이루지는 못했지만 약간의 땅에 씨앗을 뿌린 것으로 위안을 삼으려 한다. 주변에서는 목회지가 없어 젊은 목회자들이 전전긍긍하고 있으며, 세상은 100세 시대, 혹은 120세 시대를 말하고 있다. 이제 농촌 교회는 나이 지긋한 목회자가 세월을 보내는 장소가 아니다. 젊은 피가 수혈되어야 하고 새로운 패러다임을 통해 변화해야 하며, 이 시대에 맞는 신학이 선포되어야 하는 곳이다. 옛 선배들의 예수 천당, 불신 지옥을 벗어 버리고 시대상황에 맞게 변화해야 하는 지금, 목회

전 교인 야외예배 장면

자들의 자기개발이 중요하다. 자리에 연연하지 않는, 세상을 하나님의 나라로 변혁하기 위해 나를 버릴 줄 아는 목회자가 되어야 한다.

　70세에 은퇴하여 120세까지 50년을 어떻게 살 것인가? 행복한 은퇴일까? 아니면 65세에 은퇴하고 새로운 일을 시작할 수 있을까? 세상은 65세를 고령자로 보지 않고 70세를 넘어 80세를 고령자로 본다면 60세, 55세에 새로운 목회를 꿈꾸며 후배들에게 농촌의 희망이 되도록 물러섬의 본을 보여야 하지 않을까? 55세 이후에는 새로운 지역목회를 하려고 한다. 농촌 교회가 변하길 원하는가? 그럼 목회자 스스로 권위를 내려놓고 변해야 한다.

제3부

문화선교로 복음을
전하는 목회

문화공동체를 일구는 선교, 신전중앙교회

홍요한 목사
(전남 강진 신전중앙교회)

I. 들어가는 말

우리 교회는 81년의 오랜 역사를 가졌지만 전형적인 미자립교회이다. 구성원 대부분은 농사를 업으로 삼고 평생을 살아온 농부들이고 평균 연령도 70세 이상이다. 2000년 여름 목사 안수를 받자마자 목가적인 풍광 속에서의 순박하고 여유로운 목회를 꿈꾸며 이곳 강진에 내려왔는데 현실은 생각과 전혀 달랐다. 무엇을 어떻게 해야 할지, 어떤 비전으로 교회공동체를 만들어가야 할지 혼란스럽고 막막했다. 농업이 붕괴되고 급속한 산업화로 농촌 인구가 대부분 도시로 빠져나가 이미 퇴락한 이곳에서 교회는 어떻게 대응해야 하나? 전통적 예배 공동체를 회복하고 강화하는 것만으로는 한계가 있었다. 그렇다고 이 지역의 문제에 적극적으로 개입하자니 마을 구성원으로 받아들여지지 않아 큰 벽에 부딪혀야 했다. 거대담론과 파편적인 인간관계, 성장을 위해 끊임없이 프로그램을 움직여야 하는 도시 교회 습성이 밴 상태에서는 답을 찾을 길이 없었다.

부임 후 그해 겨울 어느 날 갯벌에 나가 자연산 굴을 채취하며 생활하는 권사님이 저녁에 심방을 요청했다. 특별한 일이 있어서가 아니라 몸이 불편해서 기도 요청하는 것이라 생각하며 가게 되었는데 그날이 내 생일이었던 것이다. 잊고 지나갔는데 부임한 지 몇 달 안 된 목회자의 생일상을 칠순 넘은 권사님이 차리신 것이다. 갖가지 음식을 정성껏 장만하시고 나를 기다리신 것이다. 이날 저녁을 잊을 수가 없다. 부임하자마자 언제 떠날까 고민하던 이곳, 교인들의 사랑을 확인하는 순간 나의 어리석음과 쓸데없는 자만이 무너져내렸다. 목회가 성서의 지식을 가르치고 교훈하는 것이 아니라 교인들과 삶을 나누는 것이라는 것을 깨달았다. 평생을 땅에서 살아온 교인들은 단순하다. 쓰는 말도 투박하다. 삶도 고단하다. 이 단순하고 고단한 삶을 조금씩 이해하면서 교회의 비전 그리고 지역사회에서 해야 할 일들이 보이기 시작하였다.

사실 농촌 지역의 문제는 도시와 다르지 않다. 경제적인 이유로, 교육, 문화적 여건들의 차이로 젊은이들은 기회만 되면 도시로 떠나간다. 떠나지 못하거나 뜻이 있어 여전히 농업을 이어가는 사람들에게도 자녀들의 교육과 문화에 대한 욕구는 큰 고민거리다.

II. 희망의 발견 ― 공부방, 시작된 변화

2004년 봄 45명이 전교생인 초등학교에 입학한 아들이 방과 후에 늘 혼자 노는 것을 보고 이 아이의 문제만이 아니라는 것을 알아차렸다. 대부분의 아이들이 방과 후 위험에 노출되거나, 학습 등의 도움을 받지 못하고 있었다. 한부모 가정과 조손 가정이 유독 많은 지역이다

풀꽃세상이 처음 열린 날

보니 누군가의 도움이 필요한 아이들이 많았던 것이다. 그래서 좁은 사택에서 공부방을 열게 되었는데 한 달도 안 돼 전교생의 절반가량이 통학버스에서 내려 곧장 교회로 오게 되었다. 이렇게 해서 지금의 신전지역아동센터(풀꽃세상)가 생겨나게 되었다. 이때부터 학교, 청년회 등 지역사회와 함께 센터를 중심으로 일종의 안전망이 형성되기 시작하였다.

이곳의 설립 목적은 생명, 평화, 자유이다. 교회 건물을 지역에서 하나님의 나라를 확장하는 사역의 도구로 받아들이며 다양한 시도를 하게 되었다. 학습지원도 물론 필요하지만 건강한 가치관과 아름다운 자연환경 속에서 균형을 잃지 않는 미래의 꿈을 같이 꾸게 되었다. 계절학기 형태로 운영되는 일종의 주일학교인 '생태생명학교'를 통해 함께 농사도 짓고, 생태 다큐 등을 보며 교육도 진행하였다. 매년 봄 학부모들과 함께 밭을 갈며 거름도 준비하고, 옥수수, 고구마, 감자 등을 심는다. 물론 무농약, 무화학 비료 오로지 퇴비와 아이들의 손으로 일구는 농사다. 금년(2013년)에는 협동조합을 만들어 유기농 딸기 재배를 시작한 학부모들과 함께 건강한 농업과 생태교육, 체험 등을 확대해갈 계획이다.

사택에서 처음 시작한 공부방

III. 꿈의 확장 ─ 청소년들의 문제에 직면하여

이 지역 아이들의 특징이 있다면 자존감이 낮다는 것이다. 형편이 어려운 아이들이 많기 때문에 어떤 일이든 적극적이지 않다. 문화적 혜택도 받기 어려워 재능이 있어도 묻혀버리는 경우가 대부분이다. "이 아이들에게 '엘 시스테마' 같은 오케스트라는 꿈일까?" 하는 막연한 생각이 계속해서 무언가 움직이도록 만들었다. 우연한 기회에 악기 지원 후원자를 만나게 되어 상상만 했던 바이올린을 기증받게 되었다. 21대의 바이올린을 후원받고 지도해줄 선생님과 함께 시작한 '드림오케스트라'는 우리 아이들뿐 아니라 강진 지역 전체에 걸쳐 바이올린, 첼로 합하여 27명으로 구성되어 시작하였다. 약 3년 계획으로 50인 이상의 풀 오케스트라를 꿈꾸고 있으며 2014년 6월 창단연주회*를 목표로 열심히 연습 중이다. 이 프로그램을 진행하면서 놀라운 걸 경험하게 되었다. 다문화, 학습부진아 등 자존감이 낮은 아이들이 자신감이 넘치고

---

* 관련 기사 「강진신문」 2014년 6월 5일.
  http://www.gjon.com/news/articleView.html?idxno=30037.

드림오케스트라의 연주 모습(위)과 단원들(아래)

학교나 일상에서도 훨씬 적극적인 모습으로 변화하게 된 것이다.

재작년에는 작은 우리 교회에 서울 정신여고합창단이 찾아와 교인들 그리고 지역민들을 위한 연주회를 가졌고, 작년 여름에는 우리 아이들과 연주자들이 함께 '한여름 밤의 꿈'이라는 실내악 연주회를 진행하였다. 반신반의하던 부모들이 이 연주회를 보고 나서 눈물을 흘리며 감사하다고 말할 때 교회의 본질과 목사의 정체성에 대해 다시한번 생각하게 되었다. 매년 여름 이 작은 음악회를 열 계획이다. 메마른 지역에 아이들, 부모들, 이웃들이 함께하는 소박한 음악회가 단비같은 역할을 하게 될 것이다. 나는 이 일을 통해 미래의 일꾼들을 키우는 교회가 되는 비전을 확신하게 되었다.

IV. 더 확장된 희망 — 지역문화공동체 '드림마루'

농촌목회는 여러 여건상 전통적인 예배공동체에 머무를 수 없다. 지역이 좁고 여전히 공동체의 좋은 가치들이 남아있기 때문에 지역의 일에도 함께하게 된다. 어쩌면 농촌목회는 지역 전체가 목회지라 할 수 있다.

'드림마루'라는 문화공동체 역시 강진이라는 지역 전체를 위해 뜻을 모아 만든 단체이다. 이 공동체를 생각하게 된 것은 청소년들의 문제였다. 면 단위 중학교이든, 강진읍 내 중·고등학교이든 모든 단위의 학교는 입시에 매몰되어 있는 것이 현실이다. 동아리 활동이 전혀 없거나 있어도 지원받지 못하는 현실이다. 다양한 개성과 끼를 발산해야 하는 시기에 청소년들을 위한 공간과 프로그램은 없었다. 일 년에 한두 번 관 주도의 일회성 청소년 행사 외에는 없었다.

어느 날 우리 아이 중에 중학생이 되어 기타를 배우고 싶은데 어디 배울 데가 없다는 이야기를 들었다. 관심 있게 듣다가 강진 전체의 현황을 묻고 확인하고 찾아보니 우리 아이들만의 문제가 역시 아니었다. 피시방, 노래방, 터미널 외에는 청소년 공간이 없었다. 이 지점에서 목

청소년문화마당 행사가 진행 중이다

사로서의 고민이 시작되었다. "기존의 교회가 문화의 범위를 어디까지 확장할 수 있을까? 교회가 이런 문제를 인식하고 품을 만큼 유연한가? 설령 교회가 청소년들을 위해 공간과 프로그램을 마련한다고 해서 교회에 속한 청소년 말고 일반 청소년들이 쉽게 접근할 수 있을까?" 하는 것이었다.

고민 끝에 청소년들을 위한 큰 마당을 만들고 이들에게 멘토의 역할을 해줄 어른들이 있으면 좋겠다는 생각에 이르렀다. 이에 기존 지역 문화예술 분야에서 활동하는 분들을 한 분씩 찾아가 취지와 참여를 요청하여 '드림마루'를 만들게 되었다. 밴드를 하셨던 분, 댄스 강사, 풍물교사, 국악, 기타 등등 많은 분들이 참여하였다. 단순히 예술적 기능뿐 아니라 이분들이 살아온 과정에서 얻은 삶의 지혜도 함께 나누는 무대를 시작할 수 있게 되었다.

작년(2013년) 4월 첫 번째 공연을 시작으로 매월 셋째 주 토요일 오후 3시는 청소년 토요문화마당 '인끼'라는 제목으로 으레 강진아트홀 야외무대가 들썩인다. 밴드, 댄스, 어쿠스틱, 국악, 전통춤, 풍물 등 횟수가 거듭할수록 많은 청소년들이 참가하는 일종의 지역 청소년 문화

생태텃밭에 옥수수를 가꾸고 있다.

가 생겨나고 있다. 인근 시군에서도 출연 요청이 많다. 재능기부를 하시겠다는 분들도 늘어나고 있다. 문학, 클래식, 성악, 연극 등 그동안 드러나지 않았던 예술인들이 이 무대를 통해 기꺼이 아이들의 멘토가되기를 희망하고 있다. 공연뿐 아니라 평소에도 동아리 지원을 통해밴드, 댄스, 기타 등의 레슨을 진행하고 있다.

건강한 어른들, 건강한 아이들이 함께 언제든지 꿈을 꾸고 그것을이룰 수 있도록 멘토와 멘티를 연결하고 성장해가도록 하는 것이다. 어쩌면 교회는 공간을 이동하지 못하나 목사는 공간에 매이지 않으며, 서 있는 그 자리가 목회요 교회라는 확신을 갖게 하였다. 현재 '드림마루'는 귀농자들 중에서 귀한 재능을 가진 분들까지 함께하여 지역문화공동체로서의 기초를 튼튼히 하고 있다. 내년도에는 여러 분야를 통합하는 '드림문화예술학교'를 열 계획이다.

V. 또 다른 하나 — 인문독서모임 '책 읽는 목요일'

삶의 주변에는 다양한 시각들이 존재한다. 각기 다른 환경과 다른관심, 삶의 방식들의 차이가 있기 때문이다. 일반인들이 교회를 바라보는 시각도 긍정적인 것은 아니다. 부정적인 시각도 상당하다. 아무리 시골이지만 우리 시대의 담론과 가치를 이야기하고, 대안적 삶을찾는 이들도 꽤 있다. 개인적인 만남에서 나누던 이야기들을 함께 모여 나누면 훨씬 좋겠다는 생각을 하게 되었다. 도서관에 문의하면서협조를 얻게 되고 참여 의사를 밝힌 분들과 작년 4월말 황대권 선생님을 모시고 '지속 가능한 대안사회'를 주제로 첫 모임을 갖게 되었다. 이 모임은 매달 셋째 주 목요일 저녁 7시에 열린다. 생태, 역사, 문화,

철학의 큰 주제로 주(主)텍스트와 부(副)텍스트를 선정, 발제자의 발제와 각자의 코멘트 그리고 다양한 삶의 적용 실례 등을 나누며 조금씩 확대해 나가고 있다.

전직 도서관장, 시인, 소설가, 공무원, 예술인, 교사 등 약 15명 정도가 꾸준히 참석한다. 이 모임을 갖는 중요한 이유 중 하나는 삶의 자리는 서로 다르지만 시대의 가치를 공유하면서 지역의 문제와 일에도 건강한 대안을 제시하는 데 있다. 나아가 청소년들과 함께하는 인문학 동아리를 지원할 계획이다.

VI. 나가는 말

농촌목회는 지역 중심의 목회이다. 하나님의 나라, 혹은 교회의 선교는 생태, 문화, 교육, 사회의 형태로 드러난다. 어떤 것이 지역에서 가능한 비전인가를 탐색하고 발견하는 일은 지역과 지역 사람에 대한 깊은 관심과 애정에서 시작된다. 공동체의 가치를 먼저 생각하게 될 때 비전과 함께하는 동역자들이 생겨난다. 설사 우리 교회에 적을 두지 않더라도 가치를 공유하는 사람은 언젠가 같은 신앙고백을 하리라 믿기 때문이다. 전통적 교회, 예배공동체로만 머문다면 농촌목회에서는 희망을 발견하기 어렵다. 진실한 고백을 공유하면 희망이 생기고 이를 통해 공동체의 가치를 세우게 된다. 지역 자체의 변화 구조를 갖는 게 농촌목회, 선교의 길이 아닐까 한다. 교회의 본질과 목회자의 길에서 우리는 일종의 허브 역할을 하는 것이다. 비록 느리지만 변화하는 것, 건강한 지역공동체를 위해 노력하는 것. 이것이 내가 겪는 농촌목회의 비전이다.

'나눔의집'을 통하여 선교하는
성공회 원주교회

국충국 신부

(성공회 원주교회)

I. 농촌목회의 동기

필자는 성공회 사제로 서품 받고 충남 부여에서 첫 사목을 시작하였으며, 원주는 사제로서 두 번째 사목지이다. 부여에서는 지역자활센터와 공부방 그리고 작은 신앙공동체를 이끌었다. 원주는 2010년 2월에 교회와 나눔의집 대표로 발령받아 사목하고 있다.

II. 지역 상황

원주시 호저면 지역은 총 17개 리 4,300여 명이 살고 있다. 이 중에서 거리상으로 떨어져 있고 도시화가 진행된 만종 5개 리를 제외하면 12개 리 2,900여 명이 살고 있다. 지리적으로는 섬강을 중심으로 남북으로 마을이 나뉘어 있으며, 원주의 최북단으로 횡성과 맞닿아

170 | 제3부_ 문화선교로 복음을 전하는 목회

있다. 성당이 위치한 주산1리에 면 소재지가 있는데, 별로 활성화되어 있지 않다. 원주와 횡성이 가깝고 인구수가 많지 않다 보니 시장이 형성되지 않은 탓인 듯하다. 면 전체를 보면 초등학교가 네 곳인데, 두 곳은 아동수가 적어서 통합학급으로 유지되고 있다. 병원이 원거리에 있기 때문에 간호사가 상주하는 보건진료소가 두 곳 있다. 농촌 지역에서 보건진료소는 주민들의 세세한 형편에 대한 정보를 가장 잘 알고 있는 곳이다.

호저면은 가톨릭농민회와 원주생협 유기농 생산자 등 자생적 농민단체가 탄탄하게 자리를 잡은 곳이다. 반면 완전 노령사회라 할 수 있고, 학생 수는 급격히 줄어들어 지역공동체가 무너질 위기에 있다. 생활문화 측면에서 상당한 욕구가 있으나 주민을 대상으로 하는 문화시설은 시내에 집중되어 있어 문화적 소외감을 안고 있었다.

III. 성공회 원주교회와 나눔의집 운동

1. 개척기

성공회 원주교회는 1996년 9월 6일, 원주YMCA 강당에서 성인신자 6명이 첫 미사를 봉헌하면서 설립되었다. 초기에는 상주하는 성직자도 없고, 장소도 없었으나, 작지만 아름다운 신앙공동체로 성숙해갔다. 교회의 끊임없는 기도와 노력으로 1999년 원주의 빈민지역이라고 할 수 있는 학성동에 조립식 건물을 임대하게 되었다. 이때 사회선교기관인 원주나눔의집도 함께 설립되게 되는데, 그 경위는 참된 교회 상에 대한 오랜 토론의 결과였다.

2. 나눔의집 설립

　원주교회는 '성령의 교회, 선교하는 교회, 나누는 교회'를 모토로 하면서, 교회 재정의 반을 가난한 이웃과 나누는 데 사용하기로 하고 나눔의집을 설립하였다. '성공회 나눔의집 운동'은 1980년대에 시작된 것으로, 당시 성공회 젊은 사제들이 도시빈민 지역에 들어가 가난한 민중과 함께하는 새로운 교회 모델을 만들려 한 '대안적 교회 운동'이다. 원주교회의 경우는 일반 교회를 개척하는 과정에서 성직자와 신자가 함께 토론하여, 일반 교회와 나눔의집이 결합된 형태로 이루어졌다. 이러한 원칙은 여러 명의 성직자가 정기적으로 인사이동 되는 성공회 인사행정 속에서도 현재까지 일관되게 이어져오고 있다.

3. 호저면에 교회 건축

　교회와 나눔의집은 빈민 지역인 학성동에 '무료공부방'을 열어 방과 후 방치된 아이들을 불러 모아 소외된 교육과 문화적 서비스를 제

호저면에 건축 중인 교회를 위해 기도하고 있다

공하는 한편, 독거 어르신 가정결연 사업, 한방진료 봉사, 어르신 이 · 미용 서비스, 푸드뱅크 음식 나누기 등 지역을 섬기고 변화시켜 가기 위한 활동을 펼치기 시작하였다.

2006년 교회와 나눔의집은 또 다른 고민을 하기에 이르렀다. "원주 시내권의 발전과 성장 이면에 상대적으로 위축되고 고립되어가는 면 단위 농촌 마을을 섬겨야 한다. 경쟁과 무한소비로 생명을 죽이는 자본주의를 극복하고 생명을 살리는 농촌을 만들어야 한다. 영성적 치유와 기도를 할 수 있는 피정 공간이 있어야 한다." 이런 기도와 고민은 결국 교회와 나눔의집을 호저면 생협물류센터 근처로 이끌었고, 2007년 6월 호저면에 교회와 나눔의집을 새로이 축성하기에 이르렀다. 현재 나눔의집은 학성동 도시빈민 밀집 지역과 도시근교 농촌 지역에서 하느님 나라 운동을 함께 벌여나가고 있다.

4. 교회-나눔의집 관계의 독특성

원주교회와 나눔의집은 서로 유기적으로 연결되어 있으면서도 독립적인 독특성을 갖고 있다. 원주교회는 교회위원회를 통해서 나눔의집 운영위원회에 2명을 파송한다. 그리고 사목비를 제외한 교회 재정의 절반을 매월 정기후원한다. 나눔의집 사무실과 활동하는 장소로 교회 공간을 제공한다. 신자들은 개별적으로도 물적, 인적 자원을 후원하고 있다. 반면 나눔의집은 원주교회를 포함하여 일반 사회, 개인/단체 후원인들의 인적, 물적 자원을 바탕으로 나눔 활동을 하게 된다.

나눔의집이 다른 사회봉사기관과 차별성을 갖는 것은 '실무자공동체'에 있다. 실무자공동체가 하나의 작은 교회를 이루고 있다. 실무자 공동체는 매주 공동체 미사를 드리고, 매월 워크숍과 피정을 하면서 복음의 빛으로 나눔의집 활동을 조명하면서 활동한다. 나눔의집 활동은 독립적이지만, 원주교회의 사회선교 활동으로 맥을 같이하는데, 서로에게 보이지 않는 끈이 되는 것은 활발한 인적 자원의 교류이며, 복음적 삶을 숙고한다는 공동의 비전이다. 곧 성령이시다. 교회는 나눔의집을 통해서 지역사회를 더 잘 알게 되고, 지역의 필요에 대해 구체적으로 파악할 수 있으며, 전문적인 나눔 운동을 펼칠 수 있다. 나눔의집은 교회와 사회를 이어주는 사랑의 띠이다. 지역민들에게도 '교회'라는 종교성을 상쇄할 수 있어 마음을 열고 동참할 수 있게 하는 장점을 지니고 있다.

5. 원주교회 조직도

① 신자 총회 ― 1년에 1회, 성인 세례 신자 참여
② 관할 사제 ― 교구장 파송 사제, 관할 총괄 사목
③ 협동 사제 ― 교구장 파송 사제, 나눔의집 사목
④ 교회위원회 ― 2년에 1회 신자 총회에서 위원 선출, 민주적 대의기구, 매월 교회위원회 실시, 전례분과 · 교육분과 · 선교분과 (나눔의집 지원) · 친교분과 · 총무분과 · 관리분과가 있음
⑤ 활동 단체 ― 아나윔회(성인 여성), 참나무회(성인 남성), 베리타스(학생회), 주일학교

6. 교회 상황 총평

원주교회는 개척 18년째의 젊은 교회다. 현재 성인 주일 평균 출석 수는 약 30명이며, 청소년과 어린이를 포함하여 50여 명이다. 도시

지역에 개척하여 YMCA 강당과 전세 건물에서 모이다가 농촌 지역에 성당을 건축하였다. 원주교회는 건강한 작은 교회를 지향하며, 이웃 사랑을 실천하기 위해 '나눔의집'이라는 사회선교기관을 설립하였고, 인적, 물적 지원을 하고 있다. 성당이 위치한 농촌 지역에서는 나눔의 집을 통해 이웃을 섬기는 사회 사목을 펼치고 있다.

IV. 사역의 내용 — 나눔의집을 중심으로

나눔의집은 도시빈민선교로 시작되었으며 주민 공동체운동, 사회 복지 전달체계, 시민사회운동, 대안적 교회운동이 포괄되어 있다. 나눔의집 영성과 신앙고백은 다음과 같다.

① 우리는 예수와 복음을 몸으로 사는 부활의 증인이고자 한다.
② 우리는 기도(묵상)하는 사람으로 살고자 한다.
③ 우리는 노동하는 사람으로 살고자 한다.
④ 우리는 공동체로 살고자 한다.
⑤ 우리는 투쟁하는 사람으로 살고자 한다.
⑥ 우리는 가난하게 살고자 한다.

나눔의집 실무자(현재 6명)들은 종교와 교단이 다르더라도 이 영성과 신앙고백을 나누며 예수 정신을 공유한다.
주요 사업은 다음과 같다.

1) 농촌 마을공동체 운동

① 늘봄학교: 농촌 지역 어르신 여가문화 프로그램. 매주 금요일
오전 10시~3시

② 햇살작은도서관: 도서대출 및 책읽기 모임. 월~금요일 오전 9
시~오후 6시

③ 어르신 반찬 나눔: 복지 사각지대 어르신에게 매주 목요일 밑반
찬 나눔

④ 문화동아리활동: 몸펴기운동, 풍물 동아리, 난타동아리, 우쿨
렐레 동아리

⑤ 클라라공방: 재봉틀을 이용한 생활 문화 홈패션 공방

⑥ 마을신문 만들기: 주민 기자, 지역단체와 협력, 월 1회 호저신
문 발행

2) 도시빈민 지역 아동 청소년 사업

① 햇살지역아동센터: 취약계층 아동의 보육 문화

② 청소년진로자립센터: 청소년들의 진로 교육과 자립 지원

③ 햇살누리 요셉의집: 남자 청소년 그룹홈

3) 우렁각시: 가사관리사 파견, 여성일자리 사업

4) 공동체기금 희망 애찬: 출자자에게 소액을 대출해주는 사업

이 글의 주제가 농촌목회이므로 나눔의집을 통해 호저면 지역에서
펼치고 있는 사역들을 소개하고자 한다. 위에 나열된 사역들 중에서
농촌마을 공동체운동 부분이다.

나눔의집 사무국이 교회와 함께 2007년 호저면으로 옮기면서 지역주민들의 욕구 조사를 실시하였다. 주민들이 가장 큰 욕구는 문화생활에 대한 것이었다. 호저면에는 문화시설이 없어서 여가를 즐기고 싶어도 시내에 가야 하고 해가 진 이후에나 농사일이 한가해지기 때문에 교통편이 불편한 형편에 포기하게 된다는 것이다. 문화프로그램이 없어서 농촌에 사는 즐거움이 반감되고 상대적으로 소외감이 증가한다는 결론을 내릴 수 있었다.

　조사 결과를 바탕으로 우선 호저면 지역 70세 이상 어르신들을 위한 늘봄학교를 시작하였다. 늘봄학교는 경로대학과 같은 프로그램이다. 매주 금요일 40~50명의 어르신을 모셔서 오전과 오후에 1시간씩 인형극, 음악공연 등의 문화 활동과 도자기, 종이접기 등의 체험활동, 건강 강의, 테이핑 요법, 건강 체조 등의 건강 프로그램과 어르신들에게 필요한 경제상식, 법률상식 등의 강의가 열린다. 점심식사는 자원봉사자들에 의해 무료로 제공된다. 이동수단이 마땅치 않은 어르신들을 위해 면 소재지까지 차량운행을 하여 가축사료, 비료, 생필품 구입, 은행 일을 볼 수 있게 배려하고 있다. 여러 마을에 떨어져 사는 어르신

늘봄학교 건강체조

들이 함께 모여서 마을 소식들을 나누고 집에서 농사지은 것이나 화초 등을 나누기도 한다. 건강하고 활기찬 농촌 노년의 삶을 지원하는 의미도 있지만, 몸이 불편하여 왕래가 없는 어르신들이 늘봄학교를 통해 소통하며 단절된 끈이 이어지고 공동체가 활성화되는데 기여하고 있다.

중장년 주민들을 위해서는 다양한 문화프로그램들을 진행하고 있다. 처음에는 건강을 위한 요가 프로그램을 실시하였다. 지금은 몸펴기운동(몸살림운동)을 하고 있으며, 풍물, 우쿨렐레, 난타 동아리가 활동하고 있다. 해가 떨어져야 농사일이 끝나는 농촌 특성에 맞추어 프로그램은 주로 저녁 시간에 이루어지고 있다. 각각의 동아리들은 마을 행사 때에 흥을 돋우며 기량을 뽐낼 수 있는 효과도 있다.

문화동아리 난타 반원들의
연습 모습

클라라공방에서 만든
생활 소품들

농사일 외에 생산적인 일을 고민하는 주민들을 위해서 홈패션 클라라공방을 시작하였다. 재봉틀을 이용하여 가족들의 옷가지와 액세서리를 만들고, 소량 판매를 하기도 한다. 천연염색과 천연화장품 만들기 등의 체험 활동도 겸하여 진행된다. 농사일에 지쳐있는 주부들에게 농사일 외에 흥밋거리와 생산적인 일에 참여하여 자기효능감을 증진시키고 있다. 향후에는 기술이 늘면 사회적기업이나 마을기업으로 발전할 전망이다.

사회안전망의 빈 곳을 채워주는 일도 하고 있다. 농촌에 살고 있는 수급자 독거노인에게는 정부의 사회안전망으로 여러 가지 서비스가 제공되고 있다. 그러나 여러 가지 이유로 수급자가 아닌 분들 중에서 도움이 절실한 분들이 있기 마련이다. 이런 빈틈을 복지사각지대라고 부른다. 면사무소 사회복지사, 보건진료소장, 종교인, 선한 이웃들이 직접 눈으로 보고 도움이 필요하다고 판단하여 나눔의집에 요청하면 매주 직접 조리한 반찬을 지원한다. 그리고 연탄 지원, 집수리 등 도움이 필요한 부분을 챙겨서 후원인이나 지역 단체와 연결하는 일도 하고

햇살작은도서관 현판식

있다. 후원금과 재능기부, 자원봉사를 통해 이루어지고 있는 사업들이다.

또한, 성당 건물 한 곳을 작은도서관으로 꾸몄다. 원주시 작은도서관협의회의 도움으로 최신 베스트셀러가 매년 채워지고 있으며, 현재 약 5천 권 정도의 도서가 소장되어 있다. 월 평균 50여 권의 도서가 대출되고 있다.

최근에는 '호저신문'이라는 마을신문을 발행하고 있다. 지역의 단체들이 일상적으로 서로 소통하고 지역을 위해 머리를 맞댈 수 있는 네트워크를 구축하기 위해서 시작된 일이다. 호저면의 각종 소식, 경조사, 광고, 좋은 칼럼과 사진들이 실려서 월 1회 발행되고 있다. 나눔의집, 원주생협, 고니골, 생담마을, 보건진료소, 면사무소가 편집위원회를 구성하여 신문편집을 위해 정기적으로 만나고 소식을 나누는 자리가 마련되었다.

이런 사업들은 성당과 사무실, 식당 등 교회 공간에서 이루어지고 있다. 원주교회는 2007년 농촌 지역에 성당을 건축하면서 평일에 건물을 나눔의집에서 활용할 수 있도록 결정하고 여러 가지 배려를 하였다. 예를 들어 장의자 대신 개인 의자를 두어 필요에 따라 공간을 효율

호저신문 편집회의

적으로 활용할 수 있도록 하였다. 작은도서관은 남성 교우들이 손수 나무로 서고를 만들었다. 교회 사무실은 나눔의집 실무자들이 주로 이용할 수 있도록 하였다.

모든 사업의 진행은 나눔의집 실무자들이 계획하고 진행하지만, 공간은 교회에서 제공하고, 신자들은 보이지 않는 손이 되어 자원봉사자로 후원자로 재능기부자로 운영위원 등으로 참여하고 있다. 이런 일이 가능한 것은 교회가 개척 초기부터 지역을 섬기는 교회 비전을 갖고 있었다는 점, 나눔의집을 직접 설립했다는 점, 무엇보다 모든 사업들이 예수 정신에 바탕을 두고 실천되고 있다는 점 등이 복합적으로 작용하고 있기 때문이다.

이제 7~8여 년 동안 지역을 섬기는 모습을 보면서 주민들도 더 마음을 열고 있다. 성당 주변 공간에 주민들이 이용할 수 있는 초록햇살 카페를 만들었는데, 사업을 통해 만났던 많은 주민들이 흔쾌히 이 일에 동참해주었다.

V. 성과와 문제점 그리고 전망

원주교회는 이런 사역들을 통해서 지역이 활성화되고, 살맛나는 곳으로 변화되고 있는지를 주목하고 있다. 그리고 이런 선한 일에 사명을 공유하는 사람들로 빈자리가 채워지기를 바라고 있다. 관할 사제로서 이런 사역들을 통해 교회 신자가 더 늘어나게 되기를 바라는 마음이 아주 없는 것은 아니다. 그러나 이미 리 단위마다 교단은 다르지만 교회가 들어서 있고, 자원봉사자와 참여 주민들이 기존 교회의 신자들이므로 자칫 그런 욕심은 지역을 분열시키고 나눔의집의 순수성을 해칠 수 있는 것이다. 오히려 사회선교활동을 통해서 비그리스 도인들이 감동받고 기존 교회가 더 활기차게 되었으면 하는 소망이 간절하다.

아직 성과를 논하기에는 이르다. 농촌 지역의 특성상 이방인을 쉽게 받아들이지 못하는 부분이 없지 않다. 그렇지만, 처음 부임했을 때와 비교하여 지역주민 및 지역 단체들과의 유대가 증진되었고, 낯선 이방인에 대한 저항감이 상당 부분 해소되었다고 자평한다. 앞으로도 정의와 평화와 창조질서의 보전이라는 하나님 나라의 선교 사명을 잘 감당하는 신앙공동체로서 자리를 잘 잡아가기를 소망한다.

문제점으로는 교회의 신자들이 지역사회 주민이 아니라는 점이 어떻게 작용될 것인지에 대한 부분이다. 나눔의집은 지역을 위해 봉사하는 기관이고, 성공회 원주교인은 이를 뒷받침하는 지지자가 되겠지만, 지역주민들에게는 여전히 이방인들의 낯선 몸부림이나 시혜자쯤으로 보지 않을까? 이를 개선하기 위해서는 지역 교회들과의 연대와 협력이 절실하다. 그러나 목회자들은 일반적으로 영혼의 구원 사업만이 본업이라고 여기고 그 외의 일은 하나님 앞에서 시간을 낭비하는 일이라고 주의하는 경향이 있다. 신자들도 목회자들이 사회에 관심하는 것을 그리 반기는 눈치만은 아닐 터이다. 그럼에도 불구하고 지역에 뿌리내린 교회들과의 연대가 예수운동의 결실을 맺게 하리라 확신한다.

지역에 크고 작은 환경 이슈들이 나타나고 있다. 쓰레기 재활용 업체로 인한 농작물 피해를 호소하는 농민, 차 한대 겨우 지날 수 있는 깊은 동네에 공장이 들어서면서 지하수 문제와 통행의 문제를 호소하는 농민, 지금은 막아내기는 했으나 언제 또 들어올지 모르는 사격장 문제, 기업 도시에 RDF열병합발전소가 들어서면 다이옥신으로 인해 친환경농사는 포기해야 할 것이라며 걱정하는 농민들, 대도시 근교의 농촌 마을은 도시가 발전함에 따라서 함께 발전하기보다는 기존의 공동체가 빠르게 붕괴하고, 각종 오염시설들이 집중되는 등 큰 도전에 직면하게 된다. 앞으로 이런 문제들이 더 노골적으로 나타날 것이고, 농촌의 촌로들로서는 이에 대한 마땅한 대응책을 찾기보다는 이리저리 흔들리다가 사그라지게 되지 않을까? 70~80세의 노인들이 세상을 떠나면 그 빈자리를 누가 채우게 될까? 왜 이렇게 호저면은 자살하는 주민들이 많은 걸까? 주여, 어서 오시옵소서!

소통과 나눔의 공동체, 생극교회

안치석 목사
(충북 음성 생극교회)

I. 마을공동체의 꿈

현재 우리가 사역 마당으로 삼고 있는 '도토리숲'은 마을공동체에 대한 꿈에서부터 비롯되었다. 신학교에 발을 들여놓기 전부터 공동체에 대한 아련한 이상이 꿈틀거렸고, 신학교 때 농촌 현실에 대한 심각성을 각인한 이후부터 농촌과 공동체는 뗄 수 없는 하나의 화두가 되어버렸다.

농촌은 언제나 나를 받아줄 수 있는 품과 같은 곳이요, 또 함께 보살피고 어우러져야 할 애정 어린 장소였다. 늘 목회 자체에 대한 근본적 고민이 나를 괴롭혀왔지만, 그나마 내가 지금 목회 현장에서 버티고 있는 이유는 '농촌목회'라는 당위성 때문이다. 그렇다고 깃발 들고 돌진하는 타입은 아니라, 그저 자연스러움 속에 즐기며, 또 격정에 빠지기도 하며, 서로를 달래가며 살고 있다.

II. 농촌목회, 위기와 시작

이제 이곳 생극교회에 내려온 지 열두 해가 되었다. 부임했을 때, 슬라브지붕의 농가주택 교회가 논 한 가운데 어색하게 놓여 있고, 또 초겨울인지라 황량함이 이를 데 없었다. 더구나 교회 건물과 땅이 은행에 압류당해 있었다. 첫 3년 동안은 이 문제를 해결하는 데 모든 힘을 소비했다.

좀처럼 정이 가지 않았고, 썰렁한 논 가운데 서 있는 내가 마치 외딴섬에 귀양 온 사람 같았다. 물론 '수도'(修道)하기는 좋았고, 그런 연유인지 영성과 심리를 공부하며 세월을 보냈다. 그러나 어느새 마음은 딴 곳에 가 있었다. 가슴에 새기던 마을공동체는 다른 어딘가에 있었고, 난 날마다 그곳을 마음으로 누볐다. 그리고 그 꿈을 펼쳐보고자 기회가 왔을 때, 안타깝게도 함께 뜻을 도모하던 이와 단절되는 사건이 일어났다. 공동체의 '공'자도 꺼내기 싫었고, 턱하니 내가 서 있는 발아래로 숨을 내뱉었다. 모든 것이 아래로 쏟아져내렸다.

그렇게 어기적거리며 지내던 어느 날 내가 서 있는 자리를 보았더

생극교회 전경

니 새로운 땅이었다. 눈앞에 청사진이 펼쳐졌다. 사람들을 만나고 상가를 빌리고 더 구체적인 그림을 그렸다. 그게 지금의 도토리숲이었다. 깨어져버린 꿈의 파편들이 하늘의 손길로 새롭게 맞춰지는 듯했다.

III. 도토리숲

1. 도토리숲의 기초

우리 교회 또한 여느 농촌 교회와 같이 틈틈이 주변 마을을 섬기는 일을 해왔다. 주변의 반응은 괜찮다는 평이었다. 그러나 나에게 있어 그러한 일들은 교회가 이웃을 위해 봉사라도 한다는 자기 위안이나 면죄부적 성격이 컸다. 이러한 몇 가지 문제의식을 통해 현재의 문화 공간 도토리숲을 구상하게 되었다.

첫째, 자신의 몸에 맞지도 않는 옷을 입지 말자. 대중적인 성공 모델의 오류를 우리는 수도 없이 보아왔다. 그 성공 모델, 성공신화의 뒤편엔 성공신화에 희생된 수많은 사람들이 있다. 그래서 그런 모델을 따라가기보다는 내가 모델이 되자는 생각이 들었다. 쉬운 말로 '나에게 맞는 옷'을 입고, '자기 속에서 나오는 것'을 해야 된다는 생각이었다. 그 덕분인지 새로운 아이디어가 툭툭 튀어나왔고, 그런 것들이 엮어져 도토리숲의 근간을 이루게 되었다.

둘째, 통 큰 사랑의 실천이다. 이른바 하나님의 사랑은 통 큰 사랑, 조건 없는 사랑이 아니던가. 그리고 우리의 사랑 또한 그래야 된다고 보았다. 그래서 도토리숲은 전도를 조건으로 한 공간이 아니라 '순수한 소통과 나눔'의 공간이라는 점을 알려야 했다. 또한 그러기 위해 도토리숲을 교회와 완전히 독립된 단체로 만들었고(여기엔 여러 이유가 있다), 이곳을 사회에 환원했다는 점을 명시했다.

셋째, 농촌을 위한 농촌 교회가 되어야 한다. 농촌 교회가 너나 할 것 없이 자본화된 도시 교회를 닮으려고 하는 것이 늘 안쓰러웠다. 농촌 교회는 농촌의 현실에 민감해야 하고, 농촌의 문제, 지역의 문제를 끌어안고 가야 된다. 그것이 그 지역에 교회가 세워진 존재 이유일 것이다.

우리 교회도 다르지 않다. 성도들의 지향성에 문제가 있다. 그나마 도토리숲을 통해 지역의 문제, 즉 지역의 교육과 문화, 소농들의 문제들에 관심을 기울이고 그들을 위한 작은 노력들을 한다는 데 위안을 얻는다. 앞으로 도토리숲을 통해 더 큰 몫을 이루려고 한다.

2. 왜 문화인가?

문화공간 도토리숲은 문화를 매개로 하여 지역을 섬기고 공동체를 형성해간다. 사람들은 왜 '문화'냐고 묻는다. 일단 문화적 중요성은 두 말할 필요 없고, 무엇보다 지역의 문화적 소외감으로 인해 그 필요성을 느끼게 되었다. 사실, 다방면의 사회단체들과 복지단체들은 있으나 문화운동에 기여하는 이는 없었다. 그리고 우리의 생각을 일깨우는 가장 좋은 방법은 문화적 소통이라고 여겼기에 문화공간이 생기게 된 것이다.

물론, 지자체에서도 여러 문화프로그램 강좌를 개설하고 또 많은 분들이 접한다. 우리 도토리숲도 많은 프로그램 강좌들을 연다. 그러나 정자 중요한 것은 우리 도토리숲 안에서 서로 공유하는 문화적 삶이다. 강좌 한 번 했다고 우리의 마음이 넓어지고 행복해지는 것은 아니다. 문화를 매개로 삶이 공유되어야 한다. 그래서 우리가 추구하는 것은 생활이다. 공예도 생활 공예이고, 문화를 매개로 삶의 이야기들이 관계되는 것을 중요하게 여긴다. 쉽지 않은 일이지만, 우리의 꿈은 생극이라는 곳이 문화적으로 특화된 지역이 되고, 이를 매개로 행복한 커뮤니티를 만들어나가려고 한다.

3. 도토리숲과 교회의 관계

도토리숲에 대한 구상을 처음 교인들 앞에 말했을 때, 반응은 두 가지였다. 어쨌건 지역을 위하는 일이니 좋은데, 만일 그곳을 운영할 경우 지속적으로 들어가야 하는 비용에 대한 부담이 있었다. 나는 어차피 도토리숲은 사회 환원을 하려고 하는 것이니 조직과 재정을 교회와 분리시키고, 운영상 교회에 경제적 부담이 없도록 하겠다고 약속했다. 그래서 도토리숲은 교회의 마중물로 공사가 시작되었다. 그리고 지금은 독립적 운영체로서 운영되고 있다. 물론 도토리숲은 교회의 지원을 받으며 교회와 서로 협력관계 속에 운영되고 있지만, 외부적으로 교회와 독립된 단체라는 것이 큰 효과를 발휘했다.

4. 도토리숲의 역할과 운영

문화공간 도토리숲은 지역 아동과 주민을 위한 문화단체로서 2013년 4월 28일 첫발을 떼었다. 도토리숲은 아동들과 청소년 그리고 주민들의 행복한 삶을 위해 쉼과 배움의 기회를 제공하고 있다. 그리고 더 나아가 행복한 마을과 더 좋은 사회를 이루기 위해 창조적인 노력을 하고 있다. 도토리숲은 이를 위해 교육문화사업(작은 도서관 운영, 교육문화 프로그램, 동아리 운영), 도토리시장(프리마켓), 녹색나눔사업(환경, 지역 공동체, 복지, 생산) 등을 계획하고 실천하고 있다.

1) 도토리숲의 교육문화 사업

도토리숲에서 열고 있는 강좌나 행사는 대부분 재능기부 형식으로 이루어진다. 우리도 놀랄 정도로 숨어있던 재능기부자들이 찾아와 재능을 나누어 주었고 또 재능을 가진 다른 분들을 연결해주었다. 지금도 대부분의 강좌나 행사가 재능기부나 봉사자들의 도움으로 이루어지고 있다.

① 문화강좌: 청소년 통기타교실, 과학교실, 목공교실, 그림 강좌, 리본 강좌, 가죽공예, 손뜨개모임, 아동 요리, 흙놀이 강좌, 효소/산야초 강좌, 퀼트 강좌, 드럼교실, 서점소풍 등.

② 교육강좌: 발도로프 교육, 죽음, 꿈, 그림책 등을 주제로 한 강좌.

③ 동아리: 통기타 동아리, 풍물 동아리(놀패), 독서 동아리(숲속 나눔터), 영화동아리 등.

④ 교육기관과의 협력 사업: 초등학교와 함께하는 독서요리체험교실 등.

문화공간인 작은 도서관의 전경과 내부 모습

⑤ 공연 콘서트 및 책 나눔 행사 개최: 퓨전 국악팀 앙상블 시나위 공연, 버스킹팀 콘서트.

2) 도토리시장

2013년 시작된 도토리시장은 3개월 단위로 웅천공원(생극면)에서 소박하게 열린다. 도토리시장은 소소하지만 삶의 작은 이야기를 함께 나누며 서로 소통하고 새로운 관계를 만들어가는 행복 나눔터이다. 또한 문화 예술을 놀이삼아 삶의 기지개를 펴고, 일상 속에서 나오는 생활 창작품들과 삶의 이야기를 나누는 문화놀이터이기도 하다. 도토리시장에선 더 좋은 공생의 사회를 위해 다양한 실험들이 시도되고 있다.

도토리시장의 구성은 다음과 같다.

후원받은 중고물품을 파는 '중고가게', '먹거리 코너', 어린이와 가족들이 판매하고 나누는 '프리마켓', 다양한 생활 공예품이 있는 '핸드메이드 가게', 어린이와 어른들이 즐거움을 누릴 수 있는 다양한 체험으로 이루어진 '문화놀이터' 그리고 '도토리까페' 등으로 이루어진다. 또한 누구나 참여할 수 있는 소박하고 다양한 거리공연도 열린다.

도토리시장을 찾아온 사람들

3) 회원 농가와 함께하는 협력 사업

작년에 처음으로 시작한 회원 농가와 함께하는 협력 사업은 지금 첫발을 뗀 상태이다. 이 사업은 친환경 꾸러미 판매 및 가공품과 자연 음식 등을 판매하는 사업이며, 이를 홍보하고 또 그 의미를 나누기 위해 도토리 시장과는 별개로 작은 장터인 '문화장터'를 열었다. 작년에 시험적으로 한옥집 안에서 '가을옛집'(10월), '채비'(11월)라는 테마를 달고 두 차례 열었으며, 꽤 좋은 반응을 얻었다. 금년에도 몇 차례의 장터를 준비하며 장터를 상설화시킬 계획이다.

4) 도토리숲의 운영

도토리숲은 매월 모이는 운영회의를 거쳐 운영되고 있다. 운영회원은 약 10명 정도로 구성되어 있으며 도토리숲의 전반적인 사업을 결정한다. 또한 도토리숲은 회원들의 후원으로 운영된다. 정기 후원자는 아직 30명 정도이며, 운영에 관한 부족분은 도토리시장을 통한 수입과 또 하늘의 손길로 채워지고 있다. 아직 제대로 된 수익사업이 없기에 '자립'을 목표로 수익사업을 계획 중이며, 그 일환으로 '동네작은책방'을 열고, 회원들과 함께 도토리숲 생활공예품을 만들어 판매할 계획이다.

① 도토리 회원: 도서관 및 프로그램에 참여하는 회원
② 도토리나무 회원: 지속가능한 도토리숲을 위해 정기 후원(CMS)하는 회원
③ 도토리숲 회원: 나무(후원) 회원 중 도토리숲 운영에 참여하고자 하는 회원

5. 도토리숲의 일상: 놀이터

외부에서 볼 때 도토리숲은 콕 집어 말할 수 없는 다양한 모습을 가지고 있다. 그래서 우리를 이해하는 데 답답해하는 분들도 꽤 많다. '아동센터냐, 문화센터냐, 혹은 도서관이냐?'는 의문 제기 등 기존에 있는 하나의 틀로서 우리를 이해하려 한다. 그러나 우리는 스스로 기존의 틀로 규정하려 하지 않고 우리가 살아가는 모습 그대로 이해해주길 원하고 있다. 그런 의미에서 도토리숲을 이해하려면 그 저변에 깔려 있는 우리의 '놀이정신'을 이해해야 한다. 아래는 놀이터가 되고 있는 도토리숲의 모습이다.

도토리숲엔 매일같이 참새 방앗간처럼 아이들이 들락거린다. 심심하면 오고, 물 마시러 오고, 학원이나 집에 가기 전 대기하는 장소가 된다. 아이들과 어른들을 위한 다양한 교육·생활 강좌도 열린다. 도토리숲은 마을 도서관, 교육문화센터, 북까페, 쉼터 등 다양한 모습을 가지고 있다.

도토리숲의 가장 큰 특징은 '놀이'이다. 우리는 도토리숲에서 이루어지는 모든 활동을 '놀이개념'으로 이해한다. 회원들에 의해 운영되는 도토리숲은 아이들과 어른들의 놀이터가 된다. 다양한 강좌들과 활동들은 그들이 가지고 있는 재능과 취미활동으로 엮어진다. 재능기부자들이나 회원들에겐 이곳을 놀이터 삼아 마음껏 하고 싶은 것을 해보라고 권한다. 다른 곳에선 실패의 두려움이 도사리고 있지만 이곳은 놀이터이기에 실패란 없다. 그리고 실패해도 된다.

이런 가치 속에 다양한 생활강좌와 몇 개의 동아리(통기타, 독서영화 동아리, 풍물 동아리 등)와 모임이 생겨났다. 그중 풍물패인 '놀패'에 부지런히 나오시는 한 선생님은 "재밌으라고 하게 된 일이 죽자고 하는 일이 되었다"고 농을 치신다. 우리는 시간이 남아돌아 취미를 즐기며 노는 것이 아니다. 없는 시간을 쪼개어 열심히 노는 것이다. 왜냐하면 노는 것의 중요성과 가치를 알기 때문이다. 이들은 "엄마가 행복해야 너희들도 행복하다"고 아이들을 설득시킨다.

우리의 놀이는 참 마음이 담긴 삶을 나누는 놀이가 되며 개인의 놀이로 끝나지 않는다. 함께 놀기 위해, 함께 행복하기 위해 힘을 모은다. 도토리숲 가족들은 도토리숲에 오면 양손 가득한 나눔으로 해맑은 표정과 함께 돌아간다. 우리는 서로의 마음과 재능과 삶을 서로 나눔으로 더 큰 풍성함을 누린다. 그리고 우리의 행복을 더 많은 이들과 누리고자 다양한 창조적 활동을 하며, 그 일환으로 '도토리시장'을 정

뜨개질하는 회원들

리본공예하는 회원들

기적으로 개최한다. 요즘 유행하는 일종의 프리마켓 형태이다.

우리는 3개월마다 열리는 도토리시장을 '문화 놀이터'로 표현한다. 아이들은 중고물품이나 새로운 아이템을 개발해 프리마켓으로 참여하며, 어른들도 각자의 재능을 발휘한 핸드메이드 제품이나 먹거리 등을 가지고 참여한다. 우리는 더 즐거운 놀이터를 위해 크고 작은 놀이를 만들고 공유한다. 또한 참가자에겐 판매 목적보다 가족과 함께 쉬고 즐길 것을 누누이 강조한다. 도토리시장은 이러한 취지에 동의하는 약 200~300명 정도의 사람이 각지에서 찾아오는 작지만 알콩달콩한 시장이 되고 있다.

6. 도토리숲을 돌아보며

처음 도토리숲을 열었을 때 첫 방문자는 남편을 따라 귀농한 '흙노리' 샘(도토리숲에선 서로 별명을 부른다)이었다. 이 분은 도토리숲을 통해 숨통이 트인다고 무척이나 고마워하셨고, 지금 도토리숲에서 무게중심을 잡고 있다. 이처럼 도토리숲은 문화를 통해 주민들의 삶의 원동력을 회복시켜 주고 있다.

무엇보다 3년에 걸친 도토리숲의 성과라면 주민들과 더 깊은 소통을 이루었고, 삶을 나누는 커뮤니티가 형성되었다는 점이다. 또한 교회의 영향력은 당연히 커졌을 뿐 아니라, 교회를 바라보는 인식도 긍정적으로 변화되었음을 느낀다. 도토리숲을 찾는 회원들은 지역적 구분이 없다. 문화적 만족을 누리고 가치를 나누기 위해 지역을 불문하고 모인다. 처음엔 지역을 넘어서는 이 일이 고민되기도 했지만 어쩔 수 없는 흐름이기에 순응하기로 했다. 도토리숲의 문화적 활동은 지역의 문화적 움직임에도 자극을 주고 있다.

이처럼 도토리숲이 알려지고 시도되는 일들이 많다 보니 일을 분담해줄 수 있는 보다 전문적인 일꾼이 필요하다. 하지만 현재 재정자립도가 약하여 실무를 감당할 직원을 둘 수도 없는 형편이기에 앞으로의 숙제로 남아 있다. 또한 턱없이 부족한 공간도 문제이다. 현재 우리는 15평밖에 안 되는 도토리숲 작은도서관을 센터로 활용한다. 물론 회원들 집 등 대체공간에서 모이기도 하나, 공적 공간이 작다 보니 모임시간이 겹쳐져 조율의 어려움을 겪기도 하며 활동에 많은 제약을 받고 있다.

7. 지속가능한 도토리숲

도토리숲은 3년이라는 짧은 기간 동안 지역 내·외부에서 인정을 받게 되었지만, 너무 급작스런 성장이 안고 오는 위험을 걱정하고 있다. 우리의 과제는 지속가능성이다. 그래서 주민들의 힘에 의해 세워지고 운영되는 풀뿌리를 기초로 하고 있고, 단체를 체계화시키는 일, 운영에 필요한 수익사업 등을 진행할 계획이다. 즉 지속가능한 도토리숲을 위해 바닥을 다지는 일이 가장 큰 과제일 것이다. 더 든든한 기초 위에 세워진 도토리숲에서 많은 이들이 어울려 살아가기를 기대한다.

제4부

복지 사역을
통한 목회

복지 마을로 변화시키는 추점교회

고명성 목사

(충북 괴산 추점교회)

I. 들어가는 말

서울에서 태어나 40세까지 서울에서 생활했지만, 첫 목회지는 전남 해남이었다. 그곳에서 2년 6개월 시무하다가 현재 목회지인 충북 괴산 추점교회로 부임해서 이제 13년이 되었다. 추점교회는 장년 30명이고, 어린이 10명 정도 되는 리(里)단위에 있는 아주 작은 교회이다. 교회가 위치한 곳의 마을 규모는 60가구 정도 되고, 좀 떨어진 곳에 20가구 정도가 더 있어서 합쳐서 80가구 정도 된다. 65세 이상 된노인이 70%이고, 40~50대가 20%이고, 20대가 10% 정도 된다.

작은 교회지만 작다고 느낄 새가 없다. 늘 새로운 도전의 연속이었다. 지금도 도전을 계속하고 있다. 이 교회에서 은퇴하겠다고 마음을먹으니 마음도 편하고 일거리도 보이고 그렇다. 마을 주민과도 편안하게 지내고 애경사에 다 참여하고 있다. 이곳에서 10년이 넘다 보니가는 곳곳마다 아는 사람들을 만난다. 어떤 사람들은 내가 유지가 되었다고 한다. 장기 목회를 하다 보니 기회가 오는 것 같다.

농촌에서는 서로의 생활이 다 노출된다. 매일 만나야 하기 때문이다. 그렇기 때문에 행동이 조심스럽다. 작은 일에 감사하고, 작은 일로 섭섭하게 생각할 수 있기 때문이다. 가령, 목사가 차를 몰고 나가면서 정류장에 서 있는 주민들을 모른 척하고 지나가면 서운해할 수도 있다. 농촌에서는 한 시간에 한 대씩 버스가 오는 경우도 흔하다. 농번기 때에 가는 길에 차 한번 태워다 농협에 모셔다드리면 관계가 좋게 형성된다. 좋은 관계 만드는 일이 그리 어려울 것도 없다. 나이 드신 어르신에게 인사 잘하고, 기본만 잘해도 나의 지지자가 될 수 있다. 이웃과의 관계 형성이 무엇보다 필요하다. 새로운 이웃이 유입되는 것도 아니고 그 테두리에서 잘해야 한다. 동네 분들과 좋은 관계를 맺지 아니하고는 전도도 어렵고, 마음도 편치 않다.

이곳은 이제 나의 고향이 되었고, 우리 아이들의 고향이 되었다. 나는 아이가 다섯인데, 서울에서 1명, 해남에서 1명, 괴산에서 3명이 태어났다. 큰 녀석은 26세인데 복지사역을 돕고 있고, 둘째는 중학교 1학년인데 교회에서 반주를 하고, 셋째는 초등학교 5학년인데 공부방에서 축구를 하고 뛰어놀다 보니 축구를 잘해서 인근 도시에 축구선수로 스카우트 되어갔다. 그리고 넷째도 피아노 반주로 사역을 돕고 있다. 마음껏 뛰어놀 수 있는 공간과 자연환경이 얼마나 감사한지 모르겠다.

하고 있는 사역 중 목회의 일반적인 것은 생략하고, 복지사역 중심으로 소개하고자 한다.

나는 작은 싹이 소중하다고 생각한다. 식물이 결실을 맺는 것은 작은 싹에서 시작한다. 한 달란트 받은 자와 같은 것이 농촌 사정이다. 그러나 땅에 묻지 않고 갑절로 남기려고 열심히 뛰는 것이다. 선교구역에서 무엇을 필요로 하는지 필요한 것을 찾아서 하면 된다. 주로 돈을 써야 되는 일을 해야 한다. 돈 되는 일은 우리가 안 해도 다른 사람들이 더 잘하기 때문이다. 그러니 돈벌이는 안 되지만 그 지역이 필요로 하는 일을 찾아서 하다 보니 그것이 봉사도 되고, 일자리 창출도 되고, 전도도 되고, 생활에 보탬이 될 수도 있다. 다음 장에서 구체적으로 하고 있는 사역과 앞으로의 계획을 정리해보겠다.

II. 공부방(지역아동센터) 사역

부임하자마자 조립식으로 교육관 7평을 짓고, 그곳에서 동네 어린이들을 모아서 한글도 가르치고 생활지도도 했다. 그때 4학년이 되도록 한글을 모르던 아이가 한글을 배웠는데 지금은 미용사가 되어서 찾아왔다. 1997년 10월 시작한 것이 어느덧 12년이 되었다. 자생적으로 일어난 공부방이 법제화되어 제도화된 것이 얼마 되지 않는다. 제도화되면서 폭발적으로 늘어 지금은 전국에 수천 개가 되었다. 우리 지역에는 지금도 학원이 없다. 학원이 있어도 보낼 형편도 안 되고

공부방에서 아이들을 가르치고 있다

관심도 없다.

농촌에 조손가정, 결손가정, 다문화가정 등 어려움에 처해 있는 가정도 살펴보면 많이 있다. 이런 가정의 어린이들에게 도움을 주기 위해서 공부방이 시작되었다. 지금은 공부방에 전담교사 2명, 외부강사 3명이 지원하고 있어 프로그램에 내실을 기하고 있다. 공부방을 세우려면 10평 이하의 소규모 공부방이나 10명에서 29명 이하 시설을 세울 수 있는데, 공간은 18평에서 25평 정도 필요하고, 사회복지사 자격증이나 교원자격증이 있는 사람이 필요하다.

사회복지사 자격증을 취득하는 방법은 여러 가지가 있다. 학점은행이나 2년제 사회복지과를 수료하면 된다. 프로그램은 가령 숙제 지도, 그리기, 만들기, 노래 부르기, 악기 연주, 사진 촬영, 사물놀이, 축구교실 등 자유롭게 기획하면 된다. 아이들에게 유익하고 좋아하는 것을 하면 된다. 요즘에도 지역아동센터 요건을 갖추고 시설, 인력 기준, 프로그램을 법의 규정에 맞게 준비하고 1년에서 3년을 기다리면 지원받을 수도 있다. 지역이 필요로 하는 일을 봉사하다 보면 길이 열린다는 것이다.

하나님은 돈을 먼저 주는 것이 아니라 일을 먼저 주신다. 필요로 하는 것을 찾아보기를 바란다. 공부방 사역에 있어서 충북에서는 선두 그룹에 속하여 충북 공부방연합회 초대 회장을 역임했고, 어린이 날에 복지부장관 표창도 받았다.

공부방에 온 아이들에게 급식이 제공되고 차량 귀가도 실시하고 있다. 우리 동네 아이들뿐만 아니라 면 전체에 흩어져 살고 있는 아이들이 대상이다. 초등학교 전교생이 70명가량 되는데, 2/3가 이용하고 있으며, 날마다 이용하는 아이는 20~30명가량 된다.

III. 노인복지 사역

밑반찬 배달한 지가 10년이 되었다. 밑반찬을 배달하게 된 동기는 어느 날 텔레비전을 보니 우리 면에 소년소녀 가정이 있는데, 생활 형편이 어렵고 식생활이 어렵다는 것이다. 그래서 그날로 찾아가서 형편을 살피고 반찬을 만들어서 배달했다. 그것이 계기가 되어 자원봉사센터와 연계해서 반찬을 만들고 나누고 있다. 그리고 기초수급권자 중 독거노인을 대상으로 반찬 배달을 하는 지자체도 있다. 군에서 재료비가 나오고 우리는 만들어서 배달을 책임진다. 매주 수요일 25가구에 배달하고 있다. 주변에 어려운 가정이 있나 살펴보고 꾸준히 해보니 교육적 효과도 있다. 구역별로 돌아가면서 봉사하고 있는데 이런 일을 하다 보니 마을 어르신들과 가까워졌다.

반찬뿐만 아니라 청소나 신체 수발 서비스를 하려고 가정봉사원 파견센터를 만들었는데, 장기요양 보험제도가 생겨서 자연스럽게 재가장기요양기관인 괴산방문요양센터를 설립하게 되었다.

장기요양보험제도가 2008년 7월부터 시행되었다. 아직도 제도를

독거노인들에게 반찬을 배달하는 모습

잘 모르시는 분이 많이 있다. 모르시는 분들이 있을 것 같아 대략 설명을 드리겠다.

장기요양보험제도란 치매나 중풍 등으로 거동이 불편한 노인들에게 방문서비스나 시설에 입소해서 서비스를 받도록 정부가 마련한 제도이다. 전 국민이 일정액의 보험료를 내서 그것을 재원으로 하여 국가가 요양기관에 급여를 지급하고, 요양기관은 요양보호사를 고용해서 서비스를 제공하는 시스템이다. 장애등급처럼 1~3등급을 매겨서 월 80~100시간의 서비스를 받을 수 있게 한 제도이다.

또한 방문요양 방문목욕 서비스를 실시하고 있는데 괴산군 전역에 흩어져있는 50여 명가량의 노인들께 요양보호사를 파견하여 서비스를 하고 있다. 방문목욕 차량도 보유하고 있고, 요양보호사도 15명 정도 된다. 농촌에 노인 인구가 많으니 관심 가져볼 만하다.

IV. 결혼이민자가정 지원센터

농촌 총각들이 결혼을 못하고 있다는 이야기를 매스컴을 통해서 들은 적이 있는데 농촌에 와보니 피부로 느낄 수 있었다. 초혼인 경우도 있고 재혼인 경우도 많이 있다. 베트남, 필리핀, 몽골, 캄보디아, 우즈베키스탄 등의 나라에서 온 여성과 결혼을 한다. 그런데 부부의 연령이 보통 20~30년씩 차이가 난다. 한국어도 안 되고, 음식도 안 맞고, 성격도, 부부간 대화도 어렵다. 그래서 이들을 돕기 위하여 센터를 읍에다 설치하였는데, 초기에는 교회 사모님들이 방문 한글지도 교사가 되고, 부부세미나도 개최하고, 전통문화 체험, 요리교실, 한마음 체육대회 등의 행사를 주관하였다.

이주여성들과 함께 프로그램을 갖고 있다

주위를 살펴보기를 바란다. 우리들이 관심을 가지지 않으면 이단들이 관심을 갖는다. 다문화가정지원센터가 된다면 정부 지원을 받을 수도 있겠지만 지금은 쉽지 않은 것 같다. 지자체가 위탁한 다문화가정센터가 있는지 살펴보고 없으면 만들면 된다.

V. 향후 계획

노인 공동생활 가정을 설립 중에 있다. 길이 없는 땅을 값싸게 샀는데 지금은 농로가 포장되고 길이 열려서 소규모 요양원을 착공했다. 2009년 12월 30일 완공을 목표로 삼고 있다. 노인 공동생활 가정을 설립하려면 35평 이상의 건물이 필요하고, 사회복지사, 요양보호사, 간호조무사가 필요하다.

노인대학도 준비 중에 있다. 노인대학이 멀리 떨어져 있어서 노인들이 찾아가기 힘이 든다. 가까운 곳에 모여서 노래도 부르고, 좋은 강의도 들으면서 여생을 잘 정리하시도록 도움을 주는 것은 의미 있는 일이라 생각한다.

연합 주일학교를 구성하려고 한다. 농촌에는 개교회의 어린이들이 소수여서 교회 자체적으로 주일학교 형성이 어려운 경우가 많다. 그러기 때문에 연합해서 주일학교를 운영하면서 각 교회가 가지고 있는 것을 내놓으면 좋을 것 같다. 관심과 열정을 갖는다면 할 일은 얼마든지 있다. "할 수 있거든이 무슨 말이냐, 믿는 자에게 능치 못할 일이 없다"고 했다. 할 수 있다. 하면 된다. 주님이 함께하시기 때문이다. 복지 사역을 하면 좀 분주하다. 영육 간에 더욱 균형을 이루도록 힘써야 한다.

장애인들과 함께하는 농촌샬렘교회

기노권 목사
(전북 정읍 농촌샬렘교회)

I. 농촌샬렘교회를 개척하게 된 동기

1988년 7월 7일에 농촌샬렘교회를 개척하였으니 어느덧 26년이 지났다(이 글은 2014년에 썼다). 이곳 농촌 마을에 봉사하러 왔는데, 마을을 둘러보니 마을은 황무하였고, 사람이 없었다. 토방에서 흙장난을 하며 노는 어린아이가 내 눈과 마음에는 아프리카의 기아 어린이처럼 보였다. 집은 흙담이었고, 화장실은 재래식이었으며, 집 흙담이 쓰러져가는 곳에 살면서 어린이들은 방치되어 있었다.

마음속에 저 어린 영혼들을 구원할 수 있다면, 전도할 수 있다면, 교육할 수 있다면 하는 긍휼의 마음이 일었다. 개척하기로 결심하였다. 대학을 다니며 말씀과 기도로 신학대학원 입학을 준비했다. 신대원에 입학하면서 땅에 천막을 치고, 십자가를 걸고, 바닥에는 가마니를 깔았다. 전등도 없고, 수도와 지하수도 없는 곳이었다.

II. 농촌목회 사역과 성전 건축

이 황무한 천막 속에서 먼저 어린이 복음 사역을 시작하였다. 어린이를 공부시키며, 간식을 나누고 친구가 되고, 선생님이 되고, 부모가 되었다. 어린이를 전도하며 선교하다 보니 중학생도 보이고, 고등학생도 있어서 청소년들을 인도하기 시작하였다. 청소년들을 전도하면서 마을의 가정 사정을 깊숙이 알게 되었는데 마을마다 장애인이 있었다. 장애인을 전도하기 시작하였다. 이때는 장애인이 함께 사는 시설이 별로 없었던 시절이다.

장애인을 전도하다 보니 마을에서, 또 알지 못하는 곳에서 장애인 가족들이 찾아왔으며, 점차 교회 가족이 늘어나기 시작했다. 장애인을 수발하며 대소변을 받아가며 천막 속에서 먹고, 입고, 자고, 뒹굴며 살다 보니 12년이 지났다. 어떻게 살아왔는지 모르겠다. 천막이 변하여 보온덮개가 되고, 보온덮개 위에 함석을 입히고, 함석이 변하여 컨테이너가 되고, 컨테이너가 변하여 조립식이 되고, 조립식이 변하여 12년 만에 하나님의 예비하신 은혜로 새 성전이 건축되었다.

땅 한 평 없는 곳에서 남의 땅 빌려서 목회하다가 하나님께서 문중산이요, 맹지요, 동네 당산 자리에 교회를 세우셨다. 동네 어르신의 도움으로 이 어려운 땅을 살 수 있도록 하나님은 일하셨다. 집안일이 잘 안 된다고 문중 땅을 팔도록 하나님은 섭리하셨다. 하나님의 승리요, 놀라우신 능력이요, 권능이었다. 성전이 건축되기까지 핍박과 멸시, 고난과 훼방은 이루 말할 수 없었다. 그러나 하나님의 은혜와 능력으로 건축을 할 수 있었다.

이런 일도 있었다. 하나님께서 기도하시는 어느 권사님께 천막 교회를 보여주시고 당신 성전의 헐벗음을 환상 중에 보게 하시어 친정

장애인 복지관과 건축 중인 노인복지관

조립식으로 지은 성전과 지금의 성전

쪽으로 택시를 타고 가던 권사님을 무작정 천막 교회에 와서 딸의 결혼준비금을 헌금하게 하셨다. 땅을 사기 위해 농협에서 2천만 원을 융자 냈는데 이자만 겨우 내다가 원금 상환 독촉에 반환하기도 했다.

전도할 때마다 천막 교회라 무시하여 전도의 걸림돌이 되어서 성전 건축 기도를 시작하였는데, 매월 한 주를 성전 건축을 위한 헌신예배로 드리던 중 개척 10년째에 기도하던 땅을 샀다. 그 후 3년 동안 기도하며 계속 매월 한 주를 건축 헌신예배로 드리면서 땅 주인을 서울에 수소문하여 찾아가 토지사용승낙서를 받았다. 건축이 미루어지자 헌금하고 기다리던 분들의 오해를 사기도 했다.

건축법상 도로가 없어서 건축이 어려웠는데 건축설계 장로님을 통하여 교회 부지 주위에 구(舊) 도로가 도면상 있음을 알게 되었다. 그해 12월 겨울에 기도하던 중 하나님께서 건축의 여러 가지 두려움을 이길 수 있는 담대한 믿음과 평강을 주셔서 건축 장로님과 함께 시작하였다. 이 장로님은 후에 목사가 되었다. 전기 일을 하는 전주의 어느 남자 집사는 새벽과 밤에 몸으로 전기시설을 공사해주었다. 온 성도는 감사와 감격으로 무에서 유를 창조하신 하나님을 찬양 드리고, 기도와 몸으로 헌신했다. 그 해가 바로 IMF가 시작되는 해였다.

어린이가 전도되고, 청소년과 장애인이 전도되면서 쉼 없이 바쁜 나날을 보냈다. 장애인을 돌보고 섬기다 보니 새벽에도 병원에 달려가야 하고 또한 연로하여 임종하실 땐 가족도 없이 장례를 치러야 했다. 천막과 함석, 컨테이너와 조립식이 변하여 장애인 숙소 복지관이 18년 만에 완공되어 지금은 따뜻하고 아름다운 장애인 행복의집에서 29명의 장애인들이 행복하게 살고 있다.

시간이 지나면서 어린이가 중학생이 되고, 고등학생이 되고, 졸업하여 대학생, 청년들이 되었다. 대학생, 청년들이 어린이 교사, 중고등부 교사가 되어 매주 토요일마다 모여서 악기 연주와 축구를 지도하고 공부도 인도하고 있다. 어린이 축구부가 생겼고, 중고등부 샬렘축구부가 생겼으며, 에벤에셀찬양밴드선교부가 만들어졌다. 개척 24년이 되었을 때 노인복지관 건축을 시작했고, 3년 공사를 통하여 현재 90%의 공정률을 보이고 있다. 어린이와 중고등부, 대학생과 장애인이 날로 부흥하며 변화하고 있다. 일하시는 하나님께 찬양을 드린다.

III. 교회와 교인의 변화

장애인들이 전도되고 그들에 대한 섬김과 봉사가 이루어지다 보니 교회와 온 성도가 매일매일 봉사와 섬김의 삶을 살았다. 섬김이 있고 나눔이 있어 은혜가 충만하기도 하지만, 장애인으로 인해, 봉사의 시간 때문에 불평과 불만도 있었다. 장애인과 함께하는 이상한 교회라 하며 떠나는 성도도 있었다. 그러나 성도들의 봉사와 순종으로 장애인들을 돌보고 이끌어갈 수 있었으며, 교인들도 교회가 아픈 자와 병든 자, 약한 자를 위하여 섬김과 봉사를 해야 함을 말씀을 통하여 깨닫게 되었다. 성도들은 매일같이 섬김과 봉사의 손길이 되어주었다.

연약해도, 아파도 동일하게 사랑하시는 하나님의 교회가 되어야 한다고 생각한다. 어린이 주일학교와 학생회 중고등부, 청년 대학부가 부흥되었다. 장애인부가 부흥되었다. 교회와 장애인 복지관, 식당도 건축되었다. 노인복지관이 건축 공사 중에 있다. 그러나 장년부의 부흥은 제자리걸음을 하고 있었다. 장애인과 주일학교에 집중하다 보니 장년부 프로그램이 부족하다는 것을 발견하게 되었다. 장애인과 일반인이 함께 예배함이 힘이 든다.

IV. 교회 현황

현재 어린이주일학교 20명, 중고등부 28명, 청년대학부 15명, 장애인부 30명, 장년부 30명이 함께하는 농촌 교회가 되었다. 앞으로 농촌살렘교회의 비전은 복지와 선교를 위하여, 영혼을 살려서 주의 나라가 확장되는 것이다. 시골 동네에서 제일 큰 건물인 교회가 지역사회를 섬기는 일을 해야 한다고 생각한다. 명절에는 주변 6개 마을의 경로당에 해마다 적은 음식이라도 대접해드리고, 청소도 해드리고 있다. 어린이복지와 선교를 위하여, 청소년복지와 선교를 위하여, 장애인복지와 선교를 위하여, 노인복지와 선교를 위하여, 재가복지와 병원복지 선교를 위하여 기도하고 있다. 한 곳에서 인내하고 있으면 그곳에서 해야 할 일을 할 수 있는 것이 무엇인지 알게 되는 전문가로 발전해가는 것 같다.

우리 하나님은 도시에도 시골에도 어디에나 계시는 하나님이시다. 포도나무에 가지가 붙어 있으면 때가 되었을 때 열매를 맺는다고 말씀하셨다. 내가 능력이 있어서가 아니라 나는 그 자리에서 조그마한 힘이지만 순종하며 인내하고 있을 때 능력의 하나님께서 이루어가신다. 농촌목회는 1-2년에 이루어지는 것이 아니었다. 정부도 못하고, 지자체도 해결하지 못하는 농촌 문제를 작은 교회가 이루어낸다는 것은 성령님의 능력이 아니고서는 불가능한 일이다. 농민과 함께, 농민이 되어서, 농촌에서 죽을 때까지 사역할 것을 결심하고 실천할 때에 조그마한 일이지만 이룰 수 있을 것이다.

V. 앞으로의 전망과 비전

앞으로 우리 교회가 해야 할 선교적 과제는 ① 어린이복지 선교와 복음화, ② 청소년복지 선교와 복음화, ③ 장애인복지 선교와 복음화, ④ 노인복지 선교와 복음화, ⑤ 병원복지 선교와 복음화 등 다섯 가지라고 생각하며 이를 위하여 더욱 매진해나가려고 한다.

창립 26주년 기념 감사예배

복지 선교로 기적을 만드는 새롬교회

이호군 목사

(전남 해남 새롬교회)

I. 해남에서의 목회 시작

나의 목회는 인천 도화동에서 교회를 개척하면서 시작되었다. 감리교회 텃밭이라 불리는 인천에서 이런저런 이유로 감리교회가 없는 도화3동에 교회를 개척하였다. 강한 소명감과 자신감도 있었다. 3년이 지나면서 기본적인 인원이 모이게 되었고, 자립을 위한 시도도 하였다. 운영하던 선교원과 교회를 통합하여 예배 공간을 마련하려고 했지만 다섯 번의 실패를 거듭하면서 하나님의 인도하심을 바라며 기도하였다.

그러던 중 아내와 아이들과 함께 봉고차를 타고 선교원으로 출근하다가 무면허 운전자로 말미암아 교통사고를 당했다. 아내가 병원에 입원하여 진료를 받았는데 의사는 교통사고로 인한 후유증보다도 갑상선기능항진증이 의심되니 정밀검사를 받아 보라는 것이었다. 검사를 받고 보니 갑상선기능항진증이 오래 진행되어 빨리 수술을 해야 한다고 하였다.

도시 개척교회 목회의 한계와 아내의 갑상선기능항진증이라는 진단으로 나는 목회지 이동을 생각하게 되었다. 농촌에서 살고 싶다고 툭툭 던지던 말이 생각나던 중에 해남의 전임 목사님으로부터 전화를 받고 몇 차례 방문하였다. 그리고 해남에서 두 번째 단독목회를 시작하게 되었다.

부임 당시 우리 교회는 읍내에 있는 교회였다. 하지만 갈등으로 인해 성도들이 교회를 떠나면서 상처받은 아픔이 있는 상태였다. 열 명의 성도들이 주일예배를 드리고 있었다. 도시 개척교회보다는 여유가 있으리라는 생각을 품고 내려왔지만 얼마 지나지 않아 이 생각은 우리만의 생각이었음을 알게 되었다. 성도들은 만날 때마다 미안한 마음을 담아 인사하였고, 지역주민들은 젊은 부부가 왜 이 어려운 교회에 내려왔느냐고 묻기가 일쑤였다.

자존감을 상실한 교인들이지만 교회에 대한 아쉬움과 목회자에 대한 사랑의 마음은 있었다. 그러나 어찌할 수 없는 상황에 미안해하였다. 개척교회의 한계에 부딪치고 건강 회복을 위한 피난처로 생각하고 내려온 농촌 교회는 각도만 조금 다를 뿐 여러 가지 문제를 안고 있었다. 달랐던 것은 이런 문제들이 어려움으로 다가오지 않고 평안하였다는 점이다.

II. 폐품을 모으면서 기적이 찾아오다

해남으로 이사한 후 짐을 풀고 박스를 정리하여 교회 앞 길가에 내놓는데 지나가던 할아버지께서 고물상에 갖다 주고 아이들 아이스크림이나 사주지 왜 버리느냐고 한마디 하였다. 그 말씀에 나는 박스를 다시 봉고차에 싣고 고물상에 가서 팔아 오천 원이라는 거금을 받아 아이들에게 아이스크림을 사주었다. 이 일이 앞으로 해남에서의 목회에 큰 영향을 끼치리라고는 이때만 해도 생각하지 못하였다.

한 주간을 보내면서 드는 생각이 있었다. 가진 것이 없어 사역을 못하지는 않을 것이다. 하나님이 허락하신 것에 최선을 다하면 해결될 것이라는 생각이 들었다. 이때부터 새벽예배를 드린 후 봉고차를 타고 읍내를 돌며 폐지를 줍기 시작하였다. 차에 가득 폐지를 싣고 들어와 아침을 먹고 폐지와 쓰레기를 정리하여 창고에 폐지를 모으기 시작하였다. 한 주간을 부지런히 움직여 폐지를 모은 후 주일 오후 권사님의 트럭을 빌려 고물상에 팔았다. 한 달 하고 나니 20여만 원의 돈이 모아졌다. 이를 주보에 광고하고 이웃을 섬기는 교회를 꿈꾸기 시작하였다.

이때에 목수 일을 하던 권사님이 제가 헌금은 많이 못해도 이 일은 할 수 있겠다면서 퇴근 후 저녁 시간에 트럭으로 읍내를 돌며 폐지를 모아 교회 마당에 모으기 시작하였다. 성도들도 집에서 버리던 폐지를 모아 교회에 올 때 가져왔다. 이렇게 마련한 비용으로 독거어르신 반찬 배달 서비스와 매주 토요일 무료급식을 시작하였다.

이 소식을 들은 지역의 학원, 변호사 사무실, 통계청 등에서 책, 신문, 박스 등 폐품을 모아 우리 교회에 기증해주었다. 교회에서는 70만 원으로 중고 트럭을 구입하여 본격적인 사역을 시작하였다. 이렇게 시작된 폐지모으기 운동으로 10년 동안 1억 8천만 원의 재정을 확보하여 지역 섬김의 사역을 감당하게 되었다. 할아버지 한 분을 통해 주신 하나님의 지혜와 인도하심이 참 놀라운 역사를 이루게 된 것이다.

III. 새롬교회 사역 이야기

1. 새롬사회봉사단의 조직

교회 앞에는 서림공원이라는 좋은 공원이 있어 어르신들의 쉼터가 되고 있다. 아내와 함께 냉커피를 준비하여 어르신들에게 드렸는데 월요일부터 금요일까지는 복지관에서 점심을 드시지만 토요일은 점심을 거르는 분들이 많다는 사실을 알게 되었다. 나는 교회 앞 서림공원과 어르신들이 계시다는 것이 하나님께서 우리에게 맡기신 사역임을 깨닫고 사랑의 점심 나누기를 준비하였다.

먼저 교인들로 새롬사회봉사단을 조직하고 관심 있는 지역민들도 부담 없이 참여할 수 있도록 하였다. 교회 형편상 한 달에 한 번에서 두 번으로, 두 번에서 매주 토요일로 확대하면서 이 활동은 경로식당으로 발전하였다. 이렇게 시작된 사랑의 점심 나누기는 급식 현장에 나올 수 없는 분들을 위해 도시락을 준비하여 배달하는 봉사활동까지 하게 하였으며 매년 11월에는 사랑의 바자회를 통하여 이웃을 섬기는 일을 감당하게 하는 계기가 되었다.

봉사단은 다양한 지역 섬김을 감당하고 있는데 토요 경로식당의 자원봉사, 독거노인 생일상 차려 드리기, 지역 행사 봉사 등 지역의 필요와 부름에 적극적으로 응답하고 참여하는 교회가 되어가고 있다.

2. 노인들을 위한 해남새롬가정봉사원파견센터

초고령 사회에 들어선 지역의 특성상 시역의 주된 내용은 노인복지이다. 노인돌보미 사업, 방문목욕, 방문요양 등의 활동을 하고 있다.

사역을 시작하게 된 계기는 교인들과 지역민들의 일자리 창출의 목적도 있으나 노인이 많기 때문에 지역사회가 돌보지 못하는 노인들을 돌보면 좋겠다는 생각으로 시작하게 되었다.

가정봉사원을 만들기 위해서 교인들과 함께 순천을 오가며 가정봉사원 교육을 이수하고 자격증을 취득한 후 군청에 신고하고 현재의 가정봉사원을 운영하고 있다. 가정봉사원을 통해 지역사회복지에 교회가 참여하게 되었으며 대상자 어르신들을 방문하여 건강을 돌봐드리고 기도와 함께 복음을 전하는 기회로 삼고 있다.

3. 한 아이로부터 시작된 꿈바라기지역아동센터

해남으로 내려오면서 초등학교 2학년인 큰 딸아이를 전학시키게 되었는데 당시 초등학교에 도서관이 없어 독서지도가 이루어지지 않고 있었다. 그래서 과거 한우리독서교실 강사 교육을 받았던 경험을 살려 지역 어린이들을 위한 독서지도를 시작하였다.

매주 수요일 5시에 모여 한 시간의 독서지도를 시작하였는데 한 아이가 학교를 마치고 1시부터 교회에 와서 5시까지 기다리는 것이었다. 집에 갔다가 5시에 오라고 하니 집에 가도 아무도 없다며 그냥 교회에서 놀면서 기다린다고 하여 간식을 챙겨 주고 놀아주다가 지역아동센터의 필요성을 느끼게 되었다. 이후 방과 후 학습지도가 확대되면서 32평의 공간을 건축하여 해남군으로부터 지역아동센터 허가를 받아 운영하고 있다. 꿈바라기지역아동센터는 아이들의 독서지도 및 방과 후 학습지도, 역사 탐방, 현장 학습 등 다양한 활동을 진행하고 있다.

지역아동센터를 통하여 교회학교가 활성화되는 계기가 되었다.

지역 내 초등학교의 방과 후 교실을 위탁 운영하고, 교육네트워크에 참여하여 지역사회의 다양한 기관들과 연대하는 계기가 되었으며 지역 아동들에게 다양한 혜택을 제공하게 되었다.

4. 사회적기업 (주)콩세알의 설립

이 사역은 사랑의 바자회를 매년 정기적으로 열어오면서 남은 물품들을 활용할 계획을 생각하던 중 기독교환경운동연대와 협력하여 초록가게를 열면서 시작되었다. 초록가게를 운영하면서 자원봉사만으로는 감당할 수 없는 한계를 느꼈다. 사회적기업을 알게 되었고, 초록가게의 원활한 운영과 젊은이들에게 고향에서도 다양한 일들을 할 수 있다는 사실을 보여주고 싶은 욕심에 상법상의 주식회사를 설립하여 예비사회적기업으로 활동을 시작하였다.

사랑의 바자회를 통해 시작된 초록가게는 현재 지역주민들의 물품 기증으로 활발히 이루어지고 있다. 초록가게는 현재 두 명의 직원과 자원봉사자들의 참여로 운영되고 있다. 지역주민들의 기부 외에도 도시 교회에서 헌 옷, 책, 가구, 전자제품 등 다양한 재활용품을 기증해 준다. 그리고 해남 지역의 농수산물을 구입함으로 도시와 농촌 간의 교류가 활성화되고 있다. 초록가게의 수익금은 지역 청소년들을 위한 장학금과 선교 사역에 사용되고 있다.

예비사회적기업 (주)콩세알은 교인들의 일자리를 창출하고, 지역 활동에 필요한 재원을 마련하는 기업으로서의 다양한 사역을 전개하는 발판이 되었다. 현재의 초록가게는 환경운동, 다문화가정 등과 함께 협력하는 지역의 소중한 자산으로 자리 잡아가고 있다.

5. 해남푸드뱅크 다시 세우기

해남푸드뱅크는 식품을 기부받아 결식아동, 독거노인, 사회복지시설 등에 지원하는 복지서비스인데 운영이 원활하지 못하여 폐쇄된 것을 우리 교회가 다시 시작하였다. 현재는 우리 교회만 아니라 지역 내 교회와 목회자 및 사회단체와 함께 자원봉사자 팀을 구성하여 운영하고 있다.

푸드뱅크 사역은 도시가 아닌 지방이라는 점과 군(郡)이라는 작은 기초단체이기 때문에 식품 기부에 어려움이 있지만 지역의 작은 도·소매점들이 함께하여 소중한 기관이 되어가고 있다. 또한 교회와 재가 복지센터 등 지역사회에 관심을 둔 자원봉사자들의 참여 덕분에 겨우 6개월밖에 안 되었지만 탄탄한 사역으로 자리 잡아가고 있다.

푸드뱅크 사역을 하면서 행복한 것은 소외된 이웃과 사회복지시설에 필요한 물품을 공급한다는 사실과 따뜻한 마음으로 실천하는 지역 사람들을 만날 수 있다는 점이다. 현재는 해남신문과 함께 사랑의 우체통을 운영하는 등 지역과 함께하는 기관이 되어가고 있으며 해남재능기부센터의 기초가 되어 가고 있다.

6. 새롬경로식당

교회 앞 서림공원에는 언제나 어르신들이 나와 계시는데 토요일 급식이 없어서 이 토요 무료급식을 진행하면서 경로식당이 되었다. 2004년 교회 앞 서림공원에서 시작된 무료급식은 2009년경 공원 공사가 시작되면서 교회에서 급식을 하게 되었다. 이후 2013년 9월에

왼쪽 위부터 세로 방향으로 요양보호활동, 푸드뱅크 자원봉사자들, 경로잔치,
해남나눔네트워크, 도시 교회 기증 물품, 꿈바라기 지역아동센터, 초록가게 협약식,
김장나누기

해남군으로부터 경로식당으로 인정을 받아 군 지원을 통하여 급식이 이루어지고 있다. 평균 50여 명의 어르신들이 오셔서 끼니를 해결하고 있다. 뿐만 아니라 경로식당은 학생, 주부, 공무원 등 지역주민들에게 자원봉사자로 활동할 수 있는 기회도 제공하고 있다.

7. 다양한 지역사회 활동에의 참여

교회가 다양한 사역을 하면서 지역사회로부터 교회와 목회자에게 참여를 요청하는 일들이 많아졌다. 지역아동센터를 통하여 해남군지역아동센터 연합회, 해남교육네트워크, 해남청소년지원센터의 운영위원이나 임원으로 활동하게 되어 지역 아동복지와 교육에 함께 참여하고 있다. 해남가정봉사원파견센터를 통해서는 건강보험공단 요양센터 운영위원, 재가복지센터연합회 등에서 활동하게 되어 지역 노인복지와 교육에 함께 참여하고 있고, (주)콩세알을 통하여는 지역 경제활동에 참여하게 되어 지역 공공단체의 파트너로 참여하는 기회가 많아졌다. 경로식당을 통해서는 지역의 자원봉사 자원을 찾을 수 있게되었다.

해남읍 지역사회보장협의체 공동위원장, 해남종합사회복지관 운영위원, 해남교도소 교정위원, 해남읍 복지위원 등 다양한 기관의 운영에 참여하여 고민을 함께 나누면서 지역의 필요성에 부응하고 부름에 응답하고 있다. 또한 해남공고 기독교 동아리 지도 교역자가 되어 다음 세대를 말씀으로 양육하고 있다. 해남신문 독자위원회 위원으로 참여하면서 다양한 여론과 고민을 함께 나누면서 교회의 역할을 다시 생각하고 있다. 해남보건소 신우회 등에서 말씀을 전하면서 지역사회 속에서 기독교적 가치관을 실천할 수 있는 분위기도 만들고 있다.

IV. 교인들의 자존감 회복과 인식의 변화

지역과 함께하는 다양한 사역은 교인들이 교회와 지역사회는 한 식구라는 사실을 인식하는 계기가 되었다. 그리하여 우리 교회는 자연스럽게 해남군을 대상으로 한 목회와 선교를 하게 되었다. 교회가 지역사회를 걱정하던 시대에서 이제는 지역사회가 교회를 걱정하는 시대가 되었다고 한다. 지역사회를 선도해야 할 교회가 걱정거리가 되었다는 말은 이 시대 목회자의 아픔이다. 이러한 때에 교회에 대한 인식을 바꿀 수 있는 기회가 된 것이 우리 교회의 첫 번째 성과라고 할 수 있다. 교회가 지역사회의 든든한 버팀목이 되어 가고 있다.

두 번째는 성도들이 구원받은 사람의 삶의 역할을 깨닫는 계기가 되어 진정한 신앙에 대한 생각을 품고, 삶과 분리된 생활이 아니라 믿음의 온전함을 회복하여 살아있는 신앙생활을 감당하게 된 것이다.

지역사회를 향한 교인들의 자세도 많이 달라졌다. 무엇보다 교인들이 자신감을 갖게 되었다. 교회와 목회자에 대하여 미안해하고 자신감을 갖지 못하였는데 자신감과 함께 교회의 자존감을 회복하게 되었다. 지역사회를 섬기는 교회가 되었기에 새롬교회 교인이라는 사실을 자랑스럽게 생각하게 된 것이다.

이웃 주민들은 교회가 교회 건축을 위하여 폐품을 모으는 것은 봤어도 무료급식 등 지역사회를 위하여 적극적으로 참여하는 것은 처음 보았다면서 교회에 대하여 호의적인 반응을 보이고 있다. 지역을 섬기는 네트워크 구성이나 협동조합학교, 해남 평화비 건립 등 다양한 지역 활동에 교회의 참여를 요청하고, 교회를 지역사회의 소중한 일원으로 받아주어 감사하게 여기고 있다.

그러나 문제점도 있다. 농촌 사회는 자원과 에너지가 부족하다. 특별히 인적 자원의 부족이 가장 문제이다. 농촌의 아픔은 곧 우리 모두의 아픔이다. 농촌목회를 감당할 목회자와 농촌을 위한 그리스도인을 양성하여 이 문제를 해결해가야 할 것이다. 또한 도시 교회의 적극적인 참여와 협력도 뒷받침되어야 할 것이다.

V. 지역의 요청에 더 충실히 응답하는 교회로

우리 해남새롬교회는 가장 지역적인 교회가 되기를 원한다. 많은 교회들이 세계적인 교회를 꿈꾸는 시대에 무엇이 가장 세계적인 교회인가? 교회가 속한 지역사회를 섬기는 것이 가장 큰 선교이며 그 교회가 세계적인 교회라고 생각한다.

지역주민들의 아픔과 필요를 찾아 함께 호흡하는 교회가 되기를 꿈꾸어 본다. 어린아이들에서부터 노인에 이르기까지 지역주민들의 삶의 자리에서 함께 살아가는 목회, 지역을 향한 사랑과 생각을 멈추지 않는 목회를 하려고 한다.

사실 지금까지 내가 먼저 준비되었거나 철저한 계획을 통하여 시작한 사역은 없었다. 할아버지 한 분의 말씀으로 시작된 폐지 모으기가 1억 8천 원을 모으는 귀한 사역의 기초가 되었고, 교회 앞 공원의 어르신들이 계셔서 급식이 시작되었으며, 1시부터 기다리는 한 아이로 말미암아 지역아동센터가 시작되었으니, 하나님께서 지역을 향하여 사랑을 품고 고민할 때 지혜로운 길로 인도하셨음을 알 수 있다.

이렇게 여기까지 왔으니 앞으로의 방향도 하나님께서 보여주실 것이라 믿는다. 나의 삶이나 지혜에서 시작되는 사역이 아닌 하나님의 인도하심과 능력으로 경험되는 목회가 나의 전망이며 계획일 뿐이다.

금당교회의 노인복지 사역 이야기

이건희 목사
(전북 운주 금당교회)

I. 농촌목회의 동기

장로와 권사 사이에서 4남 2녀 중 막내로 서울에서 태어난 나는 모태 신앙으로서 기독교 집안에서 성장하였다. 할아버지 때부터 기독교를 믿는 가정에서 태어난 나는 집안에 목사들이 많이 있어서 목회자가 되려고 하는 생각은 꿈에도 없었다. 그러나 어려서부터 항상 머리가 아파서 제대로 학교도 못 다니고, 늘 집에만 있었던 나를 위해 어머니는 병을 낫게 해주면 하나님의 일을 하는 사람으로 바치겠다고 서원기도를 하셨다. 그러던 중 몸이 아픈 가운데에서도 검정고시로 중·고등학교를 졸업하고 대학을 다니게 되었다. 대학 재학 중 우연히 교회 대학부에서 강원도 황지 예수원이라는 곳으로 동계 수련회를 가게 되어서 거기서 대천덕 성공회 신부님의 설교와 헨리 조지의 『진보와 빈곤』(*Progress and Poverty*)이라는 책을 소개받고, 토지의 중요성을 알게 되었고, 언젠가는 토지에 대해서 연구해보리라고 생각했다.

대학 졸업 후에 평범한 회사원으로 근무하다가 2000년대에 들어서는 사업을 하게 되었다. 그러나 어려서 어머님이 나에게 "너는 서원 기도해서 병이 나은 사람이기 때문에 신학을 해서 목사가 되어야 한다"고 늘 말씀을 하셔서 마음속에 신학을 하려는 마음이 떠나지 않았다. 그러던 중 2003년에 신학대학원에 들어가려고 하는데 그해에 사업이 너무나 잘 되었다. 한 해만 더 벌고 신학을 해야지 하는 데 2004년에 모든 사업이 부도가 나서 정말 어디 하나 거처할 곳도 없었다. 그래서 지금의 전북 완주군 운주면 금당리라는 마을에 정착하게 되었다. 이곳에서 신학대학원을 졸업하고, 전도사를 거쳐 현재 금당교회 담임목사를 하고 있다.

II. 지역상황

운주면의 일반 현황은 다음과 같다. 교회는 예장(통합) 교단의 운주교회, 피묵교회, 산북교회, 금당교회 등 4곳이 있다. 인구는 2016년 12월 기준으로 총 2,066명(남 1,017명, 여 1,049명)이 살고 있으며, 가구는 1,102세대이다. 면적은 92.39㎢, 경지 면적은 821ha(밭 263ha, 논 558ha)이다. 6개리, 29개 분리, 45개 반으로 구성되어 있다.

현재의 금당리는 금당리, 원리, 옥배리, 궁동, 대궁동을 병합한 명칭이다. 현재 금당교회가 속해 있는 지역으로 약 100세대, 150여 명이 거주하고 있다. 지역이 유원지이기 때문에 여름철에는 장사하는 사람이 많이 상주하며, 2016년에 귀농, 귀촌 인구가 10세대 정도 들어왔다. 거주민 중에는 교회에 출석하다가 낙심하여 나오지 않는 사람들이 많이 있다.

5년 전 전도사로 금당교회에 시무할 때는 교인이 20명 정도 있었다. 이후 임지를 땅끝노회 임하교회로 옮겨서 사역하다가 임하교회에서 목사안수를 받았는데, 금당교회 목사님이 은퇴를 하게 되어 다시 금당교회 담임목사로 오게 되었다.

부임 첫 주일예배에 참석한 교인은 5명이었다. 너무나 참담하고 마음이 아팠다. 그동안 10명 남짓한 교인이 돌아가셨다. 더이상 전도는 되지 않았고, 그 와중에 교회를 출석하지 않는 교인도 몇 명 있었다. 열심히 전도하여 그다음 해에 7명 세례를 주고, 귀농인들을 전도하여 현재 28명의 교인이 등록하여 출석률 80%를 이어가고 있다.

하지만 이상하게 다른 마을 어르신들은 전도가 되는데 유독 금당리 마을만은 전도가 되지 않고 있다. 연세가 많아 돌아가시기도 하고, 병이 악화되어 요양병원으로 가는 성도들이 있는데도 교인 수가 줄지 않으니 기적이라고 할 정도다. 현재 우리나라의 농촌은 65세 이상 어르신이 20% 이상이어서 초고령화 사회로 접어들고 있는데 운주면은 40%에 육박하고 있다. 초고령화 이상의 사회가 되어버린 것이다. 이곳에서 나는 어르신을 섬기는 것이 곧 하나님 나라를 전파하는 것이라 생각하여 노인복지에 관심을 가지고 사역에 매진하고 있다.

III. 노인복지사업의 동기와 시작

농촌 지역의 어르신들은 심신이 허약하고 자녀들과 떨어져 있는 것에 대한 외로움이 크며, 교통 및 주거환경이 열악하고, 복지시설 및 의료시설에 대한 접근성이 낮아서 삶의 질이 떨어지고 있다. 지역 내 65세 이상 수급지와 저소득 재가 어르신들에게 일상생활에 필요한 다양한 서비스를 제공하여 좀 더 건강하고 편안한 노후 생활의 도움 터

재가노인 지원 서비스 활동들

가 되는 것이 필요하다고 생각하였다. 이를 위해 자원봉사자들을 발굴, 교육하게 되었고, 더불어 사는 행복한 세상을 꿈꾸게 되었다.

연령이 초고령화 사회를 초과하는 지역(65세 이상 거주자 90% 이상)이어서 이들에게 노후 생활의 도움을 주며 친밀도가 높아지면 자연적으로 선교가 되어, 그리스도의 복음을 전파할 수 있으리라 생각하였다. 기독교신앙은 하나님을 사랑하는 것에서 출발하여 이웃을 내 몸같이 사랑하는 것에서 완성된다. 이의 실현은 기독교사회복지 참여에서 가장 중요한 핵심이라고 할 수 있다. 내가 생각하는 노인복지의 목표는 다음과 같다.

첫째, 노인들의 영적 욕구를 충족할 수 있는 프로그램을 제공하는 것이다. 많은 노인들이 사회에서의 역할 상실, 소외 등으로 인해 불안과 우울 그리고 죽음에 대한 두려움을 가지고 있다. 따라서 교회는 노인들의 자아를 회복하고 유용성을 회복할 수 있도록 위로하고 죽음에 대한 신앙적 준비를 할 수 있도록 도와주어야 한다.

둘째, 노인들의 생활 안정 프로그램을 제공하려는 노력이 필요하다. 은퇴 이후 수입의 상실이나 감소를 경험하면서 경제적 어려움을 호소하는 노인들이 많은데, 노인 일자리 등 수입이 보장되는 생산 활동을 개발해 제공하는 것이 필요하다.

셋째, 노인들은 자신들의 존재가치에 대해 의문을 던지며 자존감을 상실하게 되는데 이를 극복하기 위해 노인들의 역할 회복을 위한 프로그램을 실시한다.

위의 목표를 가지고 꾸준히 노력하는 가운데 하나님께서 복을 주셔서 재정적으로도 큰 어려움이 없이 복음을 전하게 되었다.

IV. 노인복지 주요 사업 내용

1. 방문요양(구, 가정봉사원 파견사업)

신체적 정신적으로 어려움을 겪고 있는 재가 어르신들에게 조금 더 건강하고 안정된 삶을 위해 요양보호사가 가정을 방문하여 신체활동 및 가사 지원 등 필요한 서비스를 제공하여 편안한 노후가 되도록 돕는다. 3명의 요양보호사가 일주일에 한 번씩 어르신을 방문하여 쑥뜸 및 상담을 해드리면서 노년의 외로움을 해소하여 의미 있는 노년을 보내도록 도와준다.

2. 재가노인 지원서비스

① 밑반찬 지원: 식생활 취약계층 어르신 35명에게 주 1회 밑반찬 및 부식을 지원하는 사업.

② 찾아가는 생신: 어르신 생신에 찾아가 축하해드리고 선물을 전달한다.

③ 병원 동행 및 차량 지원: 차량을 지원하여 병원에 동행한다.

④ 명절 선물 전달: 설, 추석 연 2회 선물을 전달한다.

⑤ 주거환경 개선 사업: 지역사회와 연계하여 도배, 장판, 집수리, 방충망 수선, 전기, 보일러 보수 지원 등을 한다.

⑥ 여가활동 지원: 봄꽃 나들이, 가을 온천 나들이, 효도 큰잔치, 송년 잔치, 자녀들이 있다 하더라도 병원 동행이나 외출을 못하는 외로운 어르신들 위하여 매년 외출에 도움을 드린다.

⑦ 문화 체험: 연중 수시로 공연장에 가거나 영화를 관람한다.

⑧ 교육 지원: 분기마다 어르신들께 필요한 교육을 지원하는 사업.

⑨ 상담 지원: 어르신들의 문제 및 욕구 파악을 위하여 전화 및 방문하여 상담한다.

⑩ 김장김치 나누기: 매년 12월 초취약계층 대상자 60명을 선정하여 전달한다.

⑪ 건강교실: 매주 금요일 시설목욕탕 및 찜질방에 가거나 물리치료실을 운영한다.

3. 경로식당

농촌에 사시는 어르신들은 혼자 사시는 경우가 대부분이기 때문에 식사 준비를 하는 것이 여의치 않다. 반찬 특히 고기는 드실 기회가 좀처럼 없다. 인터넷 통계도 어르신들이 고기를 일주일에 한 번도 못 드시는 경우가 많다고 한다. 이에 어르신들을 위하여 경로식당을 열어 일주일에 한 번은 고기를 드시도록 신경을 쓰고 있다. 어르신들이

노노케어 발대식

식사하는 어르신들

함께 식사를 하면서 같은 처지에 있는 분들이 고민도 함께 나눌 수 있어서 참 좋아하신다.

4. 노노케어(일명 노인일자리 사업)

문재인 정부 들어서 노인 일자리 어르신들의 월 인건비가 20만 원에서 27만 원으로 인상되었다. 농촌에서 어르신들의 27만 원 수입은 살아가는 데 경제적으로 많은 도움을 주고 있다.

이 사업은 65세 이상의 건강한 어르신들이 운주면 내의 거동이 불편한 어르신을 방문하여 간단한 가사 지원과 쑥뜸을 함께 뜨며 말벗이 되어드리는 것이다. 치매는 외로움에서 출발한다고 한다. 치매 및 고

독사를 예방하기 위한 사업으로 어르신들이 어르신들을 방문하여 서로 상생하는 사업으로 어르신들을 위한 최고의 서비스라고 볼 수 있다.

V. 재가 장기요양 사업

방문 요양, 재가지원 서비스, 경로식당, 노노케어 등은 군(郡)의 지원을 받기 때문에 사업에 어려움이 없지만 노인복지 운영비는 따로 마련해야 하는 어려움이 있다. 이를 해결하기 위해서 하는 노인복지 사업이 재가 장기요양 사업이다. 방문요양보호사를 파견하여 장기요양 등급을 받은 어르신들을 방문요양, 방문목욕을 해드리는 사업이다. 2018년에 최저임금이 대폭 인상되어 방문요양보호사도 전보다 나은 급여를 받게 되어서 농촌 지역의 일자리 창출로는 많은 도움이 되고 있다. 현재 농촌에서는 요양보호사가 부족하여 제가 운영하고 있는 센터의 경우 요양보호사 평균 연령이 70세에 이르고 있다. 환자뿐만 아니라 일반 어르신들에게도 좋은 사업이다.

VI. 마을목회 사역

금당교회로 부임하여 전도를 시작하였을 때, 마을 주민 한 분이 병원에 입원하였다는 소식을 듣고 병문안을 갔다. 환자로부터 교회와 목회자에 대한 불만이 많다는 느낌을 받았다. 그때부터 앞으로의 목회를 지역민과 함께해야겠다고 생각했다.

금당교회가 있는 마을은 용계원이라는 마을인데, 예전에는 제법

금당교회 전경

큰 마을에 속하였지만 현재 독거노인이 80%가 넘으며, 50명 정도의
주민이 살고있는 마을이다.

교회의 목적은 예수님의 명령을 따라 땅끝까지 이르러 내 증인이
되는 것이다. 이 말씀에 기초하여 마을 주민들의 마음을 얻기 위해 음
료 봉사, 병원 동행 등의 봉사를 해왔으며, 관내 4개 마을회관의 어르
신들을 찾아가 떡과 따뜻한 차를 대접하는 등 마을 주민의 마음을 얻
기 위해 많은 노력을 기울였다. 하지만 용계원이라는 마을이 워낙 부
자 마을이라서 그런지 주민들이 좀처럼 마음 문을 열지 않았다. 그러
나 3년째 되는 해부터 달라지기 시작하여 어르신들이 한 분씩 교회에
출석하기 시작했다. 교회에 출석은 하지 않더라도 교회에 대한 부정

적인 생각은 없어지기 시작하였다. 하지만 교회에 출석하여 이제 교인이 되는가 싶으면, 병이 심해지기 시작한다. 일본에서는 농촌 마을이 없어지고 있다는데 한국도 역시 10년이 지나면 마을 자체가 사라질 위기에 처해 있는 것이 사실이다. 아마 용계원도 없어질 가능성이 있다.

이에 농촌 마을이 살아남을 방법을 고민하여 기도하고 있다. 다행히 용계원은 경치가 좋아 여름에는 많은 사람들이 방문한다. 주변에 대둔산과 용계산성 등 유적지들이 있어서 이 마을이 살기 위해서는 젊은 사람들을 귀농 및 귀촌을 시켜야겠다는 생각이 들어 완주군과 상의하여 마을공동체 사업을 하게 되었다. 첫해는 마을공동체를 위해 적은 돈이지만 재정적으로 지원을 해주고, 그 사업이 성공하면 다음 해에는 더 많은 지원을 해주는 프로그램이 있어서 현재 진행중에 있다. 몇 년이 지나면 억대의 사업지원도 가능하다고 하니 열심히 기도하며 진행하려고 한다.

VII. 맺는 말

현재 금당교회는 20여 명의 교인들과 함께 복지목회를 하고 있다. 상처받은 영혼들이 다시 주님께 나올 수 있도록 주간보호센터를 설립하여 이들에게 찬양과 말씀선포를 하고 있으며, 이용자들의 영적 건강을 도모하고 인생 후반부를 평안히 준비할 수 있도록 노력하고 있다. 또한 현재 금당교회 주변의 경관이 아름다워 귀농, 귀촌 인구가 늘고 있다. 이들의 귀농, 귀촌 성공률을 높이고 교회로 흡수하기 위한 프로그램도 개발하고 있다.

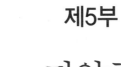

제5부

다양한
개척목회 현장

마을목회로 개척한 금산평안교회

홍승훈 목사
(충남 금산평안교회)

I. 금산으로

1999년 12월 29일 충남 금산에 처음 도착하여 선배 목사님이 9개월 전에 개척을 한 금산 평안교회를 향하는 나의 발걸음은 희망에 가득 차 있었다. 하지만 평안교회에 도착한 나는 말할 수 없는 실망과 함께 찾아오는 허탈감과 속았다는 분노가 치밀어 올라왔다. 금산은 나에는 젖과 꿀이 흐르는 땅이 아니었다. 선배가 나를 속였다는 배신감에 치를 떨면서 어디론가 가고 싶었다. 아이들과 아내는 갈 곳이 없어 거리에 나 앉았는데 누구 하나 도와주려 하지 않았다. 나는 성전에서 잠을 자며 하나님과 씨름하였다. 그때에 하나님은 창세기 12장 1절 말씀으로 응답하셨다.

여호와께서 아브람에게 이르시되 너는 너의 고향과 친척과 아버지의 집을 떠나 내가 네게 보여 줄 땅으로 가라(창 12:1).

아브람은 꿈과 희망을 가지고 가나안으로 나아갔지만 가나안은 결코 그들에게 있어서 꿈의 땅이 아니었다. 그럼에도 불구하고 아브람은 그곳에서 꿈을 꾸며 하나님을 만나고 예배를 드렸다는 사실을 발견하게 되었다. 나에게 이 금산은 절망의 땅이지만 이곳에서 하나님을 만나고 예배하면 이 금산이 나에게 꿈을 실현하는 위대한 약속의 땅이 될 것이라는 믿음이 생기기 시작하였다.

유대인들에게 가나안은 과연 젖과 꿀이 흐르는 땅이었을까? 가나안은 젖과 꿀이 흐르는 땅이 아니었다. 그들은 가나안을 젖과 꿀이 흐르는 땅이 될 것으로 믿고 만들어온 것이라는 사실을 깨달았다. 그렇다면 금산은 나에게 있어서 축복의 땅일 수도 있다는 믿음이 왔고, 또 축복의 땅으로 만들어가기로 결단하였다.

그렇게 생각하자 자리에 앉아 있을 수만은 없었다. 무엇인가를 해야 한다는 강한 욕구 가슴 밑바닥에서 치밀어 오르기 시작하였다. 그당시 나는 할 수 있는 것이 없었다. 당장 내일 먹을 쌀을 걱정해야 할만큼 불안한 시기였으며, 선뜻 우리를 지원하겠다는 교회도 없는 상황에서 할 수 있는 것은 아무것도 없었다. 우리가 할 수 있는 일이라고는 하나님 앞에 울며 기도하는 일이었다. 나중에 깨달은 것이지만 그때의 기도가 우리 금산평안교회의 위대한 자산이 되었다.

어느 날 우연히 서점에서 조용기 목사님의 『4차원의 영성』이라는 책을 발견하고 읽기 시작하였다. 이 『4차원의 영성』은 우리에게 주시는 하나님의 위대한 응답이라는 믿음으로 그대로 따라 해보기로 하고, 우리 교회 비전을 정하고 꿈을 꾸기 시작하였다. 그날부터 나는 금산 구석구석을 다니며 역사와 문화를 알아보고, 이들이 무슨 농사를 짓고, 무엇을 생각하고 살아가는지 조사하면서 목회의 방향을 정하였다. 그렇게 하여 만든 것이 금산평안교회의 비전문이다.

금산평안교회는 하나님의 나라를 위하여 존재하며, 금산을 섬기며 금산을 통하여 성장하는, 지역의 영향력 있는 교회이다. 따라서 금산평안교회는 사람을 사람답게 살게 하기 위하여 사람을 하나님의 사람으로 훈련하여 지역의 영향력 있는 사람으로 파송한다.

금산평안교회 표어를 "하나님의 복음으로 지역을 섬기며 지역과 함께 성장하는 교회"로 정하고 하나님의 주신 지혜로 사역의 첫걸음을 시작하였다.

II. 설립예배

2000년 3월 21일 금산평안교회의 설립예배를 드렸다. 설립예배를 드릴 당시의 교인 수는 얼마 안 되었다. 주변에서는 과연 저 교회가 제대로 세워질까 하는 의심의 눈초리를 보내는 사람들과 혹시 이단이 아닌가 하는 눈길을 보내는 사람들이 대부분이었다. 금산 지역의 특성상 시장 안에 그것도 상가 2층에 개척하는 교회는 처음 보았기 때문이다. 더구나 3개월 동안 전도는 하지 않고 설문지를 받고 돌아다닌 것이 전부인 교회이니 주변 사람들의 눈치가 이상하지 않으면, 그것이 이상하다고 생각이 된다.

시골의 특징 가운데 하나는 한번 소문이 잘못 나면 10년 이상 그 소문에 시달리게 된다는 것이다. 반면에 좋은 소문 역시 나기만 하면 교회의 복음 전도에 많은 도움이 된다는 것이다. 그래서 설립예배를 지역의 잔치로 만들 생각을 하고 준비하기 시작하였다.

우선 지역의 이장님을 비롯하여 유지들을 초청하였으며 교회 주변

교회 앞에 선 홍승훈 목사

에 있는 사람들에게 교회의 설립예배로 인하여 손님들이 많이 오셔서 좀 복잡하게 될 것이라고 사전에 양해를 구하며, 조그만 설립예배 기념품을 마련하여 돌렸다. 그러자 주변의 반응이 상당히 호의적으로 바뀌는 것 같았고, 걱정 말라는 격려까지 하기에 이르렀다. 설립예배 당일에는 노회 목사님과 지역의 여러 교회 목사님들 그리고 지역 유지들과 주변 상인들까지 참석하여 약 60여 평 자리를 다 채우고 계단에까지 서서 드리는 기적이 일어났다. 또한 설립예배 후 사모와 나는 이제 우리 교회가 설립예배를 드리고 교회가 세워졌다고 주변에 인사를 하면서 떡을 돌렸다. 그러면서 자연스럽게 그들의 고민이 무엇인지를 알아보았다.

교회 주변을 조사한 결론과 3개월 간의 지역조사의 결과가 거의 비슷하게 나왔다. 요약하면 다음과 같다.

① 금산 지역에는 지역복지가 활성화되지 않았으며 또한 지역복지를 전문으로 하는 교회나 단체가 전무하였다.
② 주변에서 장사하는 사람들의 생활 형편이 그리 넉넉하지 않았다. 금산 지역은 인삼이 유명한 지역으로 잘 사는 사람들이 많

이 있을 것이라는 선입견을 가지고 있었기에 놀라지 않을 수 없었다.

③ 봉사하는 사람은 많이 있지만 효과적인 봉사를 하지 못하고 전시적인 봉사에 그치고 있다는 것과 이들 역시 효과적인 봉사 방법을 몰라서 하지 못하고 있었다.

④ 교회에 대하여 지나치게 적대적이었다. 전통적으로 불교 지역이요 유교의 자부심이 대단한 지역이다 보니 기독교를 받아들이기가 어려웠고, 교회에 대하여 적대적인 표현이 자연스러운 지역이었다.

다음으로 이 지역을 공략할 전략을 아래와 같이 세웠다.

① 전도지를 만들지 않고 기업에서 광고 시 사용하는 마케팅기법을 적용하였다. 우리 교회의 모든 사업은 이미지마케팅을 염두에 두고 사업의 방향과 대상 그리고 목적을 결정한다.

② 받는 목회가 아니라 주는 목회로의 전환을 목표로 하였다. 문제는 무엇인가 나에게 있어야 하는 데 재정 상황은 여느 시골 개척교회와 마찬가지로 외부 지원을 받지 않으면 한 달도 유지하기가 힘든 형편이었다. 누가 누구를 주겠다는 것인지 웃음 밖에 나오지 않았다.

③ 우리 교회의 재정으로는 아무것도 할 수 없으므로 스스로 재정을 만들어가면서 목회를 하기로 결심하고, 제일 먼저 현재 우리에게 있는 것을 찾아 실천하기로 하였다.

④ 우리 교회의 꿈을 선포하고, 그 꿈을 하나님이 이루어 주실 것으로 기대하면서 영적 전쟁을 시작하였다.

당시 교회의 성도는 장년 3명(사모 포함), 청년 2명, 학생 1명, 주일학생 3명(나의 자녀)이 전부였다. 이 성도들 앞에서 다음과 같이 선포하였다. "여러분 이제 우리 교회도 꿈이 있다. 3년 안에 우리 교회는 하나님이 허락하시는 성전을 가지게 될 것이다. 그러니 여러분 좌절하지 말고 꿈을 이루시는 하나님을 바라봅시다."

우리 교회 유일한 집사님 가정에서 나에게 물었다. "목사님 돈이 많으신 가 봐요." "저는 돈이 없지만 하나님은 돈이 많으시지요"라고 대답을 하자 그 주에 집사님 가정은 교회를 떠나고 말았다. 아마도 많은 부분에서 부담이 되었을 것이다.

그 후 개척 2년 6개월 만에 우리 교회는 땅을 10년간 임대하여 성전을 짓고 이전하였다. 그리고 5년 만에 지역에 있는 교회를 매입하여 리모델링을 마치고 지금까지 사용하고 있다. 결국 우리는 개척 7년 6개월 만에 우리 꿈대로 예배당을 갖게 되었다. 이제 우리 교회 사역을 간단하게 소개하겠다.

III. 지역 불우 청소년 돕기 운동

금산에는 부모님의 이혼으로 아이들끼리 혹은 조손 가정을 이루고 사는 가정이 많았다. 그들을 대상으로 사업을 시작하였다. 나는 성도들에게 재정의 40%를 지역복지를 위하여 사용하겠다고 선포하였다. 당시 우리 교회 재정은 월 10만 원 정도였다. 큰 재정 부담이 없으니 "목사님 마음대로 하세요"라고 하였다.

10만 원의 40%인 4만 원을 가지고 라면 2박스를 사서 우리 동네 이장님을 찾아갔다. 그리고 이장님에게 우리 교회에서 어려운 이웃을 돕고 싶은데 이장님이 알아서 나누어 주었으면 좋겠다고 말씀을 드리고 전달하였다.

매달 2박스를 전달하는데 어느 날 이웃 상가에서 장사를 하시는 분이 찾아왔다. 목사님이 하시는 불우 청소년 돕기를 같이하고 싶다면서 동네에 소문이 다 났다는 것이다. 어려운 교회인데 동네를 위해서 좋은 일을 한다고 이장님과 부녀회장님이 소문을 내고 다니는 것이었다. 이제 매달 2박스를 전달하던 라면은 매달 10박스, 20박스, 30박스로 늘어났다. 그리고 12년이 지난 지금은 이 운동이 불우 청소년 장학금 주기, 꿈 장학생 선발 등 청소년 사업의 주 사업이 되어 있다.

IV. 이·미용 봉사

개척 초기 우리는 지역사회 섬김의 일환으로 소외계층을 대상으로 한 이·미용 봉사를 시작했다. 처음에는 매월 30일 하루를 봉사하였다. 이것이 발전하여 찾아가는 이·미용 봉사로 발전하게 되었다.

우리 교회 이·미용 봉사의 주제는 "오늘 하루는 할아버지 할머니가 왕이십니다"이다. 보통 교회에서 하는 이·미용 봉사는 커트만 하는 것이 대부분이다. 그러다 보니 교회 내에서 이루어지는 이·미용 봉사에는 할머니 할아버지들을 반강제로 동원하는 데 많은 시간을 허비하였다. 우리는 이것을 개선하여 최고의 서비스와 최고의 약품으로 커트에서 염색, 면도, 파마 등 기존 미용실에서 하는 모든 것을 다 하였다..

웬만한 미용실 서비스를 다 해주고 매월 봉사를 하다 보니 주민들과도 자연스러운 관계가 형성됐다. 매월 30일이면 어르신들에게 정성

이·미용 봉사 장면

으로 준비한 점심을 대접하고 또 목사가 직접 면도도 해드리고 머리도 감겨드렸다. 그러면 어르신들이 어찌나 좋아하시던지 지금도 눈에 선하다. 이것이 호응을 얻어 소문이 나자 번호표까지 발행하게 되었다. 아침 9시에 시작하는 이·미용 봉사 일에는 새벽 5시부터 찾아오시는 어르신들이 생겨나게 되었다.

새벽예배에 참석하는 어르신들도 늘어나기 시작하였다. 8년을 봉사하다 봉사 인원의 부족으로 2009년 눈물로 사업을 정리하였다. 그러나 이 사업을 통하여 금산평안교회는 지역에 뿌리를 내릴 수 있는 확실한 기반을 조성하였다.

V. 금산연탄은행

2002년 9월 이·미용 봉사를 하던 중 매번 오시던 할머니가 보이지 않기에 할머니에게 무슨 일이 생긴 것은 아닌지 걱정이 돼 집으로 찾아갔다. 할머니의 집은 좁은 길 사이로 줄지어 늘어선 허름한 쪽방촌에 있었다. 그곳을 본 순간 마음이 얼어붙는 것 같았다. 금산에도 이런 곳이 있구나 하는 놀라운 마음과 '왜 나는 지금까지 이곳을 돌아보지 못했을까?' 하는 안타까운 후회가 밀려왔다.

할머니의 집을 찾아가 보니 그 집은 비어있고 할머니는 요양차 병원에 입원한 상태였는데, 빈방에는 차가운 공기가 가득했다. 연탄을 땐 흔적이 없는 연탄보일러가 한 귀퉁이에 그대로 방치돼 있었다. 그 광경을 보면서 마음이 무거워진 우리는 쪽방촌에 사시는 분들을 위해 교회가 할 수 있는 일이 없을까 고민했다.

그때 마침 금산의 한 단체가 찾아와 불우이웃돕기 바자회를 했는데 목사님이라면 정말로 뜻있게 사용할 수 있으리라고 믿고 가져왔다면서 50만 원의 성금을 보내왔다. 쪽방촌이 생각났다. 연탄을 사서 드려야겠다. 1장에 300원이니 1,500장의 연탄을 구입하여 15가구에 100장씩 나누어 드렸다. 연탄 나눔에 사용된 50만 원의 성금이 연탄 사역의 마중물이 되었다.

군 단위의 시골 마을들은 숙원 사업이 하나 있다. 그것은 도시가스가 마을 곳곳에 들어오는 것이다. 그러나 금산군은 도시가스가 2011년에, 그것도 읍 지역에만 들어오고 있다. 도시가스가 들어오지 않는 마을에서는 난방으로 가정용 등유를 사용한다. 당시 등유 가격은 1리터당 약 1,200원에 육박했다. 겨울을 나려면 연료비만 한 달에 수십만 원이 든다. 만만치 않은 연료비에 기름보일러는 저소득층 가정에겐 그림의 떡이다. 물론 정부나 사회복지 공동모금회에서 약간의 난방비

연탄 배달하는 모습

를 지원해주지만 겨울을 나기엔 부족하다.

가난한 사람이 주로 사용하는 연료는 연탄이다. 하루에 넉 장, 한 달이면 120장. 밥을 짓거나 국을 끓일 때도 사용해야 하니 실제로 필요한 수량은 이보다 많다. 연탄 가격이 등유보다는 싸다 해도 가난한 사람은 마음껏 사용할 수 없다.

2002년도에 1,500장으로 시작한 사랑의 연탄 나누기 운동은 발전을 거듭하여 2004년에는 아예 연탄은행을 열었다. 이제는 수십만 장이 이웃에 나누어지고 있다.

VI. 지역사회의 효도 손빨래방

연탄은행을 운영하다가 어르신들의 삶의 문제를 하나 발견했는데 빨래의 문제였다. 그래서 동그라미 빨래방을 운영한다. 물론 요즘 같은 세상에 세탁기가 없는 집이 있을까 싶지만 이것은 세탁기가 있고 없고의 문제가 아니라 삶의 질의 문제이다.

연탄을 나르며 보니 연탄은행의 주 수요자인 독거노인이나 소년 소녀가장, 조손 가정은 한겨울에도 손빨래하는 집이 많았다. 주변 어려운 이웃들의 상황은 이랬다. 연탄은행의 도움으로 겨울은 무사히 넘겼지만, 이제는 겨우내 덮고 지낸 이불이 문제였다. 겨우내 묵은 쾌쾌한 냄새가 코를 찔렀다. 자원봉사자들도 냄새가 너무나 심하여 빨래를 포기할 정도였다. 쪽방촌 어르신들은 대부분 세탁기가 없었다. 손빨래를 해야 하는 상황이었는데, 다른 빨래도 아닌 무거운 이불을 그것도 노인이 혼자 빨기는 어려웠다.

세탁기가 있는 가구도 상황은 크게 다르지 않았다. 기계를 작동하는데 서툴러 잘 사용하지 못했다. 설사 작동할 수 있다 해도 노인이 손수 무거운 빨래를 세탁기에 넣고, 그것을 다시 꺼내서 건조하는 일은 결코 쉬운 일이 아니었다. 그래서 우리는 빨랫감을 교회로 거둬와 세탁하기 시작했다. 하지만 빨래는 끊임없이 나왔으며 우리가 감당하기에는 역부족이었다.

이 일이 소외계층에게 꼭 필요한 사역이라 생각하고, 이것을 어떻게 하면 효과적으로 해나갈 수 있을지 고민했다. 그 과정에서 '이동빨래차'를 구상해 공공기관에 사업지원을 요청했다. 하지만 이 제안은 쉽게 받아들여지지 않았다. 심지어는 이상한 소리나 하고 다니는 실없는 사람으로 오인받기도 하였다. 더욱이 같은 신앙의 연합체인 기독교연합회에서조차 협조를 받지 못하였다.

그래서 기도 중 지역에 기반을 두고 있는 기업에 도움을 요청하였다. 이미 한국타이어 금산공장은 연탄은행을 통하여 많은 부분을 우리와 함께하고 있던 차여서 설명을 듣겠다고 연락이 왔다. 설명회를 하면서 지역 복지를 위하여 이 빨래 차량과 빨래방이 꼭 필요하다고 역설하였다. 얼마 후 한국타이어 복지재단으로부터 빨래방 사역에 필요한 세탁기와 건조기 등을 지원받게 되었다. 그것을 기반으로 2008년 '동그라미빨래방'을 개점했다. 그리고 때마침 사회복지 공동모금회에서 이동 빨래 차량의 필요성에 공감해 이동 빨래차를 기증해주었다. 이동 빨래차(2.5t)는 이동 세탁을 위해 특수 제작된 것으로 세탁기(17kg) 3대, 건조기 1대와 자체 발전기를 갖추고 있다.

또한 방문수거 사업을 위하여 모닝 차량 한 대를 한국타이어 복지재단으로부터 기증받았으며, 공동모금회로부터 마티즈 한 대를 기증받아 경차 두 대가 빨래 수거를 위하여 오늘도 금산의 구석구석을 달리고 있다. 가까운 곳에 사는 어르신들 중 빨래방으로 가져올 수 있는 경우는 빨래방에서 빨래를 해가고, 거동이 불편하거나 집이 멀면 빨래차로 방문해 빨래를 하게 되었다. 빨래방을 이용하는 가구가 한 달에 280가구가 넘으니, 가난한 사람들에겐 연탄 못지않은 효도손이다.

VII. 자람터 지역아동센터

2001년 여름부터 시작된 이·미용 봉사와 점심 대접 봉사를 하다 보니 조손 가정의 아이들이 교회를 찾게 되었다. 이 아이들을 위하여 해줄 수 있는 것이 무엇일까? 하나님의 응답을 기다리며 기도하던 어느 날 응답이 있었다. 당시 충남대학교 간호학과를 졸업하고 충남대학병원에 취업이 되었으나 주일성수 문제로 출근을 고민하고 있던 여자 청년이 나를 찾아 왔다. 그리고 나에게 이야기하기를 목사님만 허락하여 주시면 교회에서 아이들을 가르쳐보겠다는 것이었다. 아이들에게 하나님을 전하고 싶다는 것이다. 그래서 집사님들과 상의하여 무료로 운영하는 공부방을 만들기로 하고 선생님으로 여자 청년을 임명하였다. 그 청년은 지금 두 아이의 엄마로 자람터 지역아동센터의

지역아동센터 아이들이 제주도를 찾아감

센터장으로 근무하고 있다. 현재 자람터 지역아동센터는 센터장 1인을 비롯하여 3명의 성도가 근무하고 있다.

VIII. 금산사랑네트워크

빨래방과 연탄은행 그리고 지역아동센터를 운영하다 보니 지역의 복지 대상자의 형편을 누구보다 잘 알게 되었으며, 새로운 복지대상자들이 발굴되었다. 그래서 지역복지가 한 단계 올라가려면 새로운 복지 개념을 만들어야겠다고 생각하고 하나님께 지혜를 구하는 작정 기도를 시작하였다. '원 스톱복지'라는 새로운 복지 개념을 구상하여 이것을 구체화하는 작업을 시작하였다.

당시의 지원체계는 대상자가 발견되면 각종 단체가 방문하여 지원하는데 여기에 소요되는 기간은 보통 한 달 정도 걸리며, 지원 역시 원활하지 못했다. '원 스톱복지'는 한 단체가 사전에 조사하여 필요한 단체를 섭외하여 복지 지원팀을 구성하는 것이다. 복지를 조직화하는 것이다. 이것을 실행에 옮기기 위하여 금산 지역의 136개 단체를 조사하여 자원을 확보하였고, 금산사랑네트워크의 필요성을 설명하여 회원단체로 받아들이고, 이를 기반으로 복지네트워크를 구성하였다.

우리 교회의 지역 섬김은 이것뿐이 아니다. 군내 청소년들에게 장학금도 지급한다. 해마다 추석이면 사랑의 송편 만들기 사업을 통하여 지역의 다문화 여성과 어르신을 위로하고 구정에는 사랑의 행복 상자를 제작하여 지역의 340가구에 사랑의 선물을 전달하고 있다. 이러한 일들을 하니 외부에서 보면 우리 교회가 무척 큰 교회 같지만 사실 우리 교회의 출석 성도 수는 70~80명이 되지 않는다. 역사가 깊은 교회도 아니다. 우리가 처음부터 이렇게 많은 사업을 했던 것은 아니다. 수많은 눈물과 기도, 여러 번의 좌절을 겪으며 오늘에 이르렀다.

새로운 사업을 전개할 때는 반드시 지키는 두 가지의 원칙이 있다. 첫째, 사람을 키운다. 사업을 전개하기 전에 사람을 먼저 발굴하고, 나와 같은 비전을 갖고 있는지를 점검하고, 비전이 공유가 되었을 때 함께 사업을 준비하고 시작한다. 나중에는 그 사람이 사업의 주체가 되도록 한다. 둘째, 지역의 단체와 네트워크를 구성한다. 지역의 단체와 함께하지 못하면 사업은 성공할 수 없다. 그래서 반드시 함께할 단체를 찾아 네트워크를 구성한다. 더 중요한 문제는 복음을 전하기 위하여 소문을 내야 하는데 우리가 소문을 낼 수는 없었다. 다른 단체와 네트워크를 구성하면서 이 문제는 자연스럽게 해결되었다.

개척 초기에 실시한 이·미용 사역이 지역아동센터와 연탄은행 사역으로 이어졌고, 이 사역이 다시 빨래방 사역으로 그리고 금산사랑 네트워크로 이어졌다. 나는 지금 새로운 꿈을 꾸고 있다. 그 꿈은 시골의 작은 교회가 당당하게 세워져가는 세상을 만드는 것이다.

주민들의 마음을 얻으며 개척한 도심리교회

홍동완 목사
(강원 홍천 도심리교회)

I. 도심리 마을

우리 교회가 있는 도심리 마을은 열두 개의 골짜기로 이루어진 아담하면서 자연의 모습이 잘 보존된 곳이다. 마을 가운데로 시냇물이 흐르고 지형적으로는 외부로부터 독립되어 있다. 1970년대까지만 해도 화전민촌이 형성되어 있었으나 지금은 주로 밭농사와 논농사를 지으며 살아가고 있다. 여기에는 오묘한 들풀들이 서로 조화를 이루며 살아간다.

열두 골짜기는 마을 입구에서부터 시작하면 다음과 같다. 다소곳하면서 늘 잔잔한 미소를 머금고 있는 족두리풀과 같은 이 씨 할머니는 아들과 함께 한우를 키우며 노재이골에 뿌리를 내리고 있다. 흥미있는 곳이 어디 없나 두리번거리고 있는 오리풀과 같이 멀쑥한 김 씨 아저씨는 도장골에 살고 있다. 보기에 매우 화사한 하얀 진달래와 같은 이준상, 최종한 아저씨는 뒷골에 피어있고, 나무숲 그늘에서 자라면서 범접하지 못할 강한 느낌을 주는 천남성 같은 임 씨 아저씨는 병마골에 있고, 생명력은 어느 누구에게도 뒤지지 않는 민들레 같은 신영철 씨는 작은 홀애비골에 머물러 있고, 수수하면서 그윽한 향기를 뿜어내는 당귀와 같은 김준기 아저씨가 터 잡고 계신 곳은 큰 홀애비골, 어린 시절 산과 들과 개울에서 같이 놀던 친구들을 생각나게 하는 찔레꽃 같은 윤 씨 아주머니는 큰골에서 토종흑돼지 농장을 경영하고 있다. 그 우측으로는 갈밭골이 있는데 고고하면서 멋을 내는 듯한 붓꽃 같은 김재은 씨가 있고, 작으면서 온유한 둥근 이질풀 같은 신 씨 아주머니는 옭매기골에서 평생 살아왔다. 먹고 싶은 탐스러움으로 가득한 멍석 딸기 같은 조태성 씨는 샛골에 줄기를 뻗치고 있고, 함부로 다루다간 가시에 찔리게 되는 큰 엉겅퀴 같은 박 씨는 대체골에 활짝 피어있다. 교회로 올라오는 길목에 머위골이 있는데 그곳에는 머위가 많이 자란다. 머위 잎처럼 넓적한 얼굴을 가지신 김동호 아저씨는 그곳에 넓게 퍼져있다.

　마지막으로 도심리 교회가 있는 곳을 무래리골짜기라고 한다. 이 이름은 내가 의미를 붙인 것인데 무래리(霧來里)라는 말은 안개가 오는 마을이라는 뜻이다. 안개는 성경에서 하나님의 임재를 표현한다. 하나님의 임재가 언제나 충만한 무래리골에는 초롱꽃 같은 나와 아내, 두 딸 조이와 샤론이 살고 있다. 초롱꽃 안에는 어두운 세상을 밝힐 빛이 담겨 있다.

　들풀들을 바라보면서 그 속에 깃들여 있는 하나님의 사랑과 섭리를 느낀다. "오늘 있다가 내일 아궁이에 던지우는 들풀도 하나님이 이렇게 입히시거든 하물며 너희일까 보냐"(마 6:30). 하나님은 들풀 하나하나에 다른 옷들을 입혀주셨다. 똑같은 옷이 하나도 없다. 비슷한 듯하지만 자세히 보면 모두 다르다. 그래서 들풀들은 모두 다른 모습을 하고 있다. 들풀 하나하나가 하나님 보시기에 소중하듯이 도심리 마을에 사는 영혼들을 하나님이 한없이 사랑하고 계신다.

II. 도심리에 오기까지

도심리 마을에 온 지 11년째이다. 홍천읍에서 인제와 원통 방향으로 약 30분 거리에 있다. 이 마을에 오게 된 동기를 먼저 밝히는 것이 좋을 것 같다. 신학교를 졸업하고 원래 아프리카 선교사로 나가려고 준비하고 있었다. 준비를 위해 호주에 가서 약 4년간 한인교회도 섬기고, 선교 훈련도 받았다. 나의 선교 비전은 북아프리카 이슬람 지역에 있는 미전도 종족이었다. 귀국해서 총회 선교 훈련을 받은 후 선교지로 나가려고 했다. 그러던 중 호주에 가기 전에 소속해 있던 갈릴리세계선교회에서 잠시 사역했다.

한국에 돌아왔을 때 한국교회와 선교단체의 침체해가는 영적 분위기를 느꼈다. 견고한 성에 금이 가고 곧 무너질 것 같은 한국교회의 모습을 보았다. 그래서 선교회 간사들과 함께 일 년 동안 기도하면서 앞으로 한국교회와 선교회가 나갈 모습을 하나님으로부터 음성을 듣는 기간을 가졌다. 그때 하나님이 주신 말씀은 사도행전 2-3장에 나오는 초대교회의 모습이었다. 초대교회의 모습은 성령공동체

초롱꽃 같은 식구들

였고, 신앙공동체인 동시에 생활공동체였다.

한국교회는 배금주의와 성공주의로 우리 사회에 그리스도의 영향력을 주지 못하고 오히려 세상으로부터 손가락질을 당하고 있었다. 다른 것보다 선교지에 나가는 선교사가 초대교회의 공동체 영성이 없다면 선교지에서도 똑같은 한국교회의 모습을 만들 수밖에 없다는 사실을 알아서 지식만을 위한 훈련, 형식적인 훈련에서 벗어나 성령공동체 영성을 소유한 선교사 훈련의 필요성을 절감했다. 이것을 위해 훈련할 장소를 물색하던 중 지금의 강원도 홍천에 있는 도심리 마을에 오게 되었다. 이 마을에 오게 된 이유는 교회를 개척하기 위해서가 아니라 선교공동체를 세우기 위해서였다. 이런 동기가 훗날 교회를 개척하게 되었을 때 매우 중요하게 작용하였다.

III. 주민들의 우려

아직도 이 마을에 올 당시의 상황을 생생하게 기억하고 있다. 주민들은 내가 목사라는 사실을 알고 공동체를 세운다는 말에 마을에 들어오는 것을 결사반대했다. 공동체를 이해하지 못했던 사람들은 결국 기도원을 세우고 장애자들을 수용할 것이라는 소문까지 나돌았다. 공동체로 올라가는 도로에 통나무로 막고 건축을 방해했다. 공동체 건물을 건축함에 있어서 법적으로는 아무 문제가 없었지만 마을사람들을 찾아가서 설득하기 시작했다.

마을사람들이 가장 우려했던 것은 기도원을 세워서 장애자들을 수용하는 것과 많은 사람이 거주하면서 생기게 될 환경오염에 대한 것이었다. 이러한 두 가지 사실에 대해서 확실한 대답을 주기 위해 반상회를 열어서 각서를 쓰기로 했다. 물리적으로나 억지로 공사를 추진하지 않고 마을사람들과 계속해서 대화하고 타협을 이끌어낸 것이 후에 큰 도움이 되었다. 반상회 때에는 오히려 나에게 미안해하는 어르신들도 있었다. 시골 사람들은 대면하여 몇 번 만나면 모두 인심 좋은 사람들로 변한다. 좋은 관계를 형성하는 것이 매우 중요하다. 사회적 지위나 식견이 있는 척 거들먹거리다가는 더불어 공존하지 못한다.

반상회를 마무리할 때쯤 되어 당시 반장님이 마을사람들 앞에서 선포하듯이 나에게 요구했다. 이것은 각서에 없는 내용이었다. "집집마다 다니면서 예수 믿으라고 말하지 마시오." 이 말은 선교가 어렵다고 하는 이슬람 국가에서나 들을만한 말이다. 그런데 이 말은 나에게 주님의 음성처럼 들렸다. 그 말을 듣는 순간 성령께서 나에게 지혜를 주셨다. 그때 사람들에게 자신 있게 말했다. "예, 저는 예수 믿으라고 집집마다 다니면서 말하지 않겠습니다." 그러고 나서 속으로 나 스스로에게 다짐했다. "말로 예수 믿으라고 하지 않는다. 예수를 사랑의 행동으로 전할 것이다." 일부러 하려고 했던 것은 아니었지만 이것이 지금까지 선교전략이 되었다.

IV. 사랑과 섬김으로 하는 선교

그 후로부터 복음을 단순한 말이 아닌 삶을 통한 사랑과 섬김의 행동으로 전했다. 주로 한 일은 집집마다 다니면서 농사일을 돕는 일이었다. 놀러간 것처럼 하면서 자연스럽게 함께 노동을 했다. 농사일은 대부분 단순하기 때문에 쉽게 할 수 있다. 호미 하나도 들기 어려워하는 이들에게 육체적 노동일은 당연히 고마워할 수밖에 없었다. 노동하면서 대화를 나누게 되었고 그들의 삶의 형편을 알게 되었다. 겨울에는 따뜻한 방에 앉아서 말동무가 되었다. 신학교 다닐 때 배워두었던 침술을 통해 간단한 한방치료도 했다. 먼저 이들의 마음의 문을 여는 것이 중요했다. 처음부터 교회 개척을 염두에 두지 않았기 때문에 이들에게 접근하는 것도 의도 없이 순수한 형태의 만남이 되었다. 처음에 마을사람들은 나의 선행에 대해 색안경을 끼고 보았을 것이다. 그러나 내가 그들을 순수한 마음으로 대하자 나중에는 마음의 문을 열기 시작했다. 아무리 좋은 선행도 사심이 들어간다면 부패한 결과를 낳게 된다.

매년 크리스마스 전날에는 저녁 성탄송 돌기가 있다. 선물 보따리를 준비해서 성탄절 전야에 각 가정을 돌면서 크리스마스 캐롤과 성탄송을 불렀다. 이때만큼은 각 가정을 구석구석 돌아볼 수 있는 기회가 되었다. 아픔과 어려움이 없는 가정은 거의 없었다. 세 자녀가 모두 이혼해서 어머니의 가슴을 타들어가게 하는 가정, 죽자사자 일해도 몸에 병만 키워가고 점점 힘들어하는 가정, 추운 겨울을 나야 하는 것에 대해 걱정하는 가정, 진정 사랑이 필요한 자들이었다. 다니면서 각 가정에 예수의 사랑으로 넘치도록 중보기도 했다. 교회가 없던 시기에는 공동체 식구들이 돌아다녔다.

촛불을 들고 집 앞에 서서 캐롤송을 부르고 나서, "메리 크리스마스! 새해에도 복 많이 받으시고 건강하세요." 인사하면 반갑게 맞아주었다. 이것을 10년이 넘는 세월을 해왔다. 해마다 다른 선물을 준비했다. 어느 해부터인지 사람들이 받기만 하던 자세에서 선물을 준비했다가 주기도 했다. 우리 아이들에게 용돈을 주는 어르신들도 있었다. 크리스마스 저녁 성탄송 돌기는 예수의 탄생과 사랑을 알리는 매우 중요한 행사였다. 아낌없이 주는 주님의 사랑이 놀랍게 역사했다.

V. 주민들이 마음 문을 열다

3년 전에 일이었다. 강 씨 아저씨 댁을 방문해서 성탄송을 부르고 선물을 주며 성탄과 새해인사를 했다. 그런데 갑자기 아저씨가 "목사님, 저도 내년부터 교회 나가려고 합니다."

이런 말을 들을 때마다 내가 왜 당황하는지 모르겠다. 내 귀를 의심하면서 반문했다. "예?" 아저씨는 다시 얼굴 만면에 웃음을 지으면서 "내년부터 교회 나가기로 했다."

하나님의 은혜를 받을 자들이 예정되었다는 예정론이 이런 사람들에게 적용되는 것이구나 할 정도로 주님의 은혜가 크게 임했다. 이 분은 교회 나오기 시작하면서 주님을 향한 마음이 결코 변치 않고 예배에 출석한다. 연세가 79세인데 신구약 성경을 일독하고, 세례도 받고 지금은 성경전서를 열심히 필사하고 있다. 기도도 열심히 하고 부인도 전도해서 같이 교회 나오고 있다. 이 분은 내가 처음 이곳에 왔을 때 반장으로서 나에게 집집마다 다니면서 예수 믿으라고 말하지 말라고 했던 분이셨다. 얼마나 놀라운 변화인가!

마을사람들이 나를 받아주기 시작했다는 사실을 알 수 있는 매우

저녁 성탄송 돌기 하는 교인들

중요한 사건이 있었다. 이 마을에 온 지 3년 정도 지났을 때의 일이다. 처음에는 배타적인 이들이 나를 받아들이기 시작하면서 마을 거리 제사에 초청했다. 시골에는 아직도 마을마다 정월 대보름에 노제라는 것을 지낸다. 노제에 와서 기도를 해달라고 했다. 부탁을 받고 적지 않게 당황했다. 어떻게 해야 할지 하나님께 기도하는데 가라고 말씀해 주셨다. 가서 기도로 구원의 복음을 선포하라고 말씀하셨다. 이 마을에 처음 왔을 때 이들은 나에게 집집마다 다니면서 예수 믿으라고 말하지 말라고 했었는데 이제는 반대로 자기들이 다 모여 있고 와서 말로 복음을 전할 기회를 준 것이었다.

거리 제사 지내는 곳에 도착했다. 몇몇 사람들은 이미 제사상에 절하고 있었다. 박 씨가 사람들을 불러 모았다. "목사님이 오셨다. 모여 주세요."

보름달이 환하게 온 세상을 평화롭게 비치고 있었다. 달빛을 받은 제사상에는 돼지머리, 귤, 시루떡, 북어 두 마리, 촛불이 놓여 있었다. 돼지는 콧구멍과 입에 만 원짜리 지폐를 물고 있었고 꼭 좋아서 웃고 있는 것 같았다. 사람들이 다 모이자 호흡을 가다듬고 소리 높여 하나님께 감사의 기도를 드렸다.

하늘의 해와 달과 별들을 지으신 하나님, 감사합니다. 각종 식물들과 동물들을 창조하신 하나님, 감사합니다. 바다와 그 가운데 모든 물고기를 창조하신 하나님, 감사합니다.

기도를 통하여 조명 역할을 하고 있는 보름달과 제사상 위에 있는 모든 것들은 하나님에 의해 창조되었다는 것을 선포했다. 이어서 요한복음 3장 16절의 말씀을 암송하면서 구원의 메시지를 전했다. 마지막으로 축복 기도를 드렸다.

감자 농사에 풍년 들게 하소서. 고추에 병이 없게 하소서. 옥수수 농사가 잘되게 하소서. 소, 돼지, 개들이 건강하고 새끼 잘 낳게 하소서. 어르신들이 올해 건강하게 하소서. 우리 자손들을 축복해주셔서 가정마다 행복이 넘치게 하시고 사업도 번성하게 하소서. 여기에 모인 우리 모두를 축복하셔서 서로 사랑으로 하나 되게 하소서. 우리를 죄에서 구원하신 예수님의 이름으로 기도합니다.

기도를 마치자 사람들은 놀랍게도 "아멘" 했다. 나는 마음으로 몹시 놀라면서 속으로 기도했다. "주님, 저들의 입술의 고백을 받으소서." 이후로 세월이 흘러서 마을에 교회가 세워지고 예수를 믿는 성도들이 늘어나면서 점차 교회의 영향력이 생겨나게 되었다. 예수를 믿게 되는 사람이 늘어날수록 거리 제사에 참석하는 수가 상대적으로 줄어들기 시작했다. 결국 올해로 거리 제사는 폐지되었다.

VI. 반장으로 선출되다

마을사람들의 신뢰가 점점 더해갔다. 4년 전, 연말 마을 반상회가 있던 날이었다. 일 년을 총결산하고 새로운 마을 일꾼을 뽑았다. 그동안 잘 보이지 않던 노재이골 이 씨 할머니도 오셨고, 아랫마을 이장님도 오셨다. 얼굴은 보름달처럼 둥글고 거기다가 대머리인 김 반장님이 회의를 진행했다. 일 년 동안 있었던 행사들과 재정보고가 있은 후에, 김 반장님은 목소리를 약간 높이면서 눈을 동그랗게 뜨고 주민들을 바라보며 말했다. "이제 내년도 일할 마을 반장님을 뽑겠습니다. 추천해주세요."

마을사람들은 눈동자를 돌리면서 이리저리 두리번거렸다. 잠시 침묵이 흐르더니 최 씨 아저씨가 자기가 말하겠다는 표시로 오른손을 머리 위로 치켜들었다. "어제 제가 큰 홀애비골에 사는 김 씨를 만났다. 그래서 내년도 우리 마을 반장에 대해 의견을 나누었다. 결론은 홍 목사님이었다."

최 씨 아저씨의 말이 나오자마자 동네 분들은 동의한다는 듯이 고개를 끄덕였다. 우리 마을에는 삼국지에 나오는 장비와 같은 사람이 있다. 바로 강동주 씨이다.

단오날 그네 뛰는
주민들

정월 대보름 윷놀이대회

"제 생각에도 목사님이 반장했으면 좋겠다." "좋다. 여러분 모두가 찬성한 것으로 알고 홍 목사님을 우리 마을 반장님으로 뽑겠다. 다 같이 박수칩시다." 반장인 김 씨의 말에 모두 박수치며 즐거워했다. 내가 도심리에 온 지 7년째였다. 처음 이 마을에 왔을 때 기도원이 세워지는 줄 알고 결사반대했던 사람들이 이제는 나를 마을의 반장으로 뽑았다. 내가 반장이 된 것에 대해 큰 의미를 두는 것은 명예가 아니라 이들이 나를 인정했다는 것 때문이다. 인정받는다는 것은 쉽게 되는 것이 아니다. 단기간에 걸쳐 이루어지지도 않는다. 매우 부족했지만 7년이라는 세월 동안 주님의 사랑을 행동으로 나눈 것이 이들에게 증명되었다.

인정(人情) 많으신 신 씨 아주머니가 내 앞에 다가와 수줍은 듯 고개를 갸우뚱하며 말했다. "목사님, 반장님 된 것을 축하합니다." "이제 뭐라 불러야 하나? 반장님?, 목사님?" "목사 반장님이 좋겠습니다."

지금까지 반장으로 마을사람들을 섬기고 있다. 반장이라는 역할이 선교를 위한 매우 유용한 도구가 되었다. 사람들과의 만남에 있어서 장벽이 사라졌다. 매우 자연스러운 만남을 가질 수 있을 뿐만 아니라 그것을 통해 복음을 나눌 수 있는 기회가 생겼다.

VII. 주민들이 교회 설립을 요청하다

하나님 나라의 선교가 말에 있지 않고 행함과 진실함에 있음을 확신하면서 도심리 마을의 영혼들을 섬겼는데 그 열매가 나타나기 시작했다. 마을 어르신 중에 한 분이 칠순 잔치가 있다고 해서 갔다. 이미 그분은 술에 취해 있었다. 그분은 저를 반갑게 맞이하면서 음식을 많이 가져다주었다. 그리고는 저에게 꼭 하고 싶은 말이 있다고 하면서

도심리교회 첫 예배 장소

붉어진 얼굴과 꼬부라진 혀로 다음을 거듭해서 말씀하셨다. "목사님, 낮에는 열심히 일하고 밤에는 모여서 예배도 드리고 기도도 하는 교회가 있었으면 좋겠습니다." 이 말을 듣고 한동안 멍한 상태가 되었다. 사실 그때까지만 해도 교회를 세운다는 생각을 가지고 있지 않았다. 선교공동체 사역을 하고 있었고 앞으로도 다른 목회자가 이 마을에 와서 교회를 개척한다면 옆에서 도와야겠다는 생각을 했지 직접 교회를 개척한다는 생각은 하지 않았다. 그런데 마을 어르신의 입에서 교회를 세웠으면 하는 말이 나왔다. 그러나 술에 너무 취해 있었기 때문에 말의 진위를 알 수 없었다.

다음날 칠순 잔치 때 한 말을 확인하기 위해 찾아갔다. 그 어르신은 기억하고 있었고 분명 그런 생각을 가지고 있었다. 이렇게 해서 도심리교회가 시작되었다. 도심리교회는 목회자에 의해서가 아니라 그 지역에 있는 사람에 의해 세워졌다. 그때 마침 도심리 마을 입구에 펜션을 경영하던 분이 새로 오셨는데 서울에서 교회 집사님으로 계셨던 부부이셨다. 그분께 말씀드렸더니 펜션 중에 방 하나를 기꺼이 내놓으시면서 교회로 사용하라고 했다. 첫 예배를 드렸다. 우리 식구 4명,

어르신 부부, 펜션 주인 부부, 서울에 있는 교회에 다니시는 부부, 10명이 예배를 드렸다. 마을 주민은 칠순 잔치를 하신 부부밖에 없었다. 이 분은 훗날 도심리교회의 첫 세례자가 되었다. 교회가 세워지자 공식적으로 마을에 신고를 했다. 창립예배를 드리면서 마을 주민들을 초청해서 잔치를 베풀었다. 모두 와서 축하해주었다.

교회가 하나님의 도우심 속에 자랐다. 어느 주일예배를 마치고 성도들과 함께 떡만두국을 먹고 난 후 차를 마시면서 담소를 나누고 있는데 호주머니 속에 있던 핸드폰이 울리기 시작했다. 발신자는 같은 동네 함영진 씨였다. 함 씨는 폐암 말기 환자였다. 병원에서 더이상 손쓸 수가 없어서 집에 와 있었다. 전화를 받자 아주머니의 긴박한 목소리가 들려왔다. "목사님, 저희 집 아저씨가 고통이 너무 심해요. 병

성탄절에 세례를 베푸는
모습

가정별로 돌아가며
모이는 수요성경공부

원에 갔으면 해요. 차를 태워주시면 안되겠어요?" "알았어요. 조금만 기다리세요. 곧 가겠습니다."

성도들에게 자초지종을 이야기하고 함 씨 댁으로 급하게 차를 몰고 갔다. 함 씨는 올해 나이 예순하나였다. 그동안 병고로 피골이 상접했다. 홍천읍에 있는 병원에 도착해서 바로 응급실로 들어갔다. 갖가지 검사를 마친 후 입원실로 자리를 옮겼다. 입원수속을 마치고 나는 집으로 돌아왔다. 돌아오는 길에 담당 의사로부터 들은 말이 계속 귓가에 울려왔다. "아마 며칠 못 갈 겁니다."

정말 며칠이 지나지 않은 새벽녘에 함 씨의 부음(訃音)을 들었다. 소식을 듣고 병원에 찾아간 것은 아침 8시였다. 아주머니는 저를 보자 눈물을 쏟으며 붙잡고 오열했다. "목사님, 저의 아저씨 보고 싶어서 어떻게 해요? 이렇게 빨리 갈 줄 몰랐어요."

정말 아까운 사람이라는 생각을 많이 갖게 하는 분이었다. 나그네와 고아처럼 살아온 그의 인생은 파란만장했다. 온갖 고생과 방황은 혼자 다 한 사람처럼 보였다. 나하고는 마을을 위해 산나물 공동체를 꿈꾸기도 했다. 아쉬움이 많이 남았다. 그래서 2박 3일 장례식장에서 함께 지냈다. 친지와 친구도 거의 없어 외롭고 쓸쓸했다. 춘천 화장터

주민들과 함께하는 추수감사예배

까지 가서 모든 절차를 마무리할 수 있도록 도와주었다. 장례를 다 치르고 난 후 미망인인 아주머니가 저에게 와서 말했다. "목사님, 이제는 저도 모든 것 정리하고 교회 나가서 예수님만 의지하기로 했습니다."

큰 슬픔을 통해 하나님은 한 영혼을 구원하고 계셨다. 교회에 나와서 세례를 받고 주님의 자녀가 되었다.

VIII. 교회의 부흥과 하늘땅공동체의 결성

교회가 점차 부흥하면서 성도들을 하나로 연합하게 하는 것이 절실하게 필요했다. 농촌의 현실은 매우 부정적이다.

첫째 고령화 사회이다. 현재 도심리교회 성도들도 평균 연령이 70세이다. 둘째는 농사라는 것이 모두 힘든 육체의 노동을 요구한다. 셋째는 일한 만큼 금전적 대가가 없다. 그래서 늘 궁핍한 마음으로 살아간다. 이것을 해결할 수 있는 방법을 물색하던 중에 산나물 재배를 하게 되었다. 교회 성도들을 중심으로 해서 만든 것이 바로 하늘땅공동체이다. 하늘땅공동체를 만들게 된 첫 번째 동기는 신앙공동체와 더불어 생활공동체로서의 교회를 세우기 위해서였다. 사도행전에 나와 있는 초대교회의 모습은 모이기를 힘쓴 교회인데 모여서 기도하기를 힘썼을 뿐만 아니라 공동식사를 했고, 생활용품도 서로 나누어 썼다. 간단하게 표현한다면 신앙공동체와 생활공동체가 하나로 어우러진 모습이다.

대부분 초신자들로 이루어진 도심리교회는 성도들을 하나로 묶고 지속적인 결속력을 갖게 하는 것이 가장 필요했다. 예배와 기도회로만 자주 모이게 하는 것은 무리였다. 하늘땅공동체를 통해 자주 만나고 서로 교제하게 되었다. 만남 속에서 서로의 필요를 알고 자연스럽게 서로 돕는 분위기가 만들어졌다. 모임에서 신앙훈련도 함께 이루어졌다.

둘째는 어르신들의 용돈 마련이었다. 돈은 누구에게나 귀한 것이지만 농사를 짓는 농부들에게는 돈의 위력은 대단하다. 이들은 감자한 상자보다 손에 쥐어진 현금이 더 큰 가치가 있다. 뒤로 들은 소리인데 교회 가면 헌금을 많이 해야 한다고 생각하기 때문에 교회 못가겠다는 마을사람도 있었다. 밖에 나가 있는 자녀들조차도 대부분 어려운 삶을 살아가기에 부모들을 모시고 용돈을 주기란 어려운 실정이다. 공동체를 통해 고령화된 교회 성도들에게 용돈을 마련해준다는 간단한 의도도 있었다. 연세 드신 어르신들을 가장 감동시키는 말 중에 하나는 용돈이다.

셋째는 지금까지 농사만 짓고 살아온 농민들은 농약, 화학비료, 제초제, 비닐 사용은 불가분의 관계이다. 이것으로 인해 가장 큰 악영향은 신체뿐만 아니라 정서적 피해이다. 그들이 심은 농산물을 귀하게 여기지 않고 단지 돈으로 생각한다. 얼마나 많이 생산하느냐 얼마나 비싼 값을 받고 판매하느냐의 관점으로 농사를 짓는다. 감자, 호박, 고구마, 고추, 오이 등을 더이상 신비하고 아름다운 하나님의 피조물로 여기지 않는다. 농민들의 정서가 메말라가고 있었다. 시골 인심이 사라진 가장 큰 이유이다. 이제 농민들은 극도

곰취 작업하는 모습

의 개인주의, 물질주의, 신경질적으로 변해가고 있다. 도시 사람들이 시골에 왔다가 농민들에게 혼나고 가는 경우가 왕왕 있다. 하늘땅공동체 안에서 자연 농법을 통해 자연이 우리에게 주는 혜택을 생각하게 하고 더 나아가 자연을 만드신 하나님의 손길의 신비함을 느끼게 할 수 있었다.

넷째는 교회 재정 자립화를 위한 시도이다. 교회가 속해 있는 도심리마을은 26호 되는 동네이다. 이들이 모두 예수 믿고 교회 성도가 된다고 해도 재정 자립은 분명히 어렵다. 그러나 교회가 재정 자립을 위한 방향을 설정하는 것은 매우 중요하다. 의존적인 마음은 나약한 성도와 교회를 만들 뿐이다. 도시 교회와 종속적 혹은 의존적인 관계가 아니라 주님 안에서 한 교회라는 관점으로 하나의 공동체 의식을 갖게 한다. 하늘땅공동체에서 생산된 농산물을 도시 교회들과의 관계에서 판매하므로 서로 주고받는 관계를 형성한다. 특별히 자연농업을 통한 농산물을 공급하므로 생명을 함께 나눈다는 의미를 갖는다. 이것은 단순히 후원금을 받는 것과는 다른 개념이다. 교회를 스스로 세워가야 함을 말할 때 공동체는 힘을 갖게 된다.

IX. 하늘땅공동체 사역의 결과

하늘땅공동체 사역을 통해 실질적인 결과들이 있다.

첫째, 성도 간의 결속력이 매우 강화되었다. 노동하러 올 때 더러는 고구마를 삶아오고, 더러는 빵을 만들어 오기도 했다. 노동시간에 서로 나누는 대화와 교제를 통해 협력하는 마음이 저절로 형성되었다. 이것이 발전하여 공동체 노동뿐만 아니라 각 가정별로 고추심기, 감자심기, 농작물 추수일 등과 같은 농사일에 품앗이를 하는 경향이 생겼다. 일 년에 두 번은 함께 여행을 간다.

둘째, 처음 교회 나온 성도들도 쉽게 교회에 적응하게 되었다. 최근 몇 년 사이에 세 분이 교회에 새로 출석하게 되었는데 모두 세례를 받았다. 도심리교회는 2008년도에 개척되었다. 지금까지 5명에게 세례를 베풀었다. 이들의 교회 정착률은 지금까지 100%이다. 초신자는 모두 같은 마을사람들이다. 서로 장단점을 너무 잘 알고 있다. 이러한 인간적인 앎에서 영적인 앎으로 발전시켜야 하는데 하늘땅공동체가 중요한 다리 역할을 했다.

셋째, 매우 적은 노동력으로 고소득을 창출했다. 이익을 계산한 결과 노동시간 2시간당 약 5만 원의 수입을 올렸다. 새벽이슬을 밟으며 아침 일찍 곰취잎을 채취한다. 주문 들어온 물량만큼만 채취하고 박스 포장을 한다. 아직 교회에 새벽기도회가 없다. 앞으로 곰취 채취하는 날만큼이라도 새벽기도회를 가지려고 한다.

넷째, 마을 주민들에게도 좋은 반응이 있고 자신들도 참여하고 싶어 한다. 아직 공동체 회원으로 받아들이고 있지 않다. 모든 면에서 견고하게 섰다고 생각하면 개방하려고 한다. 분명 전도에 좋은 도구가 되리라 믿는다.

곰취 재배를 배우기 위해서 하늘땅공동체 식구들과 함께 인제의 농장을 방문한 적이 있다. 그 집에 들어서는 순간부터 설명을 듣고 헤어질 때까지 농장 주인은 입에서 담배가 끊어지지 않을 정도로 피워댔다. 술병들이 여기저기 나뒹굴어져 있었다. 곰취 재배로 돈을 많이 번 것 같은데 삶의 질은 형편없었다. 눈동자에 힘이 없고 얼굴은 병에 걸려있는 사람처럼 망가져 있었다. 그런데 놀라운 것을 발견했다. 그의 책장 선반에 아무렇게나 놓여 있는 공책과 서류들 사이에 먼지가 쌓여 있는 성경책을 보았다. 성경책을 보면서 많은 생각을 했다. 하나님의 말씀인 성경책이 그저 굳어져 있는 화석과 같다는 느낌을 받았다. 성경이 행함으로, 삶으로 변화되지 않았을 때의 모습을 보았다.

지금의 농촌은 옛날 농촌이 아니다. 외지인이 절반을 넘는다. 퇴직자, 귀농자, 귀촌자, 다문화가정 등 다양한 구조로 이루어져 있다. 변해가는 농촌의 현실에도 불구하고 우리에게 한 가지 방법이 있다면 예수 그리스도의 방법일 것이다. "예수께서 행하신 일이 이 외에도 많으니 만일 낱낱이 기록된다면 이 세상이라도 이 기록된 책을 두기에 부족할 줄아노라"(요 21:25). 이 말씀에서 알 수 있듯이 예수님은 말씀하신 것보다 행하심이 비교할 수 없을 정도로 많다는 것이다. 우리는 성경 말씀이 중요하다고 강조한다. 말씀대로 해야 한다고 고집한다. 그러나 말씀보다 주님의 행하심이 더 넓은 은혜의 바다이다. 예수님이 이 땅에 오셨다는 사실을 기록하는 것보다 주님이 실제로 이 땅에

창고를 보수해서 지은 도심리교회

오심이 얼마나 놀라운 은혜와 능력이 되는가?

예수님은 행함으로 메시지를 전하셨다. 삶을 통한 사랑과 복음의 전달이 성령의 능력을 나타낼 것이다. 농촌복음화, 지역 복음화를 위해서 분골쇄신하는 헌신이 필요하다. 우리의 시간과 열정을 투자한다면 농촌복음화는 가능하다. 나는 도심리 마을이 언젠가 예수 그리스도를 구주로 예배하는 예수 마을이 될 것을 꿈꾸고 있다. 세상 사람들은 우리들에게 요구한다.

집집마다 다니면서 예수 믿으라고 말하지 마시오. 당신들의 행함으로, 삶으로 복음을 증명하시오!

농업으로 일으켜 세운 함께하는교회

진교소 목사
(전북 익산 함께하는교회)

I. 들어가는 글

2010년 12월 한겨울, 교인 한 명 없이, 가진 돈 하나 없이 오직 믿음으로 개척을 시작하였다. 개척 멤버는 우리 가족, 아내와 아이들 셋. 많은 어려움이 있었다. 아무것도 없지만 하나님 아버지가 우리 아버지이시기에 개척은 좋은 곳에서 하고 싶었다. 익산에서 가장 번화가인 영등동 상가 3층 108평을 보증금 7,500만 원에 월세 100만 원으로 계약하였다. 어쩌면 무모한 일이었다. 아무런 준비 없이 오직 하나님 말씀 성경 한 권이면 충분하다는 믿음으로 개척을 시작하였다. 물질적인 어려움이 많았지만 하나님이 주신 지혜로 추진해나갔다.

개척 사역의 초점은 오직 성경이었다. 성경 66권 전체를 가르치고 전하는 교회가 되어야 하고 성경을 바르게 가르치고 전하는 목사가 되어야겠다는 다짐과 기도가 전부였다. 개척 이후 3년 동안 성경 66권을 가르치는 일만을 열심히 했던 결과인지 50명대까지 부흥하였다. 성경을 가르치다 보니 성경적인 건강한 삶을 이야기하게 되었고,

결국 건강한 삶은 바른 먹거리에서 나온다는 것을 깨닫고 그 일을 교회가 해야 할 일이라고 생각하였다. 자연스레 농업에 대한 많은 관심을 갖게 되었으며, 농업 관련한 교육들을 찾아다니며 배우게 되었다. 목회 또한 생명농업 사역으로 점차 전환되었고, 그것을 전하고 가르치는 일이 바로 하나님의 창조원리를 깨닫고 하나님의 창조원리에 맞는 삶을 살아가는 것이라고 확신하게 되었다. 성경적인 건강한 삶을 전하기 시작하면서 건강하지 못한 분들이 우리 교회에 찾아와 상담을 받고 건강한 삶을 되찾아가는 일들이 일어났다.

하나님의 주신 사명은 창세기 1장 28절의 말씀처럼 "생육하고 번성하고 땅에 충만하고 땅을 다스리라"는 명령을 따라 건강하고 복 있는 삶을 사는 것이요. 그 길은 생명농업의 길이라는 것을 깨달았다. 그 일을 위해서는 농민들에게 건강한 농사를 가르치며, 도시민들에게는 성경적 건강한 삶을 위해 무엇을 먹을 것인가를 가르치는 일이 중요하였다.

그래서 앞으로 교회를 건축한다면 농촌으로 가야겠다는 기도 제목을 가지고 준비하게 되었다. 한발 한발 걸어가면서 농지를 구입하고 그곳에 생명농업을 시작하면서 교회 건축을 진행하였다.

사실 농촌목회로 간다 하니 우선 아내부터 반대했고, 선뜻 나서는 교인도 없었다. 그럼에도 불구하고 농촌과 도시민들을 위한 목회를 해야겠기에 하나님의 부르심 앞에 순종하며 생명목회의 길로 본격적으로 나서게 되었다.

농촌목회를 시작하면서 점점 많은 일들이 밀려왔지만 하나님의 놀라운 은혜를 경험하고 창조의 원리를 찾아 생명농업을 통하여 교회가 자립되어갈 수 있다는 확신으로 여러 농작물을 심고 가꾸었다. 또한 농촌 교회 목회자들과 함께 여러 모임들을 만들었다. 농업연구회도

만들고, 전북농촌목회연구회도
만들어 활동하였다. 로컬푸드로
방향을 잡고 나아가며 농민들과
소통하였다. 귀농·귀촌인들에
게, 또한 기존 관행 농사를 짓는
분들에게 자연농업, 자연재배 등
을 전하며 가르쳤다.

큰 교회를 꿈꾸지 않았다. 다
만 건강한 교회를 세워나가야 하
겠다는 생각으로 작은 교회를 표
방하였다. 생명농업목회를 통하
여 성경적 건강한 삶을 영위하는 일이 이 시대의 중요한 사역이라는
확신을 갖게 되었다. 하나님이 창조하신 흙을 살리고, 무너지고 파괴
된 자연환경을 되살리고 나아가 인간의 마음과 영혼을 살려나가는 일
이 결국 우리가 해야 할 위대한 사명임을 믿고 열심히 나아가고 있다.

II. 광야에 교회를 건축하다

개척 4년 만에 논(광야)에 교회를 짓겠다고 선포하고 성도들에게
기도를 요청하였다. 개척교회이기에 건축헌금 이야기를 못했다. 교회
부지는 농촌과 도시 중간 지대에 있는 광야(논)로 정하였다. 건축 과정
에 말할 수 없는 고난과 고통, 눈물과 기도가 따랐다. 복잡한 도심을
떠나 앞이 훤하게 트이고 하나님의 주신 천혜의 아름다움이 있는 곳에
교회가 세워진 것은 참으로 감사한 일이다. 건축 기간이 2년 걸렸고,

개척 4년 만에 지은 교회

우여곡절 끝에 완공되어 이전하였으나 많은 성도들이 떨어져나가고 일부 성도들만 옮겨왔다.

예배당 2층 60평, 사택, 카페 및 식당을 지었다. 카페를 통해서 사람들과 만나고 소통하고 있다. 생명농업교육센터를 통해 자연농업교육과 숙박까지 할 수 있도록 시설을 갖추었다. 이제 농민들에게는 생명농업을, 도시민들에게는 건강한 삶을 전하고 가르치는 교회로 새롭게 나아가고 있다.

III. 자립을 위한 사역을 시작하다

오늘날 한국의 농촌은 위기다. 삶의 터전인 농촌이 뿌리째 흔들리고 있다. 가장 큰 문제는 젊은이들이 없다는 것이다. 다 도시로 나가고 농촌은 노인들만 가득한 곳이 되어버렸다. 귀농·귀촌인이 조금 늘어가는 추세이지만 그것도 잠시뿐이다.

농촌은 그동안 우리의 선조들이 피와 땀으로 일궈낸 아름다운 곳이다. 수천 년 동안 큰 변화 없이 혈연과 지연공동체로 묶여 살아왔고, 자연에 맞서지 않고 순응하며 살아왔다. 농촌 문화는 아직도 우리의 삶에 큰 영향을 미치고 있다.

그런데 젊은이들은 떠나서 돌아오지 않고, 농촌의 살림은 부채로 인해 수많은 고통을 당하고 있다. 농사를 지어봐야 별 소득이 되지 못한다. 영농에 들어간 농약 값, 비료 값, 거름 등 농자재비를 제외하면 그 소득은 미미하다. 농산물 가격도 좋지 않다. 논 1,200평을 지어봐야 소득은 200만 원 정도밖에 안 되니 농사로 잘 산다는 것은 바랄 수 없는 상태이다.

이렇게 암울한 현실 속에서 농촌 교회가 부흥하거나 자립할 수 없는 것은 당연한 일인지 모른다. 많은 농촌 교회들이 백발이 성성한 노인 성도들 몇 명과 더불어 주일예배를 드리고 있다. 많아야 20~30명 수준의 교회이고, 재정은 열악하기 그지없다. 이주여성들로 인해 다문화가정이 가끔 보이지만 그들이 신앙생활을 하는 것은 그리 쉽지 않다. 교회는 당연히 미자립이 될 수밖에 없다.

그러나 농업은 생명이다. 인간의 삶에 필수적인 것은 식량과 에너지인데, 에너지는 조금 부족하여도 참을 수 있지만 식량은 필수이다. 식량은 곧 생명이기 때문에 없으면 죽는다. 농업이 붕괴되면 인간의 삶, 생명에 치명적인 위기가 찾아온다.

농촌목회는 도시목회와 다르다. 목회자가 어떤 생각을 하느냐에 따라 그 교회는 달라지게 되어 있다. 농촌 교회는 농촌 교회다워야 한다. 지금 농촌에서 제일 젊은이가 목회자이다. 또 목회자는 농촌에서 가방끈이 제일 길다. 다시 말해 농촌 교회 목회자가 생각이 바뀌면 얼마든지 교회는 변화될 수 있다는 것이다. 거꾸로 된 트리를 보았는가? 미국에서는 거꾸로 된 성탄 트리가 불티나게 팔린다고 한다. 농촌목회도 조금만 생각을 바꾼다면 놀라운 변화가 일어날 수 있다.

내가 아는 농촌 목사님들은 농촌 교회에 부임하더니 어느 날부터 공부를 시작했다. 신학교를 졸업한 목사님들이 다시 신학교에 들어가서 공부를 하였다. 박사학위를 위해서이다. 공부도 좋지만 목회자는 성경 한 권이면 된다고 생각한다. 농촌 목사님들은 교인도 없고 심방할 곳도 별로 없어 시간이 남는다. 그래서 공부를 한다는 것이다. 농촌 목회에 박사학위가 과연 필요한가? 박사학위를 받으면 목회를 잘할 수 있는 것인가? 참으로 안타까운 일이다.

농촌 교회가 어려우니 어떤 목회자는 도시 교회, 대형 교회들에게 선교 편지를 잘 써서 많은 곳에서 후원금을 받아 생활에 어려움이 없다고 한다. 한심한 일이다. 언제까지 도시 교회, 대형 교회를 바라보며 살 것인가? 어떤 농촌 교회 목회자는 후원이 얼마나 많이 들어오는지 은퇴를 못하겠다고 한다. 어처구니없는 일이다. 생각이 바뀌지 않는한 농촌 교회는 희망이 없다. 변화의 중요한 키는 목회자이다. 목회자가 어떤 생각을 가지고 농촌 교회에서 사역하고 있는지가 중요하다. 농촌을 살릴 수 있는 목사와 교회가 되었으면 하는 바람이다.

IV. 농촌 교회 자립을 위한 열쇠를 찾다

농촌 교회가 살아나는 데 가장 중요한 것은 전도이다. 그렇다! 교회가 해야 할 일 중에 가장 중요한 것은 영혼 구원이다. 우리 교회의 전도방법은 성경에서 찾았다. 하나님께서 이스라엘 백성들은 출애굽시켜서 시내산 밑에 데려다 놓으신 후 모세를 통해서 말씀을 주셨다. 그 중요한 말씀이 출애굽기 19장 5-6절이다. "세계가 다 내게 속하였나니 너희가 내 말을 잘 듣고 내 언약을 잘 지키면 너희가 내 소유가 되고 내게 대하여 제사장 나라가 되며 거룩한 백성이 될 것이다."

다시 말하면 너희들이 세상 모든 나라들에게 보여주어라, 하나님을 믿는 자가 어떻게 살아야 하는지를 그리고 그 삶을 보여주어서 세상 사람들이 하나님을 알 수 있도록 하라는 것이었다.

그렇다! 농촌 교회가 이제는 세상에 영향을 주어야 한다. 지금까지는 교회가 세상에 영향력이 없었다. 이미지가 좋지 않았다. 그래서 사람들이 교회를 떠나고 있는 것이다. 농촌 교회가 이제 교회의 이미지를 잘 보여주면 좋겠다. 교회에 대한 이미지, 목회자에 대한 이미지, 성도에 대한 이미지가 좋아야 한다. 목회자는 그저 기도만 하고 성경만 보는 그런 모습을 보여서는 안 된다. 농촌목회자의 목회 현장은 논과 밭이다. 목회자가 건강한 농사를 지으면서 농민들에게 다가가는 모습이 필요하다. 그리고 교회가 농민들을 위해서 무엇을 할 수 있을지를 생각해야 한다.

충청도 서천 한 농촌 지역에 교회를 개척한 목사님은 노인들이 얼마나 고생을 하고 있던지 자신도 함께 농사를 짓게 되었다고 한다. 농민들의 마음을 이해하고, 젊은이 없는 농촌에서 트랙터를 가장 큰 것을 사 가지고 마을 농사를 다 짓고 있다고 한다. 교인 한 명 없는 곳에서 200명의 교인으로 부흥하기까지 얼마나 많은 시간 동안 고생했는지 알 수 있다. 지금은 무려 2만 평 정도의 농사일을 하면서 목회를 하고 있다. 이처럼 교회가 세상에 어떤 영향을 주느냐에 따라 농촌 교회도 부흥할 수 있다는 사례이기도 하다.

농촌 교회는 살아날 수 있다. 농촌 교회는 자활 자립할 수 있다. 나는 지난 몇 년 동안 농업에 관련한 교육과 현장 탐방을 다니면서 너무나 많은 것들을 보았다. 그리고 내린 결론은 농촌 교회가 살아날 수 있다는 것이다!

농촌 교회는 생명농업으로 상생해야 한다. 농촌 교회가 살아나려면 목회자가 사택에 틀어박혀 바깥일에 무관심한 사람이 되어서는 안 된다. 주민들과 소통하는 목회자가 되어야 하고 주민들과 소통하는 교회가 되어야 한다. 이를 위해 준비해야 할 것들이 몇 가지 있다.

첫째, 목사의 긴 가방끈을 이용하라. 농촌에서는 목회자의 가방끈이 제일 길다. 대학교, 신학대학원까지 10년 안팎은 공부하고 목회자가 되었기 때문에 조금만 눈을 돌리면 얼마든지 농민과 소통하고 교회가 부흥할 수 있다.

농사짓는 목회를 해야 한다. 직접 텃밭을 일구든지, 시골에 빈 땅을 임대하여 농사를 지어야 한다. 농사일을 하면서 농민들과 자연스럽게 소통하는 것이다. 이를 위해 농업기술센터에 가서 교육을 받는 것이 좋다. 농업기술센터에서 지도해주는 많은 프로그램들이 있다. 다만 관행적인 농사보다는 성경적인 생명농업 즉 자연농업을 잘 배워서 농민들에게 전하고 가르치는 일이다. 그로 인해 농업을 통한 자립 영농의 길을 안내해줄 수 있을 것이다.

둘째, 농산물을 유통하는 목회자가 되라. 지금 정부는 6차 산업을 위해 힘쓰고 있다. 6차 산업은 내가 농사지은 것을 가공해서 유통시키는 일까지 감당하는 것이다. 목사는 인적인 유대관계가 넓으니 도시 교회들과 지인들에게 농촌에서 생산한 것들을 유통할 수 있다. 바로 '꾸러미'이다. 마을 농민들의 농산물을 꾸러미 상자에 담아 도시 교회와 도시 사람들에게 유통시켜 주는 것이다. 이 일을 하려면 농민들과 함께 교회나 마을회관에서 꾸러미로 포장해야 한다. 자연스럽게 농민들과 소통하는 관계가 맺어진다. 자신의 농산물을 유통시켜주는 교회와 목회자들 때문에 농민들은 희망을 갖게 된다.

셋째, 도시 교회로 하여금 농촌 교회 현장 체험을 오도록 하라. 방학 때나 주말을 이용해서 협력 관계에 있는 도시 교회의 교인들이 농촌 교회에 직접 내려와서 농산물을 채취하면서 맛있는 식사와 간식을 만들어 먹으며 추억을 담고 성경적 진리를 체험하는 현장 체험의 기회를 만드는 것이다. 도시민들이 농촌에 와서 먹고 자고 쓰면서 가도록 하는 일이 매우 중요하다.

넷째, 농산물을 가공하라. 농산물을 1차 생산물로 판매해봐야 별다른 소득이 안된다. 가공하면 그 부가가치는 상승한다. 나는 2014년도에 여주 농사를 지었다. 여주를 생과를 팔면 kg당 3천 원 정도이지만, 가공하여 진액, 가루, 건여주, 또 환을 만들어 판매하니 재료비 50만 원에 수입은 500만 원이 되었다.

그 이후 당근을 가공하여 가루를 만들고, 소금을 원염을 가져다가 당뇨나 고혈압 환자들이 먹으면 효과가 있는 기능성 소금을 만들기도 하였다. 또, 쌀과자를 생산하는 기계를 개발하여 조금씩 판매하고 있다. 이 쌀과자 기계는 작은 교회들과 선교사들을 위해 준비한 것으로 쉽고 간편하게 만들고 판매할 수 있다. 이것은 일명 뻥튀기인데 이 쌀과자는 지난해 사랑의교회에서 총회 농산물 판매를 할 때 우리나라 파병 군인들에게도 전해져서 귀한 보물이 되었다. 이렇게 농산물을 가공해서 판매할 경우 교회가 재정적으로 자립하는 데 많은 도움을 받을 수 있다.

정부 정책은 6차 산업을 지향하고 있다. 1차는 생산하는 것이고, 2차는 가공하는 것이고, 3차는 서비스인데 이것을 다 곱하거나 더해보면 6이란 숫자가 나온다. 6차 산업은 창조적인 생각을 넣어서 1, 2, 3차 산업에 '체험, 관광' 등을 합하여 농촌의 유·무형의 모든 자원을 활용하는 것이다.

도시농업전문가 양성과정

다섯째, 농촌 교회는 6차 산업으로 자활 자립할 수 있는 길을 열 수 있다. 농사를 지으면서 그 농사가 체험학습장이 되도록 하면 된다. 예를 들어 교회 근방의 몇 농가를 연계하여 농장에서 체험할 수 있도록 하면 된다. 그리 어려운 일이 아니다. 주변의 몇 교회가 협력하면 할 수 있다. 농촌 교회 체험농장은 내 농장이 없다 해도 가능하다는 이야기이다.

6차 산업과 연계하여 교회가 팜스테이(farm stay)를 할 수도 있다. 교회당 건물은 주중에는 거의 사용하지 않는다. 그래서 교회를 조금 구조를 바꾸어 치유 체험객들이 오도록 하여 숙소로 제공할 수 있다. 또한 동네 빈집을 임대 수리하여 현장 체험에 오신 분들이나 치유를 위해 오신 분들에게 팜스테이 장소로 사용할 수 있게 할 수도 있다. 마을회관 등을 이용하는 방법도 있다.

6차 산업으로 부흥하는 교회들이 많이 있다. 교회 안에 협동조합을 만들어 교인들에게 좋은 일자리를 주고 교회는 이로 인해 재정적인 문제가 해결되어 일석이조의 효과를 거두기도 한다.

우리 함께하는교회가 이곳에 터를 세우고 생명농업을 하면서 많은 이들이 농장에 찾아오고 있다. 목회자뿐만 아니라 다양한 계층의 사람들이 찾아오고 있어 팜스테이를 위한 준비를 하고 있다. 내년 봄이 되면 그 모든 일들이 준비되어 사람들에게 치유의 시간들을 제공하게 될 것이다.

여섯째, 텃밭을 이용하여 주말농장을 운영하라. 교회 주변의 유휴 농지를 임대하여 교인들과 함께 텃밭을 조성하고 도시민들에게 주말농장을 제공하는 것도 좋은 방법이다. 가족 단위 주말농장을 일구어 간다면 자연스럽게 도시민들이 건강한 먹거리를 얻을 수 있고, 몸과 마음을 치유하는 일석삼조의 효과를 줄 것이다. 교회는 조그마한 찻방을 만들어 쉬면서 함께 이야기하고 복음을 전할 수 있는 기회도 만들 수 있다.

V. 함께하는교회의 현주소

익산은 도농 복합도시다. 도시보다는 농촌의 그림이 더 큰 곳이다. 현재 나는 목사 농부로서 농사를 짓고, 로컬푸드를 통해서 농사 지은 농산물을 유통하고 있다. 서울로 진출한 익산 로컬푸드는 소농들을 위해서 판매망을 확장해나가고 있기에 작은 땅을 가지고 꾸준한 소득을 올릴 수 있다.

현재 생명농업센터를 운영하면서 성경적인 건강한 농업을 위해 달려가고 있다. 생명농업센터의 사역은 하나님이 창조하신 땅을 회복해가는 것이다. 하나님께서 창조하신 땅은 참으로 풍요로운 땅인데 인간의 욕심으로 황폐화되었다. 화학농업으로 땅이 죽어가고 있는 것이다. 그래서 생명농업센터에서 농업인들에게 땅을 회복하는 길을 가르치고 있다. 일반 농민들에게는 성경적인 농업이 무엇인지 모르기 때문에 하나님이 창조하신 땅을 회복하면 농사도 잘되고 나아가 경제적 자립 또한 할 수 있다는 것을 가르쳐주고 있다.

우리 농장에서는 생명농법으로 모든 것을 재배하고 있다. 농사의 기본 원칙은 자연농이고, 자연유기순환농업, 무투입 자연재배이다. 하나님께서 만드신 자연은 순환하고 있기 때문에 그것을 지켜주면 흙이 살아나고 흙을 통하여 작물들이 힘을 얻고 건강한 먹거리를 얻을 수 있다.

우리 함께하는교회 농장에서 올 초부터 시작한 일은 '자연 양계'이다. 일반적인 산란 양계가 아니라 토종닭을 부화시켜 키우고 있다. 양계는 많은 양을 키우지 않고도 경제적으로 도움을 받을 수 있다. 생명 양계를 통하여 유정란을 생산하고, 생닭을 제공하는 방식으로 교회 자립에 큰 도움이 되고 있다.

토종닭은 값이 비싸다. 나는 종란을 분양해주신 분과 약속했다. 유정란은 1개당 1,000원을 받아야 한다고 한다. 그래서 그렇게 하겠다고 했다. 생닭은 마리당 10만 원을 받고 있기에 나도 그렇게 하겠다고 했다. 분양해준 농부는 고객들에게 마리당 10만 원을 받는다고 한다. 결코 비싸다고 하지 않는다는 것이다. 그래서 최고의 닭을 키워 유정란을 판매하고 있고, 생닭은 10만 원씩 판매하고 있다. 그렇다고 많은 돈을 버는 것은 아니다. 축산허가를 받지 않는 범위 안에서 하는 양계이기 때문에 그저 우리가 생활할 수 있을 정도이다.

양계에서 중요한 것은 사료이다. 사료를 사서 먹인다면 감당하기 어렵다. 나는 100% 자가(自家) 사료를 만들어주고 있다. 농촌 교회의 목회자들이 생명 양계를 하겠다고 하면 가르쳐 줄 수 있다. 적은 시간을 들여 건강한 먹거리를 생산·판매할 수 있고, 때로는 교회 주변의

토종닭 양계장

농식품 관점을 바꾸는 시간

미자립교회 자립화 일일세미나

어려운 이웃들에게 나누어 줄 수 있기에 기쁜 마음으로 하고 있다. 어쩌면 농촌 교회가 가장 접근하기 쉬운 농사 방법이기도 하다.

VI. 목회자의 생각이 바뀌면 길이 보인다

목회 흐름이 바뀌고 있다. 기존의 목회방식으로는 농촌목회, 작은 교회의 목회가 힘들다. 나는 한 달에 한 번씩 농민들과 소통하는 '농바시'(농식품 관점을 바꾸는 시간)라는 곳에서 강의도 하고 참여하고 있다. 농바시는 매월 3째주 토요일 저녁에 있는 모임이지만 빠지지 않고 참석한다. 무려 4시간 동안 진행되는데 농민들이 살고 소비자가 건강해지는 모임으로 목사인 내가 그곳에서 강의도 하고 생산자 농민, 소비자들과 소통을 한다. 그동안 목회자를 부담스럽게 여겼던 사람들에게 가까이 가기에 좋은 목사로 모두가 존경하고 사랑해주니 고맙고 감사하다. 농촌과 도시의 중간에서 농민과 소비자를 이어주는 목회가 그리 쉽지는 않지만 갈수록 더 많은 일들이 나를 기다리고 있다.

지금 나는 개척교회와 미자립교회를 위한 연구모임에 참여하면서 그들이 어떻게 하면 자립할 수 있을지 연구하고 상담과 컨설팅을 하면서 교회의 자활자립을 도와주고 있다. 초교파적으로 전북농어촌발전 목회자 연구회를 만들어 20개 회원교회를 돌아가면서 농어촌교회가 자립하고 자활할 수 있도록 협력하며 연구하고 있다. 그 결과들이 속속 나타나고 있음에 감사한다.

한국자연농업협회를 창립하여 건강한 땅에서 자연 그대로 농사를 짓고 있는 농부들이 모여 건강한 먹거리를 제공하고 협력하며 판로개척은 물로 농사 방법까지 나누고 전하는 일을 하고 있다. 전국 단위의 모임으로 확장해나가면서 좋은 소비자들을 만나고 그들이 스스로 홍보해주면서 점차 자리를 잡도록 힘쓰고 있다.

앞으로 우리 함께하는교회는 작은 로컬푸드 매장을 농민들과 합력하여 운영하려고 한다. 이를 위해서 소비자들을 모집하고 함께 나누는 농촌목회를 준비하고 있다.

지나온 8년의 시간이 길지는 않지만 그 누구보다도 많은 땀과 눈물과 기도로 이어졌다. 많은 선배 목회자들의 현장을 돌아보면서 느꼈던 것은 무려 20년 이상의 긴 세월 동안 눈물과 기도로 교회를 세워갔다는 점이다. 나는 그것을 참고삼아 적어도 10년 안에 모든 일을 마무리할 수 있다는 확신을 가지게 되었다. 그 어떤 지역에서도 교회는 지역복음화의 큰 틀을 가지고 나아간다면 앞으로 농촌목회는 즐겁기만 하다는 생각을 한다.

이제 농촌 교회도 작지만 강한 교회로서, 도움을 받기보다 지역 농민들에게 희망을 불어 넣어주고 도시민들에게 건강한 먹거리를 통하여 건강한 삶을 영위하게 하면서 교회를 자립시키는 목회사역을 해야 한다. 나는 이 목회가 너무나 신나고 즐겁다. 오직 감사할 뿐이다. 생명을 살리는 목회사역에 함께하여 하나님 나라를 확장해나가는 행복한 농촌목회자가 되길 소망해본다.

제6부

마을과
하나 되는 목회

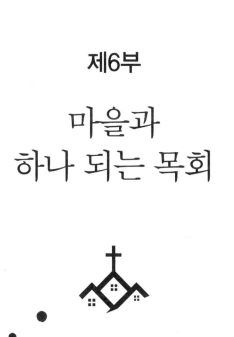

마을을 섬기는 온혜교회

이상철 목사

(경북 안동 온혜교회)

I. 들어가는 말

한국교회는 1960년대에 폭발적인 성장을 하였고, 70년대와 80년대에 꾸준하고 지속적인 성장을 해왔지만, 90년대에 들어서면서 그 성장이 둔화되기 시작하였다. 교회 성장의 기세가 꺾이면서 오늘의 교세가 인구 성장을 따라가지 못하게 되어 사실상 마이너스 성장 상황이 되었다. 교회가 도심에 집중되어 있어 심각한 지역적 분포의 불균형과 복음화의 도시편중 현상을 일으켜 결국 농촌의 현실은 복음에서마저 소외되는 상태이다.

농촌 지역에 불신자가 있는 이상 농촌 교회의 역할과 복음 선포는 매우 중요하다. 그리고 농촌 교회도 얼마든지 성장할 수 있다. 불신영혼 구원과 지역복음화를 위하고, 농촌 교회의 존립을 위하여 농촌 교회의 역할은 대단히 중요한 것이다. 농촌 교회는 지역사회의 중추기관의 하나로서 고령화 사회의 리더 역할을 하게 되는데, 지역사회 선도, 적극적인 지역 발전을 교회가 이끌어야 한다.

농촌 교회의 선교는 '예수천당, 불신지옥'을 외치던 옛날 방식대로만 고집하면 고사(枯死)하고 만다. '새 술은 새 부대에', 새 시대에는 새 방법이 도입되어야 한다. 사람들의 관심을 교회로 이끌 수 있는, 농촌 현실에 맞는 방법을 사랑으로 행하지 않으면 안 된다. 농촌 교회는 결국 농민을 사랑하고 그들을 돕는 복지정책으로 방향을 잡아야 하는 것이다. 농촌을 단순히 시골이라는 관점에서 바라볼 것이 아니라 문명사회의 전환점에서 한국 농촌과 농촌 교회를 바라보고 흐름과 대안을 살펴볼 수 있어야 할 것이다. 그렇게 할 때에 비로소 지금의 농촌 현실과 농촌 교회에 대한 대안을 내놓을 수 있을 것이다.

도시 교회는 농촌 교회를 하나의 생명줄로 연결되어 있다는 의식을 갖고 동반성장에 대한 사명감으로 선교에 임하여야 할 것이다. 농업은 농산물만을 생산하는 단순한 사업이 아니다. 국민생존권과 직결된 식량안보, 환경보전 등 다양한 구실을 하고 있다는 사회적 가치를 되새겨야 한다. 이 시대에 누군가는 쓰러져 가는 농촌에 받침목이 되어 주어야 한다. 농촌이 어렵다고 교회마저도 농촌을 떠나버리면 안 된다.

농민이 있는 한 그리고 한 사람이라도 농촌에 사람이 살고 있는 한 복음은 들려져야 한다. 현재 농촌 교회의 가장 큰 문제는 목회자의 잦은 이동이다. 목회자의 잦은 이동은 성도들에게 상처를 줄 뿐만 아니라 지역사회 안에서도 교회에 대한 공신력을 추락시킨다. 목회자가 지역사회의 이방인 취급을 받게 되어 지역주민들과의 유대는 물론이고 교회 성장에도 큰 지장을 준다.

농촌 교회의 목회자가 장기 목회를 할 수 있는 제도적인 장치를 마련하는 것이 필요하다. 농촌목회에 있어 가장 큰 문제는 아마 경제적 자립 문제가 아닐까 생각한다. 경제적 자립 문제는 목회자의 장기 목회에서 넘어야 할 벽인 것 같다. 목회자가 스스로를 어떤 사람이라고 생각하는가는 교회를 섬기는 자세나 태도를 결정하는 중요한 요소다.

바람직한 목회자의 모델이 되시는 예수님은 섬기는 자로 우리에게 오셨다. 목회자가 예수님의 뒤를 따르는 자들이라면 섬기는 자로서의 종과 청지기로서의 분명한 자기 정체성을 갖는 것이 중요하다. 젊은 이들의 탈(脫) 농촌 문제는 시대의 흐름이며 도시화의 유행에 따라가는 생활 변화의 한 패턴이다. 그러나 이것의 근본적인 이유는 농촌 생활의 어려움에 있다.

농촌의 열악함은 자연스럽게 농촌 교회의 빈곤으로 이어진다. 농촌경제의 붕괴는 농촌 교회의 몰락으로 이어지고 있다. 농촌경제의 어려움이 곧 농촌 교회의 경제적인 어려움으로 연계되어 미자립교회가 증가하고 있다. 현재는 자립 문제로 고민을 하고 있지만, 앞으로는 교회의 존립 문제를 심각하게 생각하게 될 것이 분명하다.

II. 나의 농촌목회사역

급격한 산업화와 고도화된 과학기술의 발달 그리고 황금만능주의의 영향으로 우리 사회는 하루가 다르게 변화를 계속해가고 있다. 하지만 그 많은 변화 속에서도 유독 우리의 생명인 농촌은 나날이 피폐해져 가고 있다.

낙후된 교육환경과 생활 문화 환경 등의 영향으로 1970년대 이후 엄청난 이농현상으로, 지금의 농촌 현실은 젊은이들을 찾아볼 수 없고, 그나마 농촌을 지키고 있는 이들은 고령화된 노인들만이 덩그러니 외롭게 남아서 농촌의 빈집을 지키고 있는 안타까운 실정이다.

결국, 이러한 현상은 농촌 소재의 교회들에게 엄청난 위기로 작용하고 있다. 대부분의 농촌 교회가 그렇듯이 급격한 교인 수의 감소, 열악한 재정 상황으로 교회를 유지하는 것 자체가 어려운 현실로 전락되어 교회가 위치한 지역사회를 위한 어떤 역할은 고사하고 오히려 도시 교회의 무거운 짐이 되고 있는 현실이다. 그렇다면 농촌 교회에 정말 희망은 없는 것인가? 결코 그렇지만은 않다고 확신한다. 농촌 교회도 얼마든지 희망은 있다.

나의 목회사역은 농촌에서 시작되었다. 철부지 20대 초반에 처음 시작한 농촌 교회 사역 그리고 50대 중반인 지금까지 나의 목회사역은 여전히 농촌에 머물고 있다. 지금껏 농촌 교회를 섬기면서 이 사역에 대한 후회는 없다. 농촌에 교회를 세우신 하나님과 여전히 농촌 교회를 지키고 있는 성도들에게 늘 죄송한 마음이 있을 뿐이다.

2008년 12월, 현재 섬기고 있는 교회의 당회로부터 청빙을 받았을 때, 과연 사역지를 옮기는 것이 하나님의 인도하심이 맞는가를 두고 한 달 가까이 고민하며 기도하던 중, 지금까지 경험하지 못한 하나님의 응답과 마음의 각오가 있었다. 그것은 하나님께서 아직도 나같이 부족한 사람을 농촌 교회의 사역자로 사용하고 계시다는 것과 농촌 교회 복지목회의 실천이라는 어떤 부르심에 대한 것이다. 선포되는 말씀 사역이 중요한 만큼 오늘의 농촌 현실 속에서, 하나님의 복지를 구체적으로 실천하는 목회도 매우 중요하다는 사실에 대한 깨달음과 농촌 교회 선교적 비전이 온몸에 전율로 느껴왔던 것이다.

앞에서도 이미 언급한 바 있듯이 아직도 철부지 시절이던 20대 초반에 사역을 시작하여 지금까지 삼십 년 가까이, 강산이 세 번 바뀌는 세월을 변함없이 농촌 교회를 섬겨왔지만, 사실 그것을 사역이라 말한다는 것이 지금에 와서 생각해보면 얼마나 부끄럽고 죄송한 말인지 모르겠다. 사역이 무엇인지도 몰랐던 시절, 단순히 엎드려 기도하고 말씀 선포와 성도들 가정을 심방하는 것이 목회의 전부인 줄 알았는데, 그것은 사실 농촌의 실상을 제대로 모르는 데서 기인한 무지의 결과였다는 사실을 지금 섬기는 교회에 부임하면서 깨닫게 되었다.

1. 논농사

나는 그리 크지 않은 땅을 빌려 논농사를 한다. 농촌 사람들과 가까이 지낼 수 있는 최고의 방법은 그들처럼 생활하는 것이라 생각했기 때문이다. 함께 흙을 만지면서 몸과 마음으로 부대끼는 것보다 그들과 가까이 지내는 방법이 또 있을까? 경험이 전혀 없는 상황에서 시작한 농사, 농약이나 화학비료를 전혀 사용하지 않고 우렁이를 투입한 우렁이 농법, 즉 자연농법으로 하는 농사이다.

이 농사가 판매를 목적으로 하는 것이 아니기에 많은 소출을 기대할 수는 없지만 가족의 식량 문제만큼은 충분히 해결되고, 작은 일이지만 이 일을 통해 지역의 농민들과 함께하는 보람을 충분히 느낄 수 있다. 그리고 수확된 소출 중 일부는 독거노인 가정과 조손, 결손 가정 등을 선정하여 매년 사랑의 쌀 나누기에 제공하고 있다.

사실 작은 것인데, 교회가 지역사회에 존재해야 하는 이유를 서서히 부각하는 놀라운 결과가 지역주민들의 반응을 통해 새삼 느끼고 있다. 그리고 나의 작은 육체적 노력을 통해, 작은 사랑의 나눔이 가능하다는 것이 얼마나 보람 있는 일인지 모른다. 농촌 교회는 내가 처음 목회를 시작했던 그때와 같이 여전히 어렵다. 아니 어쩌면 지금이 훨씬 더 어렵다. 세계 여러 나라들과의 FTA 체결로 저렴한 가격대에 홍수처럼 밀려 들어오는 외국 농산물로 인해서 토종 농산물의 판로가 점점 어려워지고, 무엇을 해보려고 하는 의욕도 당연히 없다. 그렇다면 돈도 사람도 의욕도 없는 농촌에서, 하나님의 복지를 실천할 수 있는 일은 무엇일까?

2. 반찬 나누기 봉사

본 교회에 부임하기 전 나의 남은 목회사역과 농촌 교회의 비전은 섬김과 봉사를 바탕으로 한, 복지 목회의 실천에 초점을 두었다. 그래서 부임하면서 맨 먼저 시작한 것이 독거노인을 대상으로 한 반찬 나누기 봉사였다. 물론 많은 분들을 대상으로 하지는 못했다. 교회 주변의 독거노인들을 대상으로, 집에서 가족들이 먹는 몇 가지 반찬을 약간의 정성을 담아 한 가정, 두 가정 그렇게 시작한 것이다.

처음에는 약간의 어려움도 있었지만, 성도들의 호응과 협력으로 그 대상이 크게 증가하게 되었다. 물론 1주에 한 번 하는 일이지만 반찬을 들고 가정을 방문한다는 것이 하나님의 선교를 위해 얼마나 유익한 일인지 모른다. 이렇게 가정을 방문하다 보면 몸이 불편하여도 병원을 찾지 못하는 어르신들을 더러 만나게 되는데, 이들을 위하여 혈압기와 당뇨 체크기를 구입하여 한 주에 한 번씩 혈압과 당뇨를 체크하고, 안마와 마사지를 해드리고 어르신들의 말동무가 되어드리기도 한다.

3. 온천목욕 봉사

마침 우리 지역에 좋은 온천이 있어서 매주 한 차례 목욕 봉사를 실시한 것이 어느덧 4년째 접어들었다. 비용 문제 때문에 사실 농촌 교회에서 할 수 있는 선교 사역은 아니라고 생각할 수 있다. 목욕 봉사를 위한 비용이 만만치 않은 것도 사실이다. 처음에는 교회 내 노인들을 대상으로 일주일에 세 명 정도로 시작한 사역이 이제는 4개 동네를 대상으로 매주 8~10명의 노인들을 섬기는 사역으로 발전했다.

이 일은 온천 업주의 협력과 독지가의 후원으로 지금은 그리 큰 비용 들이지 않고도 교회의 존재 이유와 목적을 알리는 봉사사역으로 발전했다. 온천 목욕 봉사는 반찬 봉사와 함께 큰 반감 없이 지역적으로 큰 호응을 얻고 있는 우리 교회의 핵심 선교사업 중 하나이다.

4. 노인학교 운영

부임 후 2년째부터 운영하기 시작한 '무지개대학'은 수자원공사의 재정 협력과 안동 YMCA의 인력 지원으로 월 2회에 걸쳐 진행되는 노인 여가선용 프로그램으로 예산과 인력자원만 확보된다면 매주 실시해도 좋을, 지역사회를 위한 하나님의 복지가 아닌가 생각한다. 아직도 부족한 것이 많은 작은 목사이지만 주어진 환경과 여건을 최대한 활용하여 섬기고 있는 교회가 하나님의 복지를 실현하는 농촌 교회의 모델이 되었으면 하는 작은 욕심을 가져본다.

앞으로 더 많이 기도하고 더 열심히 준비해서 그리스도 예수의 마음을 품고 교회와 지역사회를 섬기는 교회가 되기를 바란다. 그래서 지역사회가 교회를 위해서가 아니라 교회가 지역사회를 위해서 존재하는 것을 알리고 싶다. 복지 목회를 통해서 하나님께서 그렇게도 세워가기를 원하시는 세상의 빛과 소금의 역할을 다하는 그리스도의 몸 된 교회를 이루어 내고야 말겠다는 결심과 다짐을 해본다.

노인학교의 활동 모습

III. 나가는 말

사실 지금 우리 교회가 하고 있는 이 일이 농촌목회의 전부는 아닐
것이다. 우리 교회보다 훨씬 열악한 환경과 여건임에도 불구하고 농
촌 교회의 모델이 될 만한 대단한 사역을 하고 있는 교회들이 있음을
알고 있다. 그렇다고 우리 교회가 그러한 교회를 흉내 낼 수는 없다.
우리 교회가 위치한 지역의 특성을 집중적으로 분석하고 거기에 맞는
목회사역을 수행하다 보면, 생각지 못했던 보람 있는 농촌목회를 경
험하게 될 것이다.

농촌목회, 가만히 앉아만 있으면 한없이 게을러질 수 있는 것이 농촌목회이다. 사람들은 말한다. '왜 사서 고생하느냐고….' 그러나 나는 절대 그렇게 생각하지 않는다. 결코 사서 고생하는 것이 아니다. 아무리 피폐해져가고 희망을 잃어가는 농촌 현실일지라도 반드시 교회는 희망이 될 수 있다. 주님의 마음을 전달할 수 있는 일이라면 교회가 앞장서서 복음 전파와 섬김의 사역을 수행함으로써 교회가 속한 지역 사회로부터 그 필요성을 인정받을 수 있다. 교회를 위해 지역사회를 필요로 하는 것이 아닌, 지역사회를 위해 교회를 필요로 하는 이상적인 교회를 꿈꾸어 본다.

주민 봉사로 선교하는 좋은교회

정창국 목사

(충북 제천 좋은교회)

I. 출생과 학교생활

나는 1967년 강원도 홍천 하오안리에서 남부럽지 않은 부유한 가정에서 태어났다. 하지만 우리집은 하나님을 믿지 않고 산신(山神)을 섬기는 불신가정이었다. 1985년 홍천중학교를 졸업한 후 지인의 소개로 인천으로 유학하여 인평고등학교에 입학하였다. 학교기숙사에서 생활하며 공부를 하게 되었는데 그 학교가 미션스쿨인 것을 입학 후 얼마 지나서야 알게 되었다.

학교에서 기독교 행사(부활절, 추수감사절, 성탄절) 등을 할 때마다 뭔가 알 수 없는 분노가 일어나곤 했다. 3학년 때에는 부학생회장으로 임명되었는데 학생들을 잘 선도하기보다는 기독교 행사를 노골적으로 방해하여 학생과장님에게 불려가 반성문도 쓰고, 때로는 매를 맞기도 했다. 당시 고향에 계신 어머님은 산신을 섬기고 계셨기에 내 어머님이 믿는 신과 다르다는 이유로 학교 내의 종교 활동을 방해했던 것이다. 나는 내 행동에 대해서 잘못했다는 의식은 없었으며 도리어

298 ｜ 제6부_ 마을과 하나 되는 목회

어머님께서 믿는 산신 외에 그 어떤 신도 인정하고 싶지 않았다.

1988년도에 인평고등학교를 졸업하고 이듬해 인하공업전문대학에 입학하여 1학년을 마치고 영장이 나와 군대를 가기 위해 고향집에 있다가 군대 가기 전 용돈을 얻어 쓸 요량으로 청주에 살고 계신 누님 집에 갔다. 멀리 떨어져 있어서 자주 뵙지는 못했지만 내가 보기에 누님과 매형은 세상사는 재미가 하나도 없는 분들 같아 보였다. 술도 안 드시고, 담배도 안 피우시고, 직장(당시 대농)을 다녀오면 책을 보거나 기도하러 가거나 하는 것이 전부였다.

II. 누님의 권유로 새벽기도회에 나가다

어느 날부터인가 누님께서 새벽에 방에 노크를 하면서 "창국아, 새벽기도 가지 않을래?" 하는 것이었다. 그 당시 나는 술, 담배뿐 아니라 욕도 잘하고, 게다가 어머님이 믿는 산신이 아니고 교회를 가자고 새벽에 깨우니 짜증이 밀려와서 "안 가! 누나 미쳤어. 엄마는 산신을 섬기는데 누나는 교회를 가? 누나나 갔다 와!"라고 대꾸하고 담배를 피웠다. 그런데 속에서 무언가 올라와서 잠을 이룰 수 없었다.

누나는 매일 새벽기도회를 가자며 깨우는데, 정확히 며칠 후인지는 모르지만 누나가 담뱃값도 주고 용돈도 주는데, 밖은 아직 어두운데 누가 누나를 해코지하면 어떡하나 싶어 누나를 지켜주자는 마음으로 생전 처음 새벽기도를 따라갔다. 나는 맨 뒷자리에 앉아 예배드리는 모습을 구경만 했다. 목사님이 설교를 마치고 각자 기도하고 가라고 했다. 기도하시는 분들의 모습을 보고 있는데 나도 모르게 제 입에서 "하나님, 저는 죄인이다"라는 말이 나왔다. 눈물의 기도를 하고 있는 나 자신의 모습을 발견하고 놀랐다. 더욱 신기한 것은 이후 새벽기도 시간이 되면 잠에서 깨어났고, 어느새 누님과 함께 새벽기도회에 참석하게 되었다.

III. 기도의 응답과 순종의 생활

그 후 6개월가량 한 번도 빠짐없이 매일 공단중앙교회 새벽기도회에 참석하였다. 우상을 숭배한 것이 얼마나 큰 죄인지 회개하였다. 또한 입이 더러워서 "주님 제 입에서 욕이 떠나가게 하여 주시고 깨끗하게 하여 주세요"라고 구했는데 정말 입에서 욕이 떠나갔다. 신기했다. 그러나 마음은 연못과 같아서 겉에서 보기에는 깨끗해 보이는데 나뭇가지로 연못의 바닥을 저으면 더러운 구정물이 일어나듯이, 화가 나거나 분노가 일어날 때면 욕이 나왔다. 성령께서는 선데이서울과 같은 잡지책도 버리고, 즐겨듣던 팝송이나 가요보다는 복음성가나 찬송을 즐겨 부르게 인도해주셨다. 술·담배도 쉽지 않았지만 끊었다. 어느 날 세상 친구를 만나 도둑 술을 마셨는데 손가락을 입에 넣어도 내용물이 안 올라오고 밑으로도 나오지 않아 죽을 지경이 되었다. 나는 "하나님 다시는 마시지 않겠습니다" 하며 눈물로 회개하였다. 그러자 마치 수도꼭지에서 아니 소방 호스에서 물이 나오듯이 술을 마신 내용물들이 올라오는데 그것이 즐겨마시던 술과의 마지막 작별이 되었다.

IV. 군대 대신 신학교로

그 후부터 교회에 가는 것이 그렇게 행복하고 기다려질 수가 없었다. 당시 공단중앙교회 목사님께서는 부흥강사이기도 하셔서 먼 거제도에서의 부흥집회에도 참석할 정도로 은혜를 사모했다. 그제야 세상 재미없이 산다던 누님과 매형을 이해할 수 있었다. 주일예배, 수요예배, 금요철야예배, 새벽기도회에 열심히 참석하였는데 목사님께서 성경을 많이 읽으라고 하시면서 성경을 읽다 모르는 것이나 궁금한 것이 있으면 언제든지 오라고 말씀하셨다.

그날 이후 오줌보가 터지기까지 참으며 성경에 빠져 살았다. 어느덧 성경을 열두 번 정도 읽었다. 이해가 안 될 때면 목사님 댁에 찾아가 물었다. 어느 날 목사님께서 불러서 사택에 갔는데 청주신학교를 가라고 권면하셨다. 그래서 낮에는 직장에서 일하고 밤에는 청주신학교를 다녔다. 하나님의 학문을 배우는 것이 그렇게 기쁠 수가 없었다. 1998년도에 청주신학교를 졸업했는데 배움에 대한 아쉬움이 많아 2002년도에 서울신학대학교 목회대학원에 입학하였다.

V. 사랑하는 아내를 만나다

그러던 중에 지금의 아내를 만나 가정을 이루게 되었다. 당시 아내는 원생이 150명이 넘는 제법 큰 에바다어린이집을 운영하고 있었다. 나는 이사장으로, 아내는 원장으로 있어서 경제적으로도 부족함이 없었다. 아내는 내가 장로가 되어 목사님을 도와 교회를 잘 섬기길 바랐다.

아내를 만난 것은 철저한 하나님의 섭리였다. 나는 교회 청년회장으로, 아내는 율동과 찬양으로 섬기고 있었지만 한 번도 이성으로 생각해본 적이 없었다. 어느 날 아버님께서 부르셔서 네 엄마가 자궁수술을 받았는데 잘못되어 죽게 되었다며 너라도 빨리 장가를 가는 것을 보고 죽으면 원이 없다고 하시기에 부모에게 순종하라는 말씀이 생각나 그리하겠다고 말씀드렸다. 그때 마침 우리 교회에서 부흥회가 있어서 배우자를 만나야겠다 싶어 3일간 기도하게 되었다. 부흥회가 끝나는 날 점심때 지금의 아내가 우리 집 앞을 혼자 걸어가고 있었다. 차 한잔하고 가라는 말에 우리 집에 들어와 차를 마시게 되었는데 아버님과 어머님께서 아주 마음에 들어 하셨다. 나 또한 예전과 다른 나를 보게 되었다.

때마침 소파가 낡아서 바꾸려 했는데 아버님께서 자매보고 가서 소파를 골라 달라고 하자 그리하겠다고 하여 함께 가구점에 가서 소파를 보았다. 아버님과 어머님은 배달기사 차량으로 가시면서 3만 원을 쥐어주고 천천히 들어오라고 하셨다. 그래서 청주 중앙공원에 있는 레스토랑에 가 저녁을 먹으면서 결혼을 하자고 프러포즈를 했다. 아내는 몹시 당황해하며 며칠 생각할 시간을 달라고 했다. 이틀 후 결혼 승락을 받고 담임 목사님의 주례로 결혼식을 올렸다. 현재는 두 아들의 엄마가 되었고, 세종시에 있는 꼬마세상어린이집을 운영하면서 9년 동안 한 번도 빠짐없이 토요일이면 제천 산골짜기 좋은교회에 와서 함께 섬기고 있다. 큰 아들 찬양이는 대학을 졸업한 후 회사를 다니고 있으며, 둘째 요한이는 세종시 아름고교 3학년에 재학 중이며, 체육대학 진학을 준비하고 있다.

VI. 목사가 되어 적곡교회에 부임하다

아내는 내가 서울신학대학 목회대학원를 졸업하고 장로가 되어 목사님을 도와 교회를 잘 섬기길 원했지만, 막상 목사고시를 합격하고 보니 목사가 되어 교회를 섬기고 싶다는 마음이 불일 듯 일어나서 견딜 수가 없었다. 아내를 어렵게 설득하여 도시에서 부목사로 섬기겠다고 약속하고 집에서 가장 가까운 중부교회에서 전임전도사로 2년을 사역하였다. 그 후 궁평교회에서 2년을 전임전도사로 사역한 후에 2008년 4월 26일 청주지방회에서 목사안수를 받았다.

아내는 가까운 곳에서 부목사로 사역하기를 원했지만 나는 시골에 가서 목회하고 싶었다. 도시 교회에 갈 기회도 있었지만 때마침 아는 목사님을 통하여 제천 시골에 3년 동안 문이 닫힌 교회가 있는데 가겠냐고 해서 별 고민 없이 가겠다고 했는데 그곳이 지금 목회하고 있는 제천 산골짜기 좋은교회(적곡교회에서 좋은교회로 개명)이다.

시골에서 목회를 하게 된 계기가 있었다. 청년시절 수요예배에 참석하려고 교회에 가고 있는데 술을 많이 드신 할아버지가 술에 취해 비틀거리고 있었다. 넘어질까 염려되어 부축하여 집으로 모셔다드리려 했다. 그런데 술에 취한 어르신께서는 집을 찾지 못하고 마을을 빙빙 돌기만 하였다. 예배시간에 늦을까봐 술 드신 노인을 슈퍼 앞에 내팽개치다시피 하고 교회에 갔다. 후에 목사안수를 받고 목회임지를 결정할 때에 그 어르신이 생각났다. 빚진 마음을 갚기 위해서라도 노인목회를 하자고 결정하였다. 도시보다는 시골에 노인이 많다는 것이 시골 교회에 부임하게 된 궁색한 이유이다.

2008년 8월 어느 뜨거운 날 제천 적곡교회에 부임하였는데 흉가나 다름없는 교회 모습에 놀랐다. 35평의 예배당과 18평가량의 사택이 있었는데 3년 동안 아무도 교회를 돌보지 않아 키보다 더 큰 풀들이 가득하였고, 사택과 예배당에는 쥐들이 들끓고 있었다. 부임해서 한 것이라고는 한 달 내내 청소하는 것이었다. 도시형 아내는 이런 곳에서는 도저히 살 수 없다고 나를 원망하며 그길로 세종시로 돌아가 버렸다. 아내는 아파트 내에 관리동 어린이집을 운영하며 아이들을 교육하고 토요일마다 와서 아이들과 함께 와서 주일예배를 드리고 돌아가곤 했는데 그때 아내가 결정을 잘했다는 생각이 든다. 만약 함께 있었다면 생활이 너무 힘들지 않았을까 생각된다. 아내가 고맙고 감사할 뿐이다. 벌써 혼자서 목회한 지 9년이 되어간다.

VII. 교회 리모델링과 차량 봉사, 목욕 봉사

감사하게도 미국에서 3천만 원의 후원금이 와서 사택과 예배당을 리모델링하고 지금의 교회의 모습을 갖추게 되었다. 서울의 큰 교회에서 내놓은 강대상과 의자를 용달차 두 대에 싣고 와 지금도 잘 쓰고 있다. 새로운 목사가 부임했다는 소식을 듣고 흩어졌던 성도들이 돌아와 주일예배를 함께 드리게 되었다.

이제 어떻게 시골 목회를 할까 고민하였다. 어느 날 마을 어르신께서 머리에 무언가를 메고 가고 있었다. 어디 가시냐고 물으니 면(面)에 나가신다고 하였다. 당시 그 지역에는 버스가 하루 한 번밖에 들어오지 않았다. 그때 성령께서 네가 저분들의 발이 되어드리면 좋겠구나 하셨다. 그 후 지금까지 차량 봉사하고 있다. 매주 수요일 오전 8시 30분에 마을을 돌면서 어르신들을 모시고 면에 나간다. 면에 나가 병원에도 가고 약도 사고, 한의원에서 침도 맞고, 장도 보고, 농사 기구

목욕 봉사하러 수안보에 간 모습

도 사고, 이발도 하고 그렇게 교회 차량이 마을버스가 되었다.

그런데 차량이 너무 노후하여 걱정이 되었다. 어떻게 하면 15인승 차량을 구입할 수 있을까 고민하였다. 역사가 일어났다. 교회 앞 600평 땅을 무상으로 임대하여 배추를 심어 절임 배추을 만들어 서울에 있는 대형 교회에 절임 배추와 함께 감자와 옥수수를 직거래하여 자금이 좀 생겼다. 그리고 김 집사님이 결혼할 때 신랑한테 받았다는 쌍가락지를 헌물하였다. 그것이 불씨가 되어 성도님들이 감동을 받아 모두들 헌금에 동참하였다. 그렇게 기적과 같이 일천만 원의 자금이 생겨 15인승 중고 승합차량을 구입하였다.

그것이 계기가 되어 목욕 봉사를 하게 되었다. 우리 교회는 교회 인근 땅 2천여 평에 수수와 율무 농사를 지어 십일조와 감사헌금을 드리고 나머지는 남녀전도회 기금으로 사용하고 있다. 우리 교회 교우들은 대부분 연세가 많으신 분들이다. 한의원에서 침을 맞고 계실 때 한의사 선생님께서 온천에 가서 몸을 따뜻하게 하면 좋다고 하셔서 한 달에 한 번, 셋째 주 토요일에 수안보온천에 가서 온천욕을 하고 맛집에 들러 함께 식사를 한다. 지금은 15~20명가량의 어르신들이 참석하고 계신다. 이를 통하여 한 가정에서 모친과 아들, 며느리, 손녀딸 둘까지 5명이나 교회에 등록하기도 하였다.

VIII. 대민 봉사, 연탄 봉사

그 후 지역사회를 위해 어떻게 봉사할까 생각하다가 화장실 문제
에 관심을 갖게 되었다. 어르신들의 집과 화장실이 떨어져 있다. 옛
건물이라 화장실이 밖에 있어서 겨울에는 많이 힘들어 하셨다. 그래
서 화장실을 실내에 설치하는 봉사를 하게 되었다. 당시 교회 재정이
어려워 서울에 있는 농산물 직거래하는 교회의 도움을 받았다. 그 청
년들이 이곳에 와서 도배와 장판과 외벽페인트 작업과 화장실을 실내
에 설치해드리는 일을 해주었다. 이를 통하여 지역주민들의 교회에
대한 이미지가 좋아지게 되었다.

주민들 집에 페인트칠을 하고 있다

연탄 봉사하는 모습

유난히도 추웠던 겨울 우리 지역의 노인 한 분이 동사(凍死)하는 사건이 발생하였다. 큰 충격을 받았다. 어떻게 얼어 죽을 수가 있는가…. 그 후 난방 수요조사를 해보니 36%가 연탄을 쓰고 있었다. 그나마도 여유롭지 못하게 사용하고 있는 어려운 가정들이 있었다. 이곳에서 목회하는 동안 2km 이내에서 굶어 죽는 분이나 얼어 죽는 분이 생기면 목회를 그만두겠다고 마음먹었다. 그래서 연탄을 후원해주는 곳을 찾게 되었고, 원주밥상공동체 연탄은행 허기복 목사님을 알게 되었다. 여러 가지 심사를 거쳐서 2011년도에 시(市)도 아니고 면(面)도 아닌 산골짜기 리(里)에 연탄은행 26호점을 설립하게 되었다. 이후 연탄은행 본부로부터 매년 15,000장을 지원받고, 지역의 후원자들을 통하여 35,000장 정도를 후원받아 매년 50,000만 장가량을 남제천 5개 면(덕산면, 수산면, 금성면, 청풍면, 한수면)의 250가정에 200장씩 사랑의 연탄을 제공해오고 있다.

금년 12월에는 연탄은행 재개식을 가지려고 한다. 제천시장, 연탄은행 사무총장, 국회의원, 시의원, 군의원, 각 기관장들, 이장들, 방범대원들, 자원봉사자들, 청주CBS권사회합창단, CBS남전도합창단, CBS어린이합창단, 세종시 고운중 1, 2, 3년 학생들, 교사들, 지역 교회 청년들, 지역의 목회자들과 함께 재개식을 갖고 사랑의 연탄봉사를 시작할 계획이다.

IX. 에덴요양원 개원

반찬 봉사, 차량 봉사, 목욕 봉사, 대민 봉사, 연탄 봉사로 겨울을 따뜻하게 지낼 수 있게 했지만 정든 고향과 마을을 떠나는 분들이 생겼다. 전도해서 교회에 나오게 된 윤선자 권찰이 다리가 불편하여 요양원에 가게 되었는데 다른 지역 요양원에는 가기 싫다고 하면서 목사님이 요양원을 하시면 안 되겠느냐고 하는 것이었다. 그 소리가 하나님의 음성으로 들렸다.

어느 날 성도들 앞에서 마지막 사역으로 재가복지센터사역과 요양원 사역을 위해 땅을 사야겠는데 이를 위하여 기도하자고 했다. 2년 정도 기도하고 나니 '이제는 됐다'는 마음을 하나님께서 주셨다. 그래서 교인들에게 여러분 중에 요양원 부지를 헌물하실 분이 계시면 하나님께 봉헌해드리면 좋겠다고 했다. 두 분이 드리겠다고 했는데 한 분은 500평, 또 한 분은 1,200평을 하겠다고 하였다. 결국 1,200평 중 600평을 받아 요양원 부지를 마련하였다.

이제는 건축 비용을 마련해야 했다. 권사님들과 남자 집사님들을 모시고 함께 식사를 나누고 예배를 드린 후, "우리 모두 소 한 마리씩 작정합시다"라고 했다. 그 자리에서 6,500만 원이 작정되었고 빠진 분들은 한 사람씩 찾아가 얘기해서 한 사람도 빠짐없이 건축에 동참하여 에덴요양원 건축을 완공하게 되었다.

요양원 건축은 무사히 끝났는데 건물 안에 비치되어야 할 기자재들이 하나도 준비되지 않았다. 하나님께 기도했다. "구하라 주실 것이

요양원 노인들과 예배를 드리고 있다.

요"라는 말씀에 의지해서 새벽마다 기도했다. "하나님, 드럼세탁기가 필요합니다" 하면 드럼세탁기가 들어왔고, "하나님, 소파가 필요합니다" 하면 저 멀리 태백의 모 권사님을 통해 보내주셨다. 식기건조기는 이곳에서 신앙 생활하던 분이 기증해주셨다. TV는 다른 교회 헌신예배 인도 차 갔다가 설교 도중 담임목사님께 요청하여 벽걸이 TV를 기증받기도 했고, 대민 봉사왔던 청년부가 힘을 모아 에어컨을 설치해주기도 했다. 그 외에 거울, 시계, 선풍기, 밥솥 등등 기자재들이 외부의 후원으로 다 준비되었다. 에벤에셀 하나님이 세밀하게 간섭해주셨다. 부족한 잔액은 대출받아 정리하였다.

지금은 시설장인 나와 사회복지사 한 분, 간호사 한 분, 조리사 한 분, 요양사 세 분 등 총 7명이 에덴요양원에서 일하고 있다. 그리고 재가복지센터는 사회복지사 두 분과 요양사 30여 명이 노인들을 찾아가 돌보고 있다. 요양원을 건축할 당시 세 가지 기도 제목이 있었다. 첫째는 인생의 졸업을 앞둔 분들이 에덴요양원에 들어와 복음을 듣고 구원을 받는 장소로 쓰이는 것, 둘째는 일자리가 창출되는 것, 셋째는 교회의 재정에 유익을 주는 것이었다. 지금은 모두 이루어졌다.

X. 장학금 전달과 해외선교

산골짜기 작은 교회이지만 초등학교와 중학교의 어려운 학생들에게 근로장학금을 지급하고 있다. 초등학생 6명과 중학생 6명을 선정하여 해마다 장학금을 지급하고, 1년에 한 번씩 서울 롯데월드나 놀이공원 등에 가서 좋은 추억을 만들어주고 있다. 감사하게도 부임하고 3년만에 자립하는 교회가 되었고, 지금은 부족하지만 러시아와 베트

장학금 전달식

남에도 선교하고 있다. 여러 가지 사역을 하다 보니 부족함을 많이 느낀다. 그래서 한남대 대학원에서 아내는 상담학을, 나는 신학을 좀 더 공부하고 있다.

앞으로 우리 교회는 해마다 해외 선교지를 탐방하려고 한다. 작년에는 일본단기선교를, 금년 8월에는 몽골단기선교를, 내년 2017년에는 필리핀 오지 선교지와 신학교를 다녀올 계획이다. 이를 통하여 더 크게 헌신하는 성도와 교회로, 하나님께 한 시대에 쓰임 받는 교회와 성도들이 되기를 바란다. 앞으로 좋은교회는 지역사회를 위해 섬기는 마음으로 봉사하여 죽어가는 영혼을 구원하며 하나님의 마음을 기쁘게 해드리기를 소원한다. 샬롬!

아픔을 딛고 도약하는 낙동신상교회

김정하 목사
(경북 상주 낙동신상교회)

I. 내 몸에 맞는 옷

아무리 좋은 옷이라 할지라도 내 몸에 맞지 않는 옷은 볼품이 없다. 나는 경북 영덕군 창수면 백청리라는 곳에서 태어났다. 첩첩산중이라고 할 수 있는 곳에서 태어나 자랐고, 고등학생이 되어서 그 오지를 떠나서 대도시 부산에서 생활하였다. 부산에서 처음 신앙을 접하게 되었고, 지금은 경북 상주시 낙동면 신상리에서 목회하는 목사가 되었다. 자라온 환경이 그래서인지 도시의 정서는 왠지 모르게 적응이 되지 않았다. 시내를 다녀오면 두통에 시달려야 했고, 숨을 조여 오는 것 같은 답답함과 여기저기에서 오는 긴장감 때문에 늘 예민하게 지냈다. 그러면서 이 환경이 나에게 맞는 환경이 아니라는 생각이 들어서 20대 초반에 모든 것을 정리하고 고향에 들어갔고, 군대에 가기 전 1년 반을 고향의 교회에서 교사로 섬기며 보냈다.

아마 이때가 가장 행복했던 때 같다. 답답하던 마음이 뻥 뚫어지는 것을 느끼고 그것을 잊지 못해 군에 제대하면 반드시 고향에 들어오리라 결심을 했지만 제대할 때는 이미 가족들이 대구로 이사를 나온 이후여서 포기하였다. 여러 가지 이유로 신학을 하게 되었고, 도시지역에서 교육전도사, 전임전도사 생활을 했다. 그런데 좋은 인품을 가진 부교역자이기보다 '갈등 조성자'(trouble maker)가 되어 있었다. '왜 그럴까'라는 고민 속에 나는 도시 사역이 맞지 않다는 결론을 내리고, 경북 상주 함창교회에서 전임전도사, 문경의 점촌시민교회에서 부목사를 거쳐 2013년 2월 14일 현재 시무지인 경북 상주시 낙동면 신상1리 낙동신상교회에 부임하여 4년을 보내고 5년째를 달리고 있다.

내게 맞는 옷이라는 제목으로 서두를 시작한 것은 내 정서에 맞는 교회를 찾아 사역하게 되었다는 것이다. 나는 교회에서 생기는 갈등이 목회자의 정서와 교회가 가지고 있는 정서가 맞지 않아서 생기는 경우가 많다고 본다. 설교와 목회가 뛰어난 분인데 농촌목회에 실패한 분을 보았고, 다정다감하고 인품이 좋지만 도시 목회에서 실패하는 분을 보았다. 나는 몸에 맞는 옷처럼 농촌목회가 체질이도록 태어났고, 자랐고, 살아온 정서도 맞았다고 본다. 그래서 지금 시무하고 있는 낙동신상교회가 내 몸에 맞는 옷이라고 말할 수 있다.

II. 함께, 같이 살아가는 삶

2013년도에 부임한 낙동신상교회는 아픔을 안고 있었다. 원래 대한예수교장로회 합동측 교회였지만 교인들과 목사님과의 갈등으로 목사님께서 옆 마을 신상 2리에 새롭게 개척하고 남은 교인들이 통합 측으로 편입되어 들어왔다. 통합 측으로 바뀐 후에도 평안하지 않아서 이미 두 분의 목사님이 거쳐 간 뒤였다. 아직도 잊을 수 없는 것이

임직식

선을 보기 위해서 설교를 하러 갔을 때 교인들의 질문이 다양했다. "연탄을 갈 수 있느냐? 직분자를 세워줄 수 있느냐? 자녀들이 어린데 걱정이 되지 않느냐?"는 질문을 받았는데 문득 이런 생각이 들었다. 그 질문들이 목회를 잘할 수 있는가를 묻는 것 같았는데 이렇게 대답을 했다. "저는 여러분들과 함께 살고 싶습니다. 같이 살고 싶어서 이 교회에 오려고 합니다."

어쩌면 이 대답이 내가 표현할 수 있는 최고의 대답이었다. 특별한 목회사역보다 함께 살아간다는 것, 같이 사는 것만큼 좋은 사역이 없다고 생각을 한다. 지금은 마을목회를 해야 한다고 생각을 하고 있지만 이 '마을목회'라는 말을 써야 하나 딜레마에 빠지기도 한다. 마을을 목회한다는 것보다 마을과 자연스럽게 살아간다는 것이 더 좋은 것 같다. 특별한 무엇인가를 한다기보다 그냥 같이 살아가는 것이 가장 좋은 목회가 아닌가 생각이 든다. 나의 농촌목회는 너무나 평범하게 같이 함께 살아간다는 것으로 표현할 수 있다.

지금 교회와 마을 관계를 표현하자면 자연스럽다는 표현이 가장 적절할 것 같다. 목회자와 주민들과의 관계는 동네 아들이고 손자고 이웃이고 허물없이 지낼 수 있는 사이이다. 교회가 지역에서 하고 있는 사역이 작은 일이 아니지만 그 속에 담겨 있는 것은 함께 살아가는 것에 대하여 진지하게 고민을 한다는 것이다.

부임 초부터 교인들에게 전도하지 말라는 선언을 했다. 30년 이상 전도했는데 전도가 되지 않았다면 지금 가서 전도한다고 교회에 나오겠느냐? 동네일에 열심히 동참하고 봉사하면서 우리가 믿음의 모습을 보이면 저절로 되는 것이 전도라고 이야기를 했다. 어느 날 전도부장으로 세운 권사님께서 찾아오셨다. 마을에서 부녀회장을 하라고 하는데 교회 일과 겹쳐서 고민이 된다고 했다. 부녀회장을 하시라고 전도부장만큼 부녀회장도 중요하다고 했다.

지금은 마을을 잘 이끌고 계시고, 이전보다 신나는 부녀회가 되었다. 2월 초 부흥회를 했는데 동네 주민 20여 명이 부흥회에 참석해주시고, 3일 동안 헌금을 해주면서 함께하였다. 농촌 지역의 리(里) 단위의 교회에서 꾸준히 교인이 늘고 있고, 몇 주 사이에 등록을 하신 분이 세 분이나 된다. 지금은 공격적인 전도보다 함께 살아가는 것에 대한 진지한 고민이 지역과 더 가까이 다가가는 일이 되었다. 지금 우리 교회가 추진하는 모든 일은 이 지역에 어떤 보탬이 되느냐를 고민하고 그에 따라 결정하고 있으며, 이 일들에 대하여 주민들이 교회를 진심으로 받아주고 있다.

III. 우리 교회는 꿈틀거려 보았다

교회 성도님들과 늘 함께 나누는 이야기가 있다.

교회가 아무 일도 하지 않으면 어떤 일도 일어나지 않는다. 하지만 우리가 꿈틀대니까 기적이 일어난다.

작은 교회라서 못하는 것이 아니라 하지 않기 때문에 어떤 일도 일어나지 않는다.

그래서 우리는 하나님 앞에 몸부림이라도 쳐 보는 것이다. 그러니 하나님께서 우리를 도와주시는 것이다.

나는 이것을 확신한다. 아무것도 하지 않으면 어떤 일도 일어나지 않는다. 하지만 하려고 하면 하나님이 도와주신다. 돕는 손길이 생긴다. 우리 교회는 교회와 인접해 있는 땅 365평을 2014년에 구입하고 등기까지 완료하였다. 차량이 진입하지 못하는 맹지이고, 가운데 도랑까지 있는 경사가 심한 대지가 일부 있지만, 밭이었다. 구입을 하고 손을 보려고 하니 재정도 없고, 봉사할 사람도 없었다. 그때 우연히 만난 구미 시민교회 장로님께서 자신의 교회에 지역 봉사팀이 있다고 하셨다. 그분들에게는 어려운 일이 아니라고 했다. 그분들의 손길로 그 땅에 맨홀을 박고, 땅을 메우고, 석축을 쌓고, 정비해서 지금은 15톤 트럭이 다니는 넓은 공간이 되었다. 많은 분들의 사랑의 손길이 있었다.

대단한 일을 하는 것이 아니라 작은 일에서 시작한 일이 큰 일이 되고, 하나둘씩 해오면서 자신감을 얻어서 더 큰 일을 할 수 있게 되었다. 작으나마 꿈틀거리고 움직인 덕분에 일할 것이 생기고 교회가 일을 하니 여러 가지 사역과 사람들이 채워지기 시작했다.

Ⅳ. 준비를 시키신 하나님

교회가 준비되어 있어야 한다. 막상 부임을 하고 보니 대부분의 농촌 교회가 그렇듯이 작은 교회가 무엇을 할 수 있느냐는 패배의식과 거의 정비되어 있지 않은 교회의 모습이 있었다. 가장 심각한 것은 본당 정문 입구 3m 거리에 있는 재래식 화장실이었다. 부임 후 한 달이 되던 오후예배 때 성도님들에게 질문을 했다. "저는 온 지 얼마 되지 않아서 우리 교회의 장점을 잘 모르겠습니다. 여러분이 교회의 자랑을 해주었으면 좋겠습니다." 그랬더니 여러 가지 대답을 해주셨다. "가족적인 교회", "작지만 열심히 하는 교회", "사람들이 좋은 교회" 등. 다 들은 후에 말씀을 드렸다. "여러분, 집에 손님이 오시면 가장 먼저 무엇을 해야 하는지 아십니까? 화장실 위치를 가르쳐 주어야 합니다. 사람은 생리적인 문제가 있으면 불안해집니다. 그래서 손님이 오시면 저희집 화장실이 어디에 있다고 소개를 하면 그 사람의 긴장이 풀립니다. 우리 교회에 새 가족이 오면 가장 먼저 화장실을 가르쳐 주어야 합니다. 그런데 저는 우리 교회 화장실을 보면 새 가족을 못 모시겠습니다." 그때 집사님 한 분이 설교 중인데도 당차게 화장실을 새로 짓자며 제안하였다. 이렇게 우리 교회는 수세식 화장실을 새로 짓게 되었다.

교회의 안정과 성장에 있어서 필요한 조건을 이야기하라고 하면 사전 준비가 필요하다고 본다. 손님을 초대해도 집안을 청소하고 단장을 하는데, 복음을 전하고 전도하고 새 가족을 초대하려면 먼저 그 분들을 초대할 수 있는 환경이 준비되어야 한다고 본다. 그것에 가장 민감하게 생각해야 하는 것이 기본인 생리적 욕구가 해결되어야 한다. 그래서 화장실을 바꾸어야 한다는 마음을 가졌다. 그래서 그전 교회

교인들이 교회를 수리, 정비하는 모습

에서 받은 전별금 전액을 건축헌금으로 드렸다. 2년간의 부목사 생활로 받은 전별금은 그리 많지 않았다. 그때부터 성도들이 헌금을 하기 시작했지만 충분하지는 않았다.

그때 같은 시찰에 있는 함창교회 강인철 목사님에게서 전화가 왔다. 함창교회는 내가 전임전도사로 있었던 교회이다. 그 교회에서 선교헌금을 하신 분이 계셨는데 그 목적하던 것이 없어졌고, 그 헌금을 하신 분이 그냥 적립해두는 것보다 사용했으면 좋겠다는 의견을 주셨는데, 함창교회는 우리 낙동신상교회에 지원하기로 결정했다는 것이었다. 그 금액이 신기하게도 공사 후 부족했던 금액과 일치하는 액수였고, 전달을 받은 다음날이 바로 건축업자에게 잔금을 치러야 하는 날이었다. 그날의 감동은 이루 말할 수 없었다. 성도님들은 하나님께서 하셨다며 찬양하며 자신감을 가지게 되었다.

지금은 본당 내부를 리모델링을 해서 교회가 작지만 예쁘다. 이제는 처음 교회에 오시는 분들도 참 아름답다는 이야기를 한다. 편하게 누구나 찾아오고 머무를 수 있는 교회가 되었다. 교회 구석구석 손이 안 간 곳이 없지만 그럴수록 교회의 모습은 단장되어갔다. 현관을 새롭게 꾸미고 주방과 식사하는 장소를 정비했다. 이 모든 것은 준비의 과정이었다. 하나님께서는 사역을 시작할 수 있는 교회로 준비시키셨다. 교회가 부흥하여 교인이 많아지면 새로운 일을 할 수 있을 것이라 생각을 하지만, 사람이 많아져도 머무를 공간이 없으면 모이지 않는다. 먼저 환경을 준비하는 것이 우선이라고 생각한다.

V. 희망을 보면서

농촌목회이지만 희망을 잃어버리지 않았다. 그래서 시작한 것이 '아름다운 잔칫날'이라는 프로그램이다. 일반 교회서 하는 총동원전도주일인데 어감이 좋지 않아서 우리 교회는 '아름다운 잔칫날'이라고 한다. 그래서 새로운 분들을 초대할 때 교회에서 잔치를 하니 놀러 오라고 한다. 어쩌다 한번 하는 것이 아니라 우리 교회는 매달 넷째 주마다 하며, 벌써 3년이 다 되어간다. 2014년 5월에 갑자기 하나님께서 이런 감동을 주셨다. 그때 교회에는 20명 남짓 성도들이 나오고, 많을 때는 26~28명 정도 나오고 있었다. 그때 교회에 40명이 앉아서 예배 드리고 싶다는 마음이 들었다. 이 40명이 교회가 자립할 수 있는 정도라고 생각했다. 그해 8월 말부터 아름다운 잔칫날을 시작했다.

그날은 특별히 가운을 입지 않고 설교와 예배 진행을 새로운 분들이 받아들일 수 있도록 준비했다. 선물도 준비한다. 이 선물은 새 가족들만 주는 것이 아니라 그날 오는 모든 분들에게 다 준다. 한 가정에 가족이 4명이면 4개를 준다. 한 가정에 한 개만 주어도 되지만 사람 수 대로 준다. 받은 선물이 남으면 다음 달 새 가족을 초대할 때 전도용품으로 사용한다. 그날 점심식사도 맛있게 준비한다. 고정 멘트가 있다. "이 교회 목사님이 밥을 안 먹고 가면 삐진답니다." 교회에 또 오시

아름다운 잔칫날 예배(위),
여전도회 우크렐레반(아래)

라는 이야기는 절대 하지 않는다. 언제 하느냐? 한 달이 지나 다음 달 잔칫날에 또 초대한다. 가만히 있다가 한 달에 한 번씩 찾아가서 또 오라고 초대한다.

우리 교회에 한 달에 한 번 오시는 분들이 많을 때는 20명이 넘는다. 그분들 중에 "목사님 저는 두 번은 못 오고 한 달에 한 번은 꼭 오겠다." 그랬던 분이 벌써 2년이 넘게 나오시는 분도 여럿 있다. 교회 어르신들이 생신 때 자녀들에게 이렇게 이야기한다. 자녀들이 생신이라 식사를 하자고 하면 "넷째 주에 오너라. 우리 교회 잔치한다. 내가 늘 얻어먹으니 그날에 떡이나 수박 좀 사오너라." 그래서 가족들이 참석을 한다.

우리 교회는 가끔씩 본당이 가득 찰 때가 있다. 어르신 생신 때 오는 자녀들이 함께 예배를 드리기 때문이다. 편안하게 자녀들이 다녀가는 좋은 교회가 되었다. 그리고 출타한 성도들이나 낙심한 분을 초대하는 날을 가지며 다양한 잔칫날 행사를 가졌다. 아직 새롭게 신앙생활을 하시는 분들이 많고 또 농사철과 겹치면 교회에 빠지는 분들이 많다. 그래서 크게 부흥한 교회는 아니다. 그런데 우리 교회는 좋은 이미지로 새로운 분들이 늘어나고 있고 빈자리가 채워지고 있다. 뜻밖에 30대~50대 사이의 남자 성도님들이 열 분이 넘어서 교회의 든든한 기둥이 되고 있다.

VI. 아름다운 열매들 ― 마을 음악회

우리 교회는 지역과 유대관계가 좋고 협력하는 교회이다. "교회가 안 되어도 마을이 잘되면 교회는 저절로 부흥한다. 교회가 아무리 잘되어도 마을이 안 되면 교회까지 도태된다"고 생각한다. 우리 교회는 마을에서 하는 모든 일에 적극 참여한다. 마을 부녀회장, 반장들, 우리 동네는 아니지만 옆 동네 이장님, 면체육회 회장님 등과 함께 적극적으로 지역을 섬기고 있다. 그래서 지역주민들에게 나는 '우리 목사님'으로 통할 정도이다. 마을 어르신들의 가정에 TV가 안 되거나 보일러가 안 되면 목사인 나에게 연락이 온다.

2015년 타 교회 교인 한 분이 "우리 교회 성도님께 지나가는 말로 그 목사님 다른데 빼앗기면 어떻게 하느냐?" 하는 바람에 난리가 난적이 있다. 그래서 그 일 때문에 교회에서 위임을 하기로 결정했다. 그런데 위임은 교회가 목사를 책임지고, 목사는 교회를 책임진다는 의미에서 행하는 약속인데 당시 교회는 미자립교회로 지원을 받고 있었다. 그래서 위임과 아울러 자립을 선언하였다. 2016년부터 지원받는 교

낙동 음악회

회에서 섬길 수 있는 교회가 되었다.

2015년 경서노회 국내선교부에서 마을 잔치로 100만 원을 지원 받았다. 그때 음식보다는 음악회가 좋다는 의견을 모아 '신상리 마을 음악회'를 열었다. 한여름 8월 초 저녁 음악회에 300명 내외의 분들이 모여서 대성황을 이루었다. 전도의 목적보다는 낙후된 지역에 문화 행사를 통하여 활기를 갖자는 취지에서 교회와 지역의 상생을 모색하고 있다. 2016년에는 구미에 있는 구미시민교회 문화부와 협력을 해서 성대하게 두 번째 신상리 마을음악회를 가졌다. 참석하시는 분들에게 줄 선물 300개를 준비했는데 300개를 모두 주고도 모자라서 교회 성도들과 구미시민교회 교인들은 받지 못했다. 최소 350명 이상이 참석을 했다. 낙동면 내에서는 가장 큰 행사가 되었고, 올해는 관의 지원을 받아서 세 번째 마을음악회를 준비하고 있다.

우리 교회는 이 한 번의 행사로 1년 동안 전도한 효과 이상을 얻었고, 교회의 이미지가 많이 올라가서 지역에서 좋은 평가를 얻고 있다. 성탄절에 교인들이 몇 주간 동안 공연을 준비해서 50명 이상이 찾아오는 성탄 발표회가 되었고, 해마다 년 초에 가지는 부흥회는 반 정도

음악회 때 부채춤을 추는 남선교회 회원들

가 주민들로 채워질 정도로 호응을 얻고 있다. 부흥회 기간에는 주변 세 개 마을회관에 계시는 어르신들이 찾아올 정도의 행사가 되었다.

그리고 2016년 우리 교회가 총회(예장 통합) 교회성장운동본부에서 시상하는 교회성장 모범상을 총회장님 이름으로 수상하였다. 추천이 늦어져서 갑자기 선정이 되는 바람에 혜택을 받게 되었지만 목회를 하는 입장에서 보람도 되었고, 큰 기쁨이 되었다. 그냥 열심히 주어진 환경에서 목회를 했는데 어느 시기가 되니까 하나하나 열매가 맺어지기 시작했다. 우리는 씨앗을 심지만 그 씨앗을 자라게 하시고 열매를 맺게 하시는 분은 하나님이시라는 것을 다시 한 번 고백하는 계기가 되었다.

VII. 위기를 기회로 돌파하며 ― 예장귀농귀촌상담소 개소

2016년도에 위기가 찾아 왔다. 한 해 동안 네 분이 돌아가시고, 도시로 이사 가신 분을 합쳐서 일곱 명의 교인이 줄어들었다. 농촌 교회에서 7명은 적은 수가 아니다. 휘청할 정도는 아니라도 타격을 받았다고 할 정도는 되었다. 살펴보니 5년만 지나면 교인이 줄어드는 것을 감당하기 어려울 것이라는 생각이 들었다.

그런데 나만 이 생각을 하고 있었던 것이 아니었다. 어느 날 사택에 있는데 마을 이장님 부부가 찾아 왔다. 이분들은 절에 다니는 분들인데 이장님도 같은 고민을 하고 있었다. "5년만 지나도 마을에 주민들이 확 줄어들 텐데 대책이 없어요. 목사님! 무슨 좋은 대책이라도 없습니까?" 이때에 시작한 것이 귀농귀촌운동이다. 2016년 11월 28일 대한예수교장로회총회 농어촌부 주최, 경서노회 주관으로 '예장귀농귀촌상담소 상주 낙동지소'를 개소하였다.

지금까지 귀농귀촌운동은 도시에서 들어오는 주민을 위해서 그리고 농촌 교회의 교인 감소에 대한 대책에서 귀농귀촌이었다면 우리 교회의 귀농귀촌운동은 지역의 현안을 해결하는 방안에서 추진되었다. 지금 마을에 품을 할 수 있는 일손은 78세, 79세 어르신 두 분밖에 없고, 연로하여 농사를 접어야 하지만 맡아서 할 사람이 없어서 할 수 없이 농사짓는 분들이 있다. 이 현안을 해결하기 위해서 신상1리, 2리 이장님들과 머리를 맞대고 여기에 지역의 새마을지도자 부녀회장들, 반장들, 지역의 면장님, 시의원 등의 협조를 받아서 귀농귀촌상담소를 개소하게 되었다.

VIII. 미래를 준비하는 교회

현재 마을 입구에 상담소 사무실을 짓고 있고, 귀촌하시는 분들이 임시로 머무를 수 있는 임시거처를 만들기 위해 공사를 시작해서 3월

귀촌인들의 임시거처 예정지

말에 첫 가정이 입주할 예정이다. 세 채의 작은 주택을 건축하여 귀촌자 임시거처로 사용할 것이다. 이 임시거처에서 2년간 지내면서 마을과 친교를 쌓고 농사를 배우면서 정착해서 거주할 주택을 준비하도록 지도하고 있다. 세 채가 지어지면 다음으로 교인들 중에서 독거가정으로 혼자 사시는 분들의 입주를 받아서 같이 살아가는 공동주택과 거주지로 만들려고 한다.

위기는 기회를 만드는 도구가 되었다. 벌써부터 귀촌을 준비하는 분들이 교회를 찾아오고 있고, 한 주에 한 건 정도의 상담이 이루어지고 있다. 많은 욕심보다 한 해에 세 가정만 받아도 농촌 교회에서는 엄청난 것이라고 생각을 하고 지금도 열심히 준비하고 있다.

낙동 신상교회는 어렵지만 그래도 힘을 합해서 같이 가는 교회, 함께하는 교회이다. 작은 교회이지만 그래도 하나님 앞에 꿈틀대며 하나님의 도움을 받고 기적을 만드는 교회이다. 10년 후 20년 후를 생각하며 지금도 준비하고 있는 교회이다.

마을의 필요를 채워나가는 개동교회

김인선 목사

(전남 담양 개동교회)

I. 지금으로부터 111년 전에 세워진 개동교회

개동교회가 있는 개동마을은 지금으로부터 450년 전에 세워진 마을이다. 당시 이곳은 영산강 상류여서 강을 따라서 배들이 들어왔고, 구전에 의하면 지금의 수북 위쪽 한수동까지 배가 들어왔다고 한다. 주평, 포백, 대방 등의 마을 이름이 모두 배가 들어온 것과 관련되어 있다는 점이 그것을 말해준다. 당시 개동마을의 주업은 농업이었으며, 뽕나무를 많이 길러 누에를 치는 활발한 농경사회였다.

1901년 2월 20일 이곳에서 영광 출신인 강사흥 씨에 의해 첫 예배가 시작되었다. 처음에는 주일이면 삼소동교회까지 걸어서 예배를 드리러 갔다. 하지만 거리가 멀어 얼마 후에는 이곳에 기도처를 세워 서로 돌아가면서 기도하고 성경공부를 하였다.

그러던 중 1904년 이후 광주에 선교사로 온 배유지(유진벨) 선교사의 순회(1905년 가을로 추정)방문 때 이곳 개동마을에 기도처가 있음을 알게 되어 지도를 받았다. 1906년 3월 10일에 최인서, 고명주, 강사

초기 개동교회의 모습

흥, 강대혁, 문복근, 박만옥, 양분례, 박원삼, 고광술, 신광희, 신노대
등이 당시 전남노회의 허락을 받아 마침내 교회를 설립하였다.

이렇듯 개동교회는 조선인들에 의해 주체적으로 세워진 교회이다.
이것이 큰 특징이다. 물론 선교사의 도움도 많이 받았다. 타마자 선교
사는 1908년~1947년까지 개동교회에 일 년에 몇 차례 와서 유아세
례, 학습, 세례, 입교, 결혼식을 집례하였다.

유화례 선교사(1893~1978)는 광주에 있는 수피아여중·고의 교장
으로 재직하면서 담양 지역을 다니며 교회학교 순회교육을 하였고,
개동교회에도 자주 와서 집회(1965년 9월 22일)를 인도하는 등 전도사
업에 힘썼다. 유 선교사는 음악을 잘하여서 기타를 치며 사람들에게
음악을 가르쳤고, 교회학교 아이들에게 부직포를 이용하여 인물 설교
도 하였다. 인도아 선교사(린튼 목사, 1927년 출생)는 1955년부터 1964
년까지 유아세례, 입교, 세례를 집례하였다. 박춘식 목사 때(1963년으
로 추정)는 교회가 어려워 연탄이 떨어지자 당시 시무장로였던 고요한
장로와 함께 연탄을 사서 차에 싣고 와서 도움을 주고 가는 등 신앙교
육과 섬김의 본을 보여주셨다.

또한 개동교회는 1976년 전후로 중등 성경구락부를 통해 교인 비교인을 구별하지 않고 주민을 대상으로 교육을 하였다. 당시 성경, 영어, 수학, 사회를 가르쳤는데 박정희 정권 시절 새마을운동으로 중단되었다(당시 교장: 박춘식, 교감: 박성렬). '공동 품앗이 운동'도 전개하며 주민들과 함께 농사를 짓는 등 신앙인이든 비신앙인이든 함께하는 사역을 했다. 개동교회는 이렇듯 선교사님들과 먼저 계셨던 신앙의 선배들의 헌신이 만들어놓은 현장이다.

II. 2011년 12월 26일 33대 목사로 부임하다

2011년 12월, 내가 부임하였을 때는 역사와 전통에 빛나는 개동교회도 농촌 사회의 몰락과 함께 무너져가고 있었다. 젊은이들은 모두 마을과 교회를 등지고 담양읍과 광주에 나가서 살며 가정사와 환경적인 이유로 거주지 근처 교회에서 신앙생활을 하고 있었고, 노인들만 겨우 40여 명 모여 예배만 드리는 교회가 되어 있었다. 교회 건물 역시 1975년도에 적벽돌에 슬레이트 천정으로 지은 것이 다 쓰러져 함께 늙어가고 있었다. 비도 새고, 지붕도 내려앉는 등 심한 균열로 인해 보수가 시급한 상황이었다.

마을은 마을대로 교회는 교회대로 따로 생활하는 그런 개동교회가 되어 있었고 마을과 교회가 하나 되지 못하는 아픔을 겪고 있었다.

이곳에 부임하여 밤마다 마을회관과 가정집을 돌며 마을사람들을 만났을 때 그분들은 "젊은 부부가 열심인 것 같으니 마을사람들과 친해져 보라"고 했다. 우리 마을과 교회의 현주소를 보여주는 말이었다.

교회학교는 젊은이들이 다 떠나버려서 문 닫은 지 5년이 지났고,

어른들은 몇 곡 안 되는
찬송가로 갈증을 해갈하
고 있었으며, 꿈과 소망
이란 이곳과는 전혀 어울
리지 않는 상황이었다.
만나는 사람들마다 안된
다, 못한다, 어렵다, 힘들
다는 말만 마치 녹음기에

부임 당시의 교회 모습

서 나오는 소리처럼 되풀이하였다. 나를 이곳에 부른 것은 자신들 장
례식 잘 치러주고 홀로 끝까지 남아서 교회를 지키라는 것 같았다.

III. 개동교회로 보내신 이유를 찾다

그 후에 내가 내 영을 만민에게 부어 주리니 너희 자녀들이 장래 일을 말할
것이며 너희 늙은이는 꿈을 꾸며 너희 젊은이는 이상을 볼 것이며(욜
2:28).

매일 새벽 기도하면서 하나님께서 이곳에 나를 보내신 이유가 분
명 있을 것이라는 확신과 함께 사역을 찾아보았는데 크게 두 가지를
보았다. 첫째는 성도들의 문맹률이 높다는 것을 알게 되었다. 마을에
전도하러 갔을 때 글씨를 몰라서 교회에 못 온다는 사실을 알게 되어
교인과 주민들에게 한글공부를 가르치기 시작했다. 처음에는 마을회
관에서 하다가 지금은 교회에서 가르치고 있다.
둘째는 전형적인 농촌마을이라는 점이다. 이를 살려 '담양개동마

을회'라는 마을기업을 만들어 성도와 마을사람들이 함께 4년째 절임배추를 만들어 판매하고 김장 체험을 하고 있으며, 그 외에 딸기, 수박, 땅콩체험 등을 통해 마을사람들이 수익을 얻도록 인도하고 있다.

막혀있는 논에 물꼬를 터 새롭게 논을 일구고 씨를 뿌려 주는 것처럼 내가 있는 현장에서 나에게 허락하신 사람들과 함께 하나님의 부르심에 따라 할 수 있는 만큼 하는 것이 사명이라고 생각했다. 그러면 하나님께서 키워가실 것이라고 확신했다. 예수님께서 사마리아와 땅끝까지 전도하라고 하셨던 말씀을 따라 이곳이 나의 선교지이고 전도지임을 잊지 않고, "마을이 살아야 교회가 살 수 있다"는 사실을 잊지 않고, 이곳 마을에 맞게 사역을 펼치기 시작했다. 위의 두 가지 사역을 좀 더 자세히 설명해본다.

1. 개동한글학교 운영

예수께서 온 갈릴리에 두루 다니사 그들의 회당에서 가르치시며 천국 복음을 전파하시며 백성 중의 모든 병과 모든 약한 것을 고치시니 그의 소문이 온 수리아에 퍼진지라 사람들이 모든 앓는 자 곧 각종 병에 걸려서 고통당하는 자, 귀신 들린 자, 간질하는 자, 중풍병자들을 데려오니 그들을 고치시더라 갈릴리와 데가볼리와 예루살렘과 유대와 요단 강 건너편에서 수많은 무리가 따르니라(마 4:23-35).

해방과 6·25를 전후에서 태어난 우리 부모세대는 가정환경, 사회적 환경 등으로 학교를 가고 싶어도 갈 수 없었다. 배움의 기회를 놓치고 지금까지 살아왔다. 교회에서는 글자를 모르다 보니 찬송가, 성경을 찾다가 서로 싸우고, 사이가 안 좋아지는 경우도 있었다. 이들에게

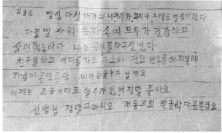

한글학교에서 공부하는 모습(위)과 수강생의 편지(아래)

시급하고 필요한 것은 글 못 보는 병을 고쳐주는 것이었다. 마을회관에서 매주 3회씩 한글을 가르치기 시작했다. 물론 당시 이장과 노인회장님을 만나 그분들부터 설득해서 시작했다.

참고로 우리 마을은 100가구 정도 사는 상당히 큰 단위 마을이다. 평균 연령대는 70세 이상이다. 처음에는 우리 마을만 했는데 다음 해부터 담양군에서 한글 선생님을 모집한다는 소식을 듣고 지원하여 나와 내 아내는 5개 마을을 돌면서 한글을 가르치며 전도하였다. 처음에는 한글만 가르쳤지만 점차 이곳 상황에 맞게 소풍, 음악회, 목욕 봉사, 병원 사역 등 주민들이 원하는 것을 찾아서 해오고 있다.

할머니들이 글씨를 알게 되니 자녀들에게 편지를 쓰기 시작했다. 물론 받침도 엉망이고 표현력도 창피할 정도이지만 자신들의 속 이야기를 글로 표현하여 자녀들에게 편지를 보내니 행복해하고 울기도 했다. 또한 평생 자기 스스로 은행 가서 돈 한번 찾아본 적이 없었는데, 가더라도 통장과 도장을 은행 직원에게 주며 도움을 받았는데, 이제는 스스로 할 수 있게 되었다. 내 통장에 잔고가 얼마인지 확인도 하고 그 돈을 찾아 자식들과 손자들에게 직접 용돈도 줄 수 있게 되었다.

무엇보다도 감동적인 것은 장날이 되어도 스스로 버스 타고 장에 다녀온 적이 없는데, 이제는 글자를 보고, 버스 숫자도 보니 마을 이름을 스스로 읽고 도움 없이 장날 일을 보고 오게 되었다. 이걸 보면서 마을사람들조차 놀란다. 이 모든 것들이 배움이 주는 기쁨이고 행복이다 보니 자연스레 정신적으로도 치매를 늦출 수 있고, 건

마을별 발표회에서 열연하는 교인들(위),
점차 부흥하는 교회(아래)

강해지니 자신감을 생긴다고 자랑한다. 지금은 매년 담양군에서 실시하는 발표회에도 마을별로 나가면서 더욱 활성화되고 있다.

2. 마을기업 '담양개동마을회' 결성

2012년 볼라벤이라는 쌍태풍이 이 지역을 지나갔을 때 교회 강단 천정에 있는 지붕 슬레이트가 날아갔다. 교회는 건축이냐 리모델링이냐 선택의 기로에 섰다. 당회와 제직회는 의논을 거쳐 3억 예산으로 공사를 시작했는데 공사 중 비용이 두 배나 늘었다. 총 비용 6억, 210평의 교회, 교육관, 사택 공사를 직영으로 끝냈다. 3억 1천만은 청산했으나 2억 9천의 빚을 안고 20년 상환이라는 끝도 없는 채무자가 되

었다. 이때 교회 권사님 한 분이 자신에게 배추 2천 포기가 있는데 절임배추로 자신이 몇 년을 친척들에게 보내 보니 돈이 되더라고 하면서 교회에 건축예물로 바치겠다며 판로를 알아봐달라고 하였다. 그때 "이것이 하나님의 음성이구나"라는 확신 속에 소문을 내고 판로를 알아보았는데 너무 잘 되었다. 다음 해부터는 교회 전체가 하나 되어 밭을 임대하여 매년 1만 5천 포기를 심었고, 3년 만에 1억의 빚을 상환하였다.

이 일은 단순히 우리 교회만의 일이 아니었다. 마을의 일이었다. 그동안 교회 소문이 잘났고, 전도가 되어져 마을의 60%가 교인이었기에 이 사업은 우리 마을 전체의 사업이기도 했다. 우리가 키운 것과 마을사람들이 키운 것을 동시에 판매하는 효과를 얻게 된 것이다.

하나님은 그러는 사이에 또 다른 준비를 하셨다. 2015년 담양군에서는 마을 만들기 사업을 시행하였고, 우리 마을은 이 사업 신청을 위해 '담양개동마을회'라는 마을기업을 만들었다. 물론 그 중심에는 우

절임배추를 만들기 위한 작업들, 파종, 절임, 포장 등의 모습

리 교인들이 있었다.

그리하여 우리 마을 전체가 소득 부분에 신청을 하여 1년 동안 재미있게 사업을 한 결과 뿌리(300만 원), 줄기(3천만 원) 단계를 지나 열매 단계 콘테스트에서 우수마을로 뽑히게 되었고, 2018년 창조적 마을 만들기 사업(농림부 주최 5억 사업)에 진입하게 되어 지금 마을 역량 교육 중이다.

이러는 사이 마을에는 많은 변화가 왔다. 서로 협동하기 시작했고, 좋은 소문이 나기 시작했고, 이 모든 것들이 개동교회가 있었기에 가능한 것이라는 기쁜 소식이 퍼졌다. 그뿐만 아니라 딸기 체험, 수박 체험, 땅콩 체험, 김장 체험 등이 마을에서 이루어지게 되어 많은 사람들이 우리 마을을 방문하였다. 이러한 일들을 인정받아 마을 안쪽 벽은 전라남도에서 지원을 받아 벽화로 새로운 옷을 입혀 방문객들에게 기쁨을 선사하게 되었다. 또한 마을 앞에 2000년 폐교된 수남초등학교가 있는데 도에서 5천만 원을 지원받아 공원화 사업을 하였다.

이 모든 것을 이루기 위해서는 먼저 교인들이 하나 되어야 했다. 똘똘 뭉쳐 분명한 목적 속에서 이 일을 진행하기 시작했고, 목사와 장로들은 면사무소와 군청과의 관계를 잘 유지했으며, 성도들은 좋은 소문을 내며 일을 하였다.

처음에는 잘할 수 있을까 걱정도 많았고, 평균 나이가 많기에 일을 진행하기가 어렵지 않을까 염려도 했지만, 오히려 모든 성도가 더욱더 단결하고 하나가 되다 보니 교회는 더욱 일취월장하여 내적으로 단단한 믿음의 덩어리가 되었다.

또, 새로운 교회를 건축하면서 숙소, 식당, 샤워장 등을 같이 지어 체험객, 외부인들이 이곳에 올 수 있도록 시설을 갖춰 매년 여름과 겨울에 도시 교회에서 우리 마을로 와서 농활대 및 수련회로 사용하여

마을만들기 경연대회에 나간 주민들

교회는 더욱더 마을 주민들에게 신뢰를 주고 있다.

오신 분들은 독거노인 및 어려운 가정에 가서 직접 청소하고, 도배하고, 풀 베고, 어려운 일을 감당하였으며, 식사를 준비하여 대접하고, 미용, 의료, 성경학교 봉사, 벽화 그리기 등의 일을 하며 주의 길을 더욱더 굳건하게 진행하고 있다.

담양개동마을회에서는 수익금의 일부를 적립하여 소금을 구매하고, 다음 일을 준비하고 있으며, 마을회관에서 주민 잔치를 베푸는 등의 일로 좋은 소문이 계속 나고 있다.

지금 전국적으로 마을만들기를 하고 있다. 농촌뿐만 아니라 도시에서도 '마을'을 적용하여 공동체성을 회복하고 마을이 가지고 있는 장점들을 살려 마을 주민들이 하나되는 공동체를 이루어가고 있다. 물론 아파트도 예외는 아니다.

여기서 교회의 역할이 중요하다. 우리 교회의 경우, 마을 살리기의 중심에 서다 보니 빠른 시간에 중론을 모을 수 있고, 같은 일을 진행하더라도 욕심 없이 봉사의 직무를 감당할 수 있기에 가능했다.

형제들아 무엇에든지 참되며 무엇에든지 경건하며 무엇에든지 옳으며 무엇에든지 정결하며 무엇에든지 사랑 받을 만하며 무엇에든지 칭찬 받을 만하며 무슨 덕이 있든지 무슨 기림이 있든지 이것들을 생각하라(빌 4:8).

IV. 기억에 남는 일들

개동한글학교를 운영하면서 느낀 점이 많다. 무엇보다도 한글을 깨우치자 어르신들이 자신감을 갖고 신앙생활을 하게 되었다. 전에는 눈치 보고, 다른 사람들에게 끌려서 왔다면 이제는 자신 스스로가 주체적으로 신앙생활을 하게 되었다. 스스로 감사 제목을 직접 쓰기도 하고, 감사의 편지까지 쓰게 되었다. 교회 밖에서도 자신감을 갖고 생활하고 있다.

또한 담양개동마을회를 운영하다 보니 교회가 부흥을 하게 되었다. 마을이 복을 받으니 교회학교가 부흥되었다. 처음에 이곳에 왔을 때 할머니, 할아버지만 40명이었던 교회가 이제는 장년이 70명 이상 예배를 드리고 있다.

6년 전 교회학교는 이미 문을 닫은 지 수 년이나 되었는데 하나님께서 전도의 문을 열어 주셔서 지금은 교회학교 학생들이 35명 이상 모이는 교회가 되었다. 우리 마을의 아이들은 6명이 전부이지만 좋은 소문이 나면서 한명 한명 모이기 시작하더니 지금은 초등학생 15명, 중고등학생 15명, 청년 8명이 되었다. 또한 장년들 중 부부 3가정과 청년들이 제자훈련을 받고 있다. 이곳에 와서 5년 동안 세례를 베푼 성도의 수는 25명(유아세례 1명 포함)인데 올해도 어른들과 학생들이 세례 받을 준비를 하고 있다.

마을벽화를 그리고 있는 봉사자들

　부임 초기의 일이다. 어미 소가 출산이 가까웠는데 아프다고 기도 해달라는 것이었다. 놀랍게도 하나님이 은혜를 베푸셔서 쌍둥이 송아 지를 태어나게 하였다. 태풍이 불어 주위 마을에 하우스가 날아가고 논이 침수당할 때 우리 마을은 안전하였다. 마을사람들은 개동교회가 기도를 해주어 안전하다고 하였다. 교회에 대한 신뢰의 표현이라고 생각한다. 지난번 여름에는 큰 비로 배추밭이 물에 잠겼다. 모두들 걱 정했는데 하나님은 그 다음날부터 또 다시 비를 주셔서 배춧잎에 묻은 흙을 씻겨주시며 병충해를 막아주시어 건강한 배추가 되게 하셨다.

　우리 교회 교인들은 처음에는 안된다고, 못한다고, 다 해봤다고 했 지만 지금은 교회가 결정하면 무조건 한다. 하나님께서 우리 교회에 허락하신 일이라고 믿고 한다. 처음에는 부정적인 말만 하고 살았지 만 지금은 모두 긍정적인 말을 한다. 내가 예배시간에 하는 말은 "잘되 고 있다. 좋아져 가고 있다"이다.

　하나님께서 책임지실 줄로 믿는다. 이것은 목사의 고백으로만 끝 나는 것이 아니다. 동네 사람들도, 지역사회에서도 개동교회를 믿고 희망을 말하고 있으며 기도를 부탁해오기도 한다.

V. 다음 계획

지금은 다음 세대에 정성을 쏟고 있다. 연로하신 어른들이 앞으로 20년 후에는 안 계실 것이기 때문이다. 35명의 젊은이들은 앞으로 20년 후 우리 교회의 허리가 될 것이다. 그래서 우리 교회학교 학생들과 두 달에 한 번씩은 함께 체험하고, 나누면서 공동체 활동을 한다.

6년 전 아무도 없는 교회학교를 우리 자녀 두 명과 함께 선교사의 마음으로 시작하면서 마을로, 교실로 다니며 전도하였다. 어렵게 사는 아이들, 조부모 슬하의 아이들, 엄마 없이 아버지와 사는 아이들, 부모가 바빠서 챙겨주지 못하는 아이들을 위주로 함께하고, 여행도 갔다. 처음에는 전남에 있는 전남대부터 하여 한동대, 서울대, 연세대, 카이스트까지, 경주, 포항, 서울, 제주도까지. 아이들에게 꿈을 심어주고 행복을 보여주며 혼자가 아님을 느끼게 해주었다. 올해 2월 19일~25일에는 28명의 학생들과 선생님들이 필리핀으로 비전 트립(vision trip)을 다녀왔고, 내년에는 몽골에 다녀올 계획이다.

다음으로, 우리 마을에 노인공동시설을 갖추려고 한다. 혼자 사는 분이 많다 보니 몸이 아프거나 불편하면 돌봐줄 사람이 없어서 식사도 거르고, 병원도 가기 힘들다. 그래서 논과 밭에서 일하고 밤에는 함께 와서 공동생활을 하면 어려운 문제들이 해결될 수 있겠다는 생각에 기도하며 알아보고 있다.

VI. 마무리하며

첫째, 필요한 사람이 되어라. 신학교에 다닐 때 "목회자가 되기 전에 사람이 되어야 한다"는 것을 배웠다. 그곳에, 거기에 필요한 사람이 되어야 하겠다는 생각을 많이 해본다. 하나님께서는 나를 시골마을에 보내시면서 여기에 필요한 사람이 되게 하셨다. 작은 일부터 섬겼다. 성도들의 생일 챙기기, 마을 대소사 챙기기, 안 믿는 분들의 손발이 되어 농협, 면사무소 업무 대행하기 등을 하다 보니 할 일이 보이기 시작했다.

또한 공무원들과 친해지려고 했다. 사실 그분들은 우리를 다른 눈으로 바라본다. 그러나 자꾸 찾아가고 우리가 어떤 사람인지 알게 되자 그들이 먼저 우리를 찾아왔다. 지금 각 지역에서는 '마을지원센터'를 만들어 마을사업을 도와주고 있다. 그곳에 가서 교회가 할 수 있는 사업이 무엇인지 알아보면 좋은 방법이 있을 것이다.

둘째, 무조건 전도하려 들지 말라. 처음에 목회지에 오면 모두들 열심히 하려고 할 것이다. 그러나 열정과 열심은 다르다. 열심히 하면 지치고 멈추게 된다. 그러나 열정을 가지게 되면 결코 실패하지 않는다. 전도도 마찬가지이다. 시골이든 도시든 매일, 매시간, 계속적인 전도가 필요하다. 그러나 내가 있는 곳의 상황, 환경 등을 먼저 보고 그분들의 눈높이에 맞춰 섬기면서 전도하면 그분들은 나를 통해 주님의 마음을 알게 되어 자연스럽게 전도가 되었다.

셋째, 마을사람이 먼저 되어라. 내가 개동마을에 온 지 6년이 되었다. 현재 내 직함은 담양개동마을회 총무이다. 이장은 아니다. 하지만 개동마을 사람들이 인정해준 마을사람이 되었기에 마을의 모든 대소사에 참여하고 함께 기도해준다. 그러기 위해서는 많이 만나고, 많이 이야기해야 한다. 얼굴을 보여줘야 하고 그들의 삶에 직접적으로 동역해야 한다.

나는 농부의 아들로 태어났지만 농사를 지어본 적은 없다. 또한 직접 농사를 짓지도 않는다. 그러나 그들과 함께 농사하고, 같이 울어주고, 같이 고민하며 지낸다. 나는 목사이다. 예수님처럼 이곳에서 가르치고, 고쳐주고, 전도하러 왔음을 항상 기억하고 있다. "일만 하면 소가 되고 공부만 하면 도깨비(괴물)이 되고, 일과 공부를 하면 사람이 된다"(줄임말: 일소공도, 출처: 노자).

넷째, 혼자 목회하지 마시라. 예수님도 12명의 제자들과 함께 목회를 하셨다. 목회 초기에 12명이 아닌 2명이라도 함께 해주는 동역자가 있으면 좋겠지만 현실은 그렇지 못하다. 그러면 어떻게 할 것인가? 물론 먼저 강단에 엎드려 기도하고 하나님의 도우심을 구해야 한

새로 건축한 교회와(위)
지금의 교우들(아래)

다. 카카오톡, 페이스북과 같은 SNS(Social Network Service)를 최대한 이용하는 것도 좋다. 개인적인 일도 필요하지만 사역을 중점으로 기도 동역자와 친구 형제들에게 알리는 것이다.

모든 일은 혼자 못한다. 동역자가 필요하다. 그들도 혼자가 아니다. 그들도 동역자가 필요하다. 사역을 하고 싶지만, 기도하고 싶지만, 후원하고 싶지만 알지 못해서 못하는 경우가 많다. 그들에게도 기회를 주고 함께 동역자로 세우고 알려주는 SNS를 적극 활용하라!

다섯째, 실패도 했다. 내가 부임하기 전 전임 목사님이 이곳에 12년을 계시면서 교인들에게 사회복지 공부를 시켜, 요양보호사 자격증까지 따게 하였다. 나도 당연히 우리 마을뿐만 아니라 주위의 마을에 어른들이 많기에 재가복지센터를 하게 되면 소위 '대박'날 것이라고 생각하고 진행했다. 나보다는 젊은 선생님을 세워 센터를 운영했고, 교회에서도 모두 협력하기로 했다. 그러나 결과는 원하는 대로 되지 않았다. 준비가 안 되었던 것이다. 모두 내 일이라고 여기지 않았다. 그것은 목사의 일이고 그 선생님의 일이었지 교인들의 일은 아니었다. 다시 말하면 그 사업을 해야 할 이유가 교인들에게는 없었던 것이다. 결국 우리는 1년 반 만에 문을 닫았다. 모든 일은 하나님께서 하시는 것임을 확실히 알게 되었다.

> 사람이 마음으로 자기의 길을 계획할지라도 그의 걸음을 인도하시는 이는
> 여호와시니라(잠 16:9).

마을의 변화를 일으키는 제석교회

정경호 목사

(전북 익산 제석교회)

I. 제석교회 부임과 교회의 상황

제석교회는 1906년 12월 25일 창립된, 전형적인 농촌 교회이다. 동네 구성을 보면 90여 가구가 씨족사회를 이루는 단일마을이다. 이곳에 2001년 12월에 부임하여 금년까지 18년째 시무하고 있다. 당시 담임목사로 부임하게 된 과정은 굉장히 파격적이었다. 청빙 절차부터 특별했는데, 그때 제석교회는 청빙할 목사에 대해 현재처럼 여러 가지 청빙 기준들을 제시하지 않았다. 단지 내가 부목사로 시무하고 있던 이리북문교회에서의 사역과 목회활동 역량만을 참고했을 뿐이다. 나 역시 청빙하는 제석교회가 어떤 교회인지 자세히 알아보지 않았다. 제석교회의 모든 장로들(당시 11명)과 함께 하는 식사 자리에서 자신에 대한 소개와 목회 신념을 말하는 것으로, 흔쾌히 청빙을 허락받아 2주만에 부임하였다.

당시 담임목사인 강기순 목사는 제석교회에서 38년 동안 목회하다 은퇴하게 되었는데, 그 자체만으로도 교회가 갖는 자부심은 대단

제석교회 전경

했다. 제석교회 성도들은 강기순 목사님과의 38년이라는 긴 세월 동안 흔들림 없이, 변화 없이 교회로서 아름다운 모습을 잘 유지해 왔다. 내가 부임하여 바라본 제석교회는 전형적인 전통 교회 모습이었고, 예배 또한 우리가 흔히 말하는 보수적이고, 경건하면서도 다소 경직되어 있는 교회였다. 그래서인지 교회는 그동안 어떤 비바람과 풍랑에도 흔들리지 않고 굳건히 설 수 있었던 것 같았다.

전임 목사가 38년 동안 사역하고 은퇴한 상황에서 부임했으니, 어찌 쉽게 사역을 할 수 있었겠는가? 내가 제석교회에 부임해온 것은 38년 만에 처음으로 부는 변화의 바람이었다. 시간이 지날수록 결코 쉽지 않은 사역지라는 것을 실감하게 되었다. 전임 목사와 목회 패러다임이 전혀 다른 세대인 나로서는 그 간극을 어떻게 극복해야 할 것인지에 대해 고민하지 않을 수 없었다. 그리고 이것이 앞으로의 농촌목회 향방을 결정짓는 중대한 부분이라고 인식하게 되었다. 그렇다고 내가 농촌목회에 대한 사전 지식을 가졌다거나, 계획이나 비전을 가지고 부임한 것도 아니었다. 단지 앞으로의 농촌 교회 사역이 내게 그리 순탄치만은 않을 것이라는 짐작만 한 채, 당장 주어진 현실적인 목회에 주력하기로 했다.

한두 해 사역하는 과정 속에 두 가지 모습이 보였다. 하나는 열심히 추도예배를 드리는 것이었고, 또 하나는 열심히 심방을 다니는 일이었다. 이것은 기존 교회들이 하고 있는 일반적인 사역이었다. 농촌 교회로 부임한 목회자들의 목회사역을 보면 여러 가지다. 농민과 함께 살겠다는 다짐으로 농촌목회를 하신 분들이 있는가 하면, 상황에 의해 어쩔 수 없이 농촌목회를 하는 분들도 있다. 나는 그저 '부름 받아 나선 이 몸'으로 어디든지 가겠다는 심정으로 농촌목회에 뛰어든 경우였다.

아무튼 부임해서 한 달 정도는 강단에서 지금의 교회 모습과 나 자신이 감당할 사역의 몫을 놓고 계속 기도해나갔다. 그러면서 중요한 한 가지를 알게 되었다. 그것은 당시 제석교회와 마을 간의 연결고리가 없다는 점이었다. 시대가 발전하고 변모해가면서 사람들의 삶의 모습이 예전과 달라지고 농촌 사회가 달라지는 현실 속에서 교회와 마을 간에 차츰 간격이 벌어져가고 있었다. 지금의 농촌 일은 예전과 같이 인력으로 농사를 짓는 시대가 아니다. 이제는 기계로 농사일을 시작하고 마무리하는데, 기계를 가진 사람들이 교회와 주일을 그다지 신경 쓰지 않기 때문에 교회 직분자라도 주일을 빠지기가 일쑤였다. 왜 예배생활을 빠지면서까지 농사를 그렇게 지어야 하는가? 물음을 갖지 않을 수 없었다.

제석교회가 자리잡고 있는 마을은 복음화율이 98%이다. 대부분의 가정들이 기독교식 추도예배를 드리고, 마을 문화나 분위기 자체가 교회 중심이다. 교회가 지역과 마을의 등대 역할을 해온 것이다. 옛날 품앗이로 농사를 짓는 시절에는 주일이면 마을사람들 대부분이 교회를 나와 주일에는 일손이 없어 마을 전체가 쉬는 날이었다고 한다. 그리고 교회를 안 나가면 일손을 맞출 수가 없기 때문에 교회를 가지 않을 수가 없었다 한다. 그럴 수밖에 없는 것이 마을에 복음이 들어온 계기가 대규모 농토를 소유한 진사 어른이 먼저 복음을 받아들이고 교회를 다니다 보니까 그 밑에서 소작농을 했던 사람들은 자연적으로 복음을 받아들일 수밖에 없었고, 주일이면 어김없이 진사 양반을 중심으로 모두 교회를 가야 하고, 주일이면 아예 일을 하지 않았다. 그렇게 교회 중심으로 생활이 이루어지다 보니까 세월이 흘러가면서 자연스럽게 마을이나 가정들이 교회 문화로 정착한 것이다.

이렇게 인력에 의존하던 농촌 현실이 이제는 기계화가 되다 보니 교회 인력에 의지 않아도 농사를 지을 수 있게 되고, 교회 역할은 약화될 수밖에 없다. 예전엔 교회 중심이었던 마을 분위기가 차츰 교회와 멀어지는 쪽으로 변해가면서 교회가 마을에 미치는 영향력은 거의 없게 되었다. 나는 이런 현실을 보면서 교회가 이제 제2의 도약을 할 때라는 인식하에 교회와 마을 간에 연결고리를 새롭게 모색하는 사역을 기획하게 되었다.

II. '웅포사랑의봉사단' 활동을 시작하다

그 첫 번째 사역으로 '웅포사랑의봉사단'을 조직하여 섬김 사역을 시작하였다. 필자가 자원봉사단 설립계획을 2002년 2월에 처음 수립하여 그해 3월에 16명을 지원받아 자원봉사에 관한 교육을 하였고,

웅포사랑의봉사단원들

이후 2차 지원자를 모집하여 총 30명에 대한 교육을 실시한 다음 마을
보건진료소와 봉사활동 협약을 맺었다. 그리고 4월부터 본격적으로
웅포사랑의봉사단을 창단하여 지역 독거노인 26명을 대상으로 매월
1회 목욕 봉사와 식사 대접 봉사를 하였다. 10월부터는 이·미용 봉사
를 시작하였고, 웅포면 주요 도로를 중심으로 한 생활쓰레기 수거 작
업과 도로변 풀베기 작업을 매년 추석 전후에 시행하였다. 봄에는 도
로변 코스모스 꽃길 조성사업도 하였다. 지역주민들은 이렇게 가꾸어
놓은 꽃길도로를 너무너무 좋아했다.

　이런 활동들을 기반으로, 지역의 생활보호 대상자들에게 반찬 나
눔과 김장 해드리기 등의 봉사활동을 하면서 그 실적들을 공식적으로
인정받아 '웅포사랑의봉사단'은 전라북도 비영리단체(2004-294호)로
인준을 얻어 지금까지 계속 사역을 하고 있다.

III. 농촌건강관리실의 건립

건강관리실을 열면서

　두 번째 사역은 지역주민을 위한 농촌건강관리실의 건립이다. 문
화시설이 많아 질 높은 문화 혜택을 받는 도시와는 달리, 이곳 농촌은
문화 혜택을 거의 받지 못하고 산다. 이런 주민들을 위해 나는 익산시
농업기술센터의 농촌건강관리실 사업에 응모하여 사업지원금을 받
아, 교회 내에 건강관리실과 체력단련실, 찜질방 등을 마련하였다. 이
런 시설이 갖추어지자 주민들도 도시 못지않은 문화생활의 혜택을 누
릴 수 있게 되었는데, 무엇보다도 마을사람들과 교회 간에 간극을 좁
혀주었다. 2002년 9월 26일 이래로 많은 지역주민이 이용하고 있다.

IV. 지역아동주말학교 개설

　세 번째 사역으로 지역아동들을 위한 주말학교 개설사업을 추진하

지역아동주말학교 활동 모습

였다. 이곳 아이들은 열악한 농촌 환경으로 제대로 된 교육을 받을 수 없는 상황이다. 그래서 나는 교회 안에서 주말학교라는 이름으로 교육의 장을 만들기로 하고 학교 외에 마땅히 배울 기회가 없었던 지역아동들을 모집해 '지역아동주말학교'를 개설하였다. 숙제 봐주기 선행학습활동뿐 아니라 여러 가지 체험학습을 하는 등 2002년부터 지금까지 활동을 병행하고 있다.

V. 웅포노인대학의 설립과 운영

농촌 인구의 대다수는 노인들이다. 이곳 노인들은 어려서부터 시골에서 자라 제대로 된 교육을 받지 못하였고, 여가생활이나 문화생활을 즐기지 못하면서 살아왔다. 기회조차 주어지지 않았다. 나는 그분들에게 조금이나마 도움이 되고자 '웅포노인대학'을 설치하기로 하였다. 2004년부터 웅포면의 24개 경로당을 돌아다니며 여가활동 및 문화활동의 실상을 살펴보았다. 막상 보니 이름뿐인 활동이 많았고, 노인들에게 별 도움이 되지 못하고 있었다. 이후 나는 웅포 사랑의 봉사단과 지역의 기관장들에게 노인들에게 각종 놀이 활동과 교육을 제공해 줄 노인대학을 설치하자고 설득하였다. 나의 제안이 받아들여져 웅포노인대학을 설립하게 되었다. 2004년 9월 1일, 1기 350명으로 첫 발을 내디뎠다.

웅포노인대학 활동 모습

한 해 2학기제로 하는 교육활동과 매년 2회씩, 노인 약 400명을 대상으로 효도관광을 하였으며, 현재까지 약 1만 명 넘는 노인분들이 교육, 문화, 여가활동에 참여하였다. 시간이 지나면서 차츰 수강자가 늘어나 각종 활동반을 6개 반으로 운영할 만큼 확대되었다. 이로 인해 노인들의 자존감이 높아지고, 노후생활을 건강하게 할 수 있는 계기가 마련되었다고 할 수 있다.

나중에는 노인활동뿐 아니라 학교를 중심으로 한 청소년 상담활동과 복지사업, 마을 환경개선 등을 제안하고 마을 가꾸기 사업을 구상하여 농촌테마마을을 유치하였고, 금강 철새보호운동 등 지역사회와 가까워지기 위한 일들을 적극적으로 수행하였다. 또한, 질병이 있어도 치료를 받지 못하는 노인들을 위해 여러 병원들과 자매결연을 맺어 진료 봉사, 백내장 치료, 관절 수술 등을 받을 수 있도록 하여 건강 증진을 도모하였다. 문화 및 교육활동으로 시작하여 나중에 진료 봉사까지 확대된 노인대학의 모습이 놀랍기도 하다. 그동안 노인대학을 위해 도움을 주신 분들에게 진심으로 감사드린다.

VI. '고패집교회'를 사적지로

이러한 사역들을 전개하면서 나는 교회가 지역사회와 함께 살아 숨 쉰다는 것이 매우 중요하고 그것이 무엇인지 알게 되었다. 웅포면에는 교회가 무려 14개나 있다. 그 중 제석교회는 리(里) 단위인 작은 마을에 있는 교회이다. 그동안 지역주민을 위한 여러 사역들을 통하여 제석교회를 바라보는 사람들의 시선이 크게 달라졌다. 이제는 지역주민들이 교회에 대해 함부로 말하지 않게 되었다. 여러 가지 노력을 통하여 마을과 교회 간에 유대관계를 맺다 보니 이제는 마을이 교회를 필요로 하는 실정으로 바뀌어가고 있다.

지금까지 교회 사역을 마을과 연결하여 해왔다면 이제는 그 방향을 교회 안으로 전환하여 교회 정체성에 따른 새로운 기틀을 마련하는 데 두고 있다. 몇 년 전부터 교인 수가 현격하게 줄어가고 있기 때문이다. 그 이유는 농촌의 현실에 있다. 세상을 떠나는 분들이 한 해 몇 명씩 되지만, 마을에 유입되는 인구는 전혀 없다. 농촌사회의 붕괴가 현실화되어가고 있다. 지역공동체가 무너져버린 지 이미 오래되었고, 시골 민심도 예전과 같지 않다. 그만큼 농촌이 황폐화되었다. 이런 상황에서 대다수의 농촌 교회는 해체 위기에 직면해 있다. 제석교회만 보아도 고령화로 인하여 교회 역량이 지속적으로 약화될 수밖에 없고, 젊은 세대가 없다 보니 교회가 지역사회에서 역할을 한다는 것은 점차 불가능해지고 있다.

농촌 교회가 처해있는 이 위기상황을 어떻게 극복해나갈 것인가?

제석교회 초기의 고패집교회

가장 큰 고민거리이다. 그래서 교회가 갖고 있는 장점이 무엇인가 살펴보았다. 그곳에 113년이라는 교회 역사가 있었다. 제석교회는 초기에 고패집교회로 시작하였는데, 그 집은 장로교 19대 총회장이었던 홍종필 목사의 생가였다. 그 개인주택을 얼마 전에 제석교회가 매입하였다. 고패집교회는 'ㄱ'자(字)형 교회의 전형으로 복원할 가치가 있다. 또한, 고패집교회는 익산과 강경 3.1운동 발상의 거점이기도 하다. 이에 대해 2014년도에 총회(예장 통합)로부터 한국사적지 19호로 지정받았다. 그리고 성결교단 총회장을 역임한 이대준 목사의 출신 교회이며, 담임했던 이우석 목사가 순교자였다는 역사적인 사실들이 발굴되면서 사적지로서의 가치가 높아졌다. 그리하여 나는 이곳에 3.1운동역사관을 조성하고, 새로운 역사적 사실들을 발굴하여 많은 사람들이 교회를 찾아올 수 있도록 사적지로 복원하려고 한다. 비록 작은 리(里) 단위에 있는 시골 교회이지만 113년이라는 교회 역사는 큰 자산이 되고 있다.

VII. 돌아보며

어떤 목회자는 농촌목회가 너무 재미있다고 한다. 한 가지 분명한 것은 농촌목회가 재미를 떠나서 객관적으로 너무 힘들고 어렵다는 것이다. 이제는 목회자가 거의 모든 것을 구상하고 실천해야 하는 현실이 되었다. 정부가 정책을 수립하고 대안을 모색해야 하는데, 정부도 뚜렷한 대안이 없으니 농촌 교회와 목회자가 걱정하고, 대안을 찾느라 밤잠을 이루지 못하는 현실이 되었다. 목회자이기 전에 농민이 되어 그들의 삶을 이해하고 공유해야 하며, 해가 지날수록 떠나는 농민의 빈자리를 목회자가 대신해야 하는 실정이다. 이 어려운 농촌 현실 속에서 어떤 각오로 사역하고, 어떤 방법으로 실천할 것인가?

교회 마당에 서서 교회를 바라보며 다시 한 번 고민해본다. "교회가 농촌의 희망으로 서 있는 것인가?" 지금 들녘에 심어진 곡식들은 폭염 속에서도 잘 견디며 자라고 있다. 그 곡식을 심고 가꾸는 농민의 유일한 희망은 열매다. 그런데 그 열매가 때로는 절망이 되어 돌아온다. 그 절망을 안은 채 교회를 찾아와 주님 앞에 눈물을 훔치며 기도하는 성도들이 있다. 그 모습을 바라보는 목회자의 마음은 정말 아프다. 그들에게 정말 필요한 것이 무엇일까? 주님의 마음을 가지고 위로자가 되어주는 것, 아파하고 고통 하는 그들에게 치유와 회복의 은혜를 덧입혀줄 수 있는 교회, 이것이 사명이 아니겠는가. 이 사명을 다하기 위해, 오늘도 제석교회는 주님의 사랑으로 마을을 껴안고, 하나님의 생명의 숨을 불어 넣어줄 수 있는 교회가 되기 위해 노력하고 있다.

농촌 교회 목회는 기성세대 목회자들의 방식으로는 한계가 있으며, 고정된 시선으로 바라봐서는 미래가 없다. 농촌 교회는 이래저래 많은 과제들을 떠안고 있다. 농촌 교회의 사명이 크다. 농촌 교회는 반드시 존재해야 하며, 농촌 교회를 지키는 목회자도 절실히 필요하다, 이를 위해서는 기존의 목회관이 아닌 새로운 패러다임으로서의 농촌선교 및 목회 전략이 있어야 한다. 농촌 교회는 단지 종교적인 영역뿐 아니라 마을과 주민들의 일상까지 돌보는, 지역사회와 함께 하는 마을교회가 되어야 한다.

도시 교회는 해외선교에만 열정을 쏟지 말고 농촌선교에도 관심을 가져야 한다. 농촌과 농민은 이미 소외되었고 사회적 약자가 되었다. 이것은 개인적인 문제를 넘어서 사회구조악의 문제이다. 오늘의 농촌은 고통받는 현장이요, 고난받는 삶의 현장이다. 이를 농촌 교회가 고스란히 떠안고 있다. 이런 상황을 도시 교회들이 바로 인식하고 이제는 선교 지원을 국내 농촌 교회로 전환할 시기가 되었다. 그것이 도시 교회와 농촌 교회의 상생활동이다. 도시 교회는 정녕 매 맞고, 빼앗기고, 쓰러져 있는 농촌 교회의 선한 이웃이 되고자 하는가? 다시 한 번 질문해본다.

제7부

공동체를
지향하는 목회

협동조합으로 일어서는 신실한교회

정경옥 목사

(전남 화순 신실한교회)

I. 목회 동기와 과정

나는 전남 해남군 문내면 고당교회 출신으로 어려서부터 선배님들의 신앙 열정을 본받고 배우며 성장하였다. 중학교 때 하나님께 목사가 되겠다고 서원하였는데 세상 물질에 유혹되어 고등학교 때 신학을 포기하고 수산대학에 들어가게 되었다. 가정 형편이 어려워서 적성과는 상관없는, 학비가 적게 들어가는 대학을 택한 것이다. 졸업 후 배(원양어선)를 타려고 하였는데 어머니께서 간곡하게 반대하여 포기하고 직장생활을 하다가 사업을 하게 되었다. 38세가 되는 해 집도 짓고 사업도 잘되어 가고 있었는데 갑자기 중학교 때 하나님께 목사가 되겠다고 서원한 것이 생각이 나, 8개월 동안 신학공부를 할 수 있게 해달라고 아내를 설득하였다. 그러나 아내는 이제 먹고 살만한데 신학을 해야 하냐며 반대하였다. 울면서까지 매달렸지만, 아내는 들어주지 않았다.

아내는 4대째 신앙을 이어온 집안에서 자란지라 목회자의 생활이 얼마나 힘들고 어려운지 너무나 잘 알고 있었다. 또 아내는 배를 타지 않을 것과 목회를 하지 않을 것을 조건으로 걸고 결혼하였기 때문에 설득하기가 더욱 힘들었다. 아내는 시골에서 같이 자란 동갑내기 친구였다. 같은 교회 출신으로 고등학교 때까지 살아왔기 때문에 서로에 대하여 너무나 잘 알고 지냈는데 대학시절 서로를 결혼 상대자로 사귀고 결혼한 것이다.

그러나 내 마음은 신학에 대한 열정으로 가득하였다. 신학을 하지 않으면 하나님이 데려갈 것 같은 두려움이 밀려오기도 하였고, 일하다가도 하나님의 은혜를 생각하면 일을 할 수 없어서 교회와 산을 찾아 성경을 읽고 기도하였다. 그러면 며칠간은 이겨낼 수 있었다. 마음속에 밀려오는 신학에 대한 열정은 누그러들지 않았다.

아내를 설득할 방법을 찾았다. 묘안이 떠올랐다. 나의 어머니와 장모님이었다. 양가 어머님이 모두 권사이기에 찾아가서 아내가 신학을 허락하도록 권면해달라고 부탁하였다. 양가 부모님들께서는 흔쾌히 허락하여 주셨고 나의 든든한 응원자가 되었다. 마침내 아내를 설득하여 신학을 하게 되었다.

나는 농촌목회사역에 비전을 품고 늦은 나이에 호남신학교 신학과에 편입하였다. 신학공부를 하면서 성경을 읽을 때마다 은혜의 눈물을 많이 흘렸다. 성경 말씀의 심오한 깊이를 깨달으면 깨달을수록 더 많은 눈물이 난다. 한번은 도서관에 앉아 성경 말씀을 보는 도중 지체할 수 없을 정도로 은혜의 눈물을 흘린 적도 있었다. 나는 신학교 생활 내내 성경에 심취하여 지냈다. 신학교 재학 중 김제제일교회 교육전도사로 있었을 때 목사님의 간곡한 권유로 전남 화순에서 아무런 계획도 없이 그저 은혜로 교회를 개척하게 되었다.

II. 신실한교회의 개척

1. 교회의 개척과 부흥

1998년 5월 10일 나는 가족과 함께 복음에 대한 열정으로 화순군 화순읍 벽라리 지역에 있는 30평 조립식 건물을 임대하여 교회를 개척하였다. 사슴을 키웠던 축사 건물이라 교회로 사용하기는 너무 초라하였다. 계약을 하러 찾아갔는데 건물주가 하는 말이 이상한 교회 아니냐고 물었다. 이런 곳에 교회를 설립한다고 하니 이상하게 여긴 것이었다. 그래서 출신학교와 교단과 여러 상황들을 설명하여 주었다. 본인은 천주교인이지만 목사님들의 설교 말씀을 가끔 듣는다고 하면서, 어느 목사님의 설교 동영상 테이프도 보여주고, 목사님들 설교에 은혜받는다고 하였다. 그러면서 교회가 동네에 피해가 되지 않도록 하라고 하면서 계약하여 주었다.

교회로 사용하기는 너무나 초라한 곳이었지만, 농촌 복음의 열정이 있었기에 천군만마를 얻은 것 같이 기쁘고 감사가 넘쳤다. 계약을 하고 직접 건물 수리를 하였는데 10평은 사택 겸 주방으로 20평은 교회로 수리하여 전남노회 주관으로 창립예배를 드렸다. 처음 주일예배는 아내와 두 자녀, 가족뿐이었다. 나는 개척하면서 어른보다도 어린이들을 많이 전도하게 해달라고 기도하

개척 당시의 교회(1998년)

였다.

하나님께서는 나의 기도를 응답하여 주셨는데 3개월 만에 30명이 넘는 어린이들이 전도되었고, 1년이 지나면서 60명으로 늘어났다. 어린이들이 교회로 모여들자 믿지 않는 부모들이 교회에 관심을 갖게 되었고, 부모들이 함께 예배드리고 말씀 공부하면서 전도되기 시작하였다. 개척한 지 4년이 되니 교회가 협소하여 건물 주인에게 찾아가 기존 건물을 철거하고 1층 50평, 2층 15평을 건축하여 사용할 수 있도록 해달라고 부탁하였다. 주인은 5년 후 언제든지 비워달라고 하면 비워주는 조건으로 허락하여 주었고, 2001년 6월 20일에 일반 철근 콘크리트 조립식으로 교회를 재건축하였다.

2. 현재의 교회

교회가 어린이 70명, 장년이 60명으로 부흥하면서 예배 장소가 다시 협소하게 되었다. 이제는 땅을 구입하여 건축할 수 있도록 해달라고 기도하였다. 교회를 개척하면서 10년 안에 부지를 매입하여 교회 건축을 할 수 있도록 하자고 교인들에게 선포하고 열심히 기도하여 왔기 때문에 교인들도 동참하여 주었다.

기도로 준비하는 중 교회에서 가까운 곳 두 곳에 부동산 매물이 나왔다. 한 곳은 읍내로 들어가는 곳에 있었고, 한 곳은 산 아래쪽이었는데 농촌목회에 더 비전을 두고 있었기 때문에 읍내 쪽을 택하지 않고 산 아래쪽을 택하였다. 그러나 땅을 구입할 돈도 없었고, 그 땅을 사서 무엇하려고 하냐고 강하게 반대하는 집사들도 있었다. 땅이 건물을 짓기에는 너무 길쭉하고 모양새가 없기 때문이었다. 그런데 매일 저녁 그 땅을 밟으면서 기도할 때마다 성령께서 간곡하게 그 땅을 사라

신축한 교회(2010년 완공)

고 마음을 움직이기 시작하였고, 나는 그 땅을 매입하기까지 매주 밤마다 땅을 밟고 기도하였다.

그렇게 6개월 정도 기도하였는데 아이들 이모가 아내를 통하여 교회가 땅을 사려고 한다는 이야기를 듣고 그러면 내가 돈을 보낼 테니 교회는 땅을 담보를 잡아서 지으라고 하여, 한 필지는 이모 지분으로 사고 한 필지는 교회 지분으로 구입하게 되었다. 교회가 돈이 없는 상태에서 땅을 사게 되는 기적이 일어난 것이다.

건축하려고 설계를 하였는데 땅이 너무 좁고 길어서 건축하기가 어려웠다. 그래서 2007년 다시 뒤편 땅 묘지 부분 130평을 놓고 기도하기 시작하였다. 묘지 주인을 만나 교회 사정을 이야기하였더니 흔쾌히 들어주었다. 주인이 두 달 만에 다른 곳에 이장하게 되자 너무 감사하여 이장비를 교회가 부담해주었다. 마침내 땅을 합병하여 화순군 화순읍 오성로 519-12번지의 땅에 2008년 11월 27일 교회 직영으로 교인들이 힘을 합하여 건축을 시작하였다. 황토벽돌을 직접 찍어서 지었는데 2010년 11월 27일 연건평 350평(1층 170평, 2층 150평,

3층 30평) 건물을 완공하고 입당예배를 드렸다. 개척 12년여만의 일이었다.

3. 황토로 지은 교회

교회 건축은 빔으로 뼈대를 세우고 교인들이 직접 황토벽돌을 찍어서 지었다. 요즘 좋은 소재들이 많은데 굳이 황토 건축을 했느냐고 묻는 사람도 있다. 그러나 황토에는 놀라운 기능이 있다. 사람은 흙에서 왔기에 흙을 만나야 건강에 좋다. 아픈 몸도 회복되는 놀라운 효력이 있다. 중병에 걸린 사람들이 산속이나 시골에서 흙과 함께 살면서 병을 고치는 사례들이 많이 있다. 우리가 사는 집과 생활터전도 흙과 가까워져야 한다. 흙은 인간이 생활하는 데 필요한 식량을 제공하며, 흙 1g에는 2억 마리의 미생물이 살고 있다고 한다. 그래서 교회를 친환경적으로 농촌 환경에 맞게 황토 벽돌을 찍어서 건축하였다.

III. 에바브로디도처럼

나의 목회의 목표는 성도들이 하나님께 영광을 돌리는 삶을 살게 하는 데에 있다. 이를 위해 온 성도들이 예배 중심의 삶을 살 수 있도록 힘쓴다. 둘째는 십자가의 복음 증거를 통해 성도들로 하여금 잃어버린 하나님의 형상을 회복하는 데 최선을 다하며, 은혜로 생활할 수 있도록 돕고, 구원의 확신을 가지고 살아가게 한다. 셋째는 교육과 훈련을 통하여 그리스도를 닮은 성숙한 그리스도인으로 양육하며, 하나님께서 각자에게 주신 달란트를 따라 사역에 동참하게 함으로써 교회를 세우고 하나님 나라를 확장하도록 한다. 성도들이 삶 속에서 "온전한 사람을 이루어 그리스도의 장성한 분량에까지" 이르도록 이끌어주어 그리스도의 제자가 되도록 한다.

> 그가 혹은 사도로, 혹은 선지자로, 혹은 복음 전하는 자로, 혹은 목사와 교
> 사로 주셨으니 이는 성도를 온전케 하며 봉사의 일을 하게 하며 그리스도
> 의 몸을 세우려 하심이라 우리가 다 하나님의 아들을 믿는 것과 아는 일에
> 하나가 되어 온전한 사람을 이루어 그리스도의 장성한 분량이 충만한 데
> 까지 이르리니(엡 4:11-13).

이 말씀처럼 성도들이 그리스도의 장성한 분량에 이르러 온전한 그리스도인이 되어 복음 전도자의 삶을 사는 것이다.

나는 성경 인물 가운데 에바브로디도 집사를 존경한다. 골로새서 1장 7절에 "이와 같이 우리와 함께 종 된 사랑하는 에바브로디도에게 너희가 배웠나니 그는 너희를 위하여 그리스도의 신실한 일군이요"라고 바울은 칭찬하고 있다. '신실함'이란 누구나 얻어지는 것이 아니고 예수 그리스도를 믿음으로만 되어진다는 것을 에바브로디도에게서 배울 수 있다. 에바브로디도는 예수 그리스도를 통하여 신실한 일꾼이 되었고, 신실한 전도자가 되었다. 그리스도인은 지식이 부족해도, 언변이 유창하지 못해도, 재력이 풍부하지 못해도, 성자가 못 되어도, 영웅이 못 되어도, 똑똑하지 못해도, 권력을 소유하지 못해도, 신실하게 살려고 노력해야 한다. 성도가 신실하게 살려고 노력하면 하나님께서는 그 사람을 높이 들어 사용하신다.

에바브로디도는 그리스도의 일을 위하여 생명을 아끼지 않았다. 그리스도인이란 살든지 죽든지 내 몸에서 그리스도만 존귀하면 된다

는 일념으로 살아야 한다. 에바브로디도의 삶의 가치 기준은 그리스도의 존귀함에 있기 때문에 땅의 것에 큰 관심이 없었다. 그래서 나는 무슨 일을 하든지 그리스도가 존귀하게 되는 것을 최대의 영광으로 알고 주의 일을 할 때는 최선을 다하여 일을 한다.

꽃에 향기가 있을 때 벌이 그 매력을 느끼고 날아온다. 그리스도인이 그리스도인다운 매력을 가지고 있을 때 세상 사람들이 교회에 오게 된다. 그래서 나는 목회자로서 교회를 섬길 때 에바브라디도처럼 신실한 일꾼으로 주의 일을 하려고 한다.

IV. 신실한교회의 아동부 교육사업

신실한교회는 사도행전 2장 42-47절 말씀처럼 서로 나누며, 기도하며, 서로 통용하고, 성전에 모여서 하나님을 찬미하며, 날마다 사람들을 더하게 하려고 노력한다. 이를 위해 예배, 교제, 사역, 훈련, 전도를 핵심으로 삼아 서로 연계하여 유기적으로 잘 흘러가도록 한다.

신실한 교회는 개척 초기부터 교회학교의 부흥을 바탕으로 성장하였다. 농촌 교회이지만 지금도 교회학교 전도 사역에 집중하고 있으며 교회학교에 많은 투자를 하고 있다. 교회학교와 관련된 많은 프로그램을 진행하며, 여러 가지 프로그램을 개발하고, 지역사회 단체와 연결하여 교육사업을 하고 있다.

1. 아동부 전도

아동부의 목표는 전도로 부흥하는 아동부, 예배로 부흥하는 아동

교육관에서 책을 읽는 아이들   여름성경학교

부, 교육하여 부흥하는 아동부이다. 아동부 전도 방법을 소개하면 전도지, 초대장, 선물과 먹거리, 볼거리 등을 준비하고, 다음과 같이 전도활동을 진행한다.

① 하교 시간 30분 전 학교 앞에 전도본부를 설치한다(가능한 1:1 전도를 실시하는 것이 효과적이다).
② 교회 어린이들에게 한 명씩 친구들을 초대하여 전도대상 친구를 교사가 직접 만날 수 있도록 한다.
③ 교회에서 따로 초대하여 먹거리를 제공한다.
④ 축구대회, 농구대회, 야구대회, 레크리에이션, 마술, 영화, 공연, 로봇교실, 체험학습 등의 프로그램을 갖는다.
⑤ 프로그램이 끝나 후 복음을 증거하고 등록카드를 받는다.
이렇게 전도하여 아이들에게 복음을 전한다.

2. 지역 아동을 위한 프로그램

1) 영어 캠프
겨울방학 동안에 영어캠프를 운영한다. 외국인이 직접 인도하며 영어로만 진행한다. 영어 캠프 기간 동안에 배운 영어를 바탕으로 영어찬양을 배우고 예배에 지역주민을 초청하여 영어연극을 발표한다.

2) 도서관(빛나라도서관)

도서관을 운영하여 교인들과 지역주민들에게 책을 가까이하게 함으로 문화적 정서를 함양하고 삶의 여가를 즐기면서 생활할 수 있도록 한다. 빛나라도서관은 지역 아동들이 교회에 자연스럽게 올 수 있도록 만들었다. 재정적으로 많은 투자가 필요하지만 포기하지 않고 꾸준히 이어가고 있다. 도서관을 통하여 농촌 지역 어린이들에게 학습지도를 통해 학습능력을 배양하고, 다양한 체험활동을 하며, 전통문화 체험활동을 통하여 우리 문화에 대한 이해를 증진시키고 있다. 문화공연을 통하여 지역주민과 봉사자들이 함께 하는 소통의 장을 마련하며, 사랑나눔 초청잔치를 통하여 직간접적으로 복음을 제시하고 교회를 알린다.

3) 겨울 방학 로봇 체험

지역 아이들을 초청하여 겨울 방학 기간 동안 로봇 만들기를 한다. 일천만 원의 재료를 구비하여 지역 아이들이 로봇 만들기를 체험하도록 하여 교회를 친숙한 장소로 만든다. 부모들도 관심이 많아 자녀와 함께 배우러 오는 분들도 있다. 우리나라는 4차 산업혁명 시대를 맞아 산업현장에서 로봇 활용도가 세계에서 가장 빠르다. 이로 인해 심각한 문제들이 발생하고 있다. 가장 심각한 문제는 고용 축소와 계층 간 소득불균형의 심화이다. 최근 한국은행은 해외경제 포커스를 통해서 "로봇 활용에 의한 자동화는 고용 축소와 기술 수준에 따른 임금 격차를 심화시켜 계층 간 소득불균형을 심화시킬 소지가 있다"고 밝히고

로봇교실 활동 모습

있다. 로봇시장의 초고속 발달로 인공지능과 결합한 지능형 로봇은 더 빠른 속도록 발달할 것으로 예상하고 있다. 교회는 아이들이 로봇 시대에서도 신앙을 지키며 로봇을 활용하여 복음을 전하고 신앙을 전수할 수 있도록 어려서부터 로봇교육을 하고 있다.

4) 동식물과 곤충 키우기

교회에서는 여러 가지 동물과 곤충을 키우는 일도 한다. 아이들이 동물, 곤충과 교감하는 것을 배우고, 동식물을 키우면서 자연과 친숙해지도록 한다. 편백나무 화분을 만들어 나무심기 체험도 하고 있다. 지역 아이들이 직접 자신의 화분을 만들고 그곳에 열리는 블루베리를 직접 수확하고 맛보게 하며 농촌의 소중함을 배울 수 있도록 한다. 이 밖에도 컴퓨터실도 운영하였고 당구대를 설치하여 지역주민들에게 개방하기도 하였다. 하지만 시대의 변화에 따라서 이용 횟수가 감소하고 시설관리가 어려워서 현재는 활용하고 있지 않지만 차후에 기회가 되면 다시 설치하려고 한다.

3. 기타 활동

신실한교회는 여러 가지 문화 활동을 지역과 함께 하고 있다. 지역의 축제에 참여하고 여러 가지 공연도 하고 있다. 신실한교회 500m 안에 오성초등학교, 하니움, 화순역, 이용대체육관 등 화순군의 큰 시설 네 개가 있다. 또한 교회의 뒤편으로 도덕산이 있으며 도덕산에서 광주 무등산까지 등산로가 개척 중에 있다. 이러한 점을 잘 활용하여 지역사회와 함께 하는 교회를 만들어가려고 한다.

V. 미친 목사

목회를 하면서 성도들과 지역주민들에게 두 가지 별명이 붙었다. 하나는 만능재주꾼이요, 하나는 미친 목사이다. 사람들은 나를 보고 만능재주꾼이라고 하지만 사실 나는 머리가 남달리 좋은 것도 아니고 재주가 많은 것도 아니다. 그저 목회자로 내게 주어진 일에 최선을 다할 뿐이다. 나의 생활신조는 "최선을 다하자"이다. 우리 집 가훈도 똑같다. 목사로서 최선을 다하는 일은 교회를 잘 섬기고 성도들을 잘 돌보는 일이다. 그래서 농촌에서 20년 동안 개척해서 지금까지 초심을 잃지 않고 목회하려고 더 많은 노력과 함께 기도를 병행하고 있다. 기도하면 하나님께서 놀라운 계획과 비전을 주셨고, 불가능한 것이지만 말씀을 믿고 따르면 놀라운 재주꾼이 되게 하여 주셨다.

목회를 하면서 두 번 크게 미쳐버렸다. 한 번은 서두에 말한 것처럼 교회 개척을 시작할 때였다. 사슴을 키웠던 막사였기 때문에 허술하고 초라하기 그지없었다. 다른 사람들 눈에는 그런 곳에 교회를 세운다는 것은 불가능한 일로 보였을 것이다. 개척 당시 자식이 사업을 그만두고 신학을 다니다 개척을 한다고 하니까 아버님이 올라오셨는데 장소를 보고 깜짝 놀라면서 '미친놈'이라고 하셨다. 지금 와서 생각해보니 미처도 보통 미친놈은 아니었던 것 같다. 아버님은 말씀은 그렇게 하시면서도 공사하는 일에 봉사하여 주셨다. 돌이켜보면 미친놈이란 소리를 들으면서도 감사하며 교회 개척하는 일이 세상에서 가장 기쁜 일이었다. 그때 주님께서 내게 주신 은혜가 얼마나 놀라웠는지 모른다. 지금도 복음의 열정을 가지고 여러 교회를 개척하는 목사님들과 성도님들이 있다. 나는 그분들을 존경한다. 한 교회를 개척하여 세워나가는 것도 어려운 일인데 하나님의 도우심과 은혜가 아니고는 불가능한 일이기 때문이다.

두 번째로 미친 일은 협동조합 설립이었다. 농촌목회를 하면서 미래에 대한 비전을 세우기 위하여 많은 것을 배우러 다녔고 목회에 접목하였다. 그러나 농촌이다 보니 경제적으로 어려웠고, 목회는 점점 위축되기 시작하여 행사들이 점점 줄어들게 되었다. 교회 땅을 사고 건축을 하다 보니 경제적인 어려움이 계속 누적되어 목회를 지치게 만들었다. 그렇다고 목회자가 교인들에게 손을 벌리고 다닐 수도 없는 일이고, 일자리를 구하여 일하다 보면 교회가 더 어려워질 것 같아 기도만 하고 있었는데, 하루는 기도하는 중에 어려서 시골에 살았을 때 부모님들이 동내에서 생필품을 함께 구매하여 광에다 보관해두고 동네 분들이 구매하던 것이 생각났다. 그러면서 순간적으로 성경말씀이 떠오르는데 "내가 네게 명령한 것이 아니냐 강하고 담대하라 두려워하지 말며 놀라지 말라 네가 어디로 가든지 네 하나님 여호와가 너와 함께 하느니라"(수 1:9)는 말씀이었다. "왜 하나님께서 내게 이 말씀을 주시지?" 하는 생각과 함께 그때부터 하나님의 뜻을 찾기 위하여 고민하고 있는데 지역 신문에서 협동조합 설립에 관한 세미나 소식이 있어 참석하였다. 그때부터 협동조합에 관한 많은 자료를 수집하고 연구하면서 협동조합을 설립하게 되었다. 협동조합에 대해서는 나중에 설명하겠다.

신실한교회가 하고 있는 사역 가운데 케냐 바링고 지역 선교 사역이 있다. 케냐 바링고에서 한국의 IT를 배우고자 강원대학교에 입학하여 공부하던 엘리아스라는 학생이 2013년 우리 교회 어린이 영어 캠프에 참여하였는데, 그해 여름 LG사에 스카우트되어 자기 나라로 돌아가게 되었다. 돌아가기 한 달 전에 통역 봉사활동을 갔는데 잠시 더위를 식히기 위하여 바닷물에 들어갔다가 심장마비로 죽었다. 월드 베스트프랜드(World Best Friend)선교회에서 장례식을 치러주었고 시신을 비행기로 보냈다. 케냐 바링고시(市)에서는 자기 나라 젊은이가 한국의 IT를 배워 보급하려다 죽게 되었다고 바링고시 시민장으로 장례를 치루어주었다. 선교회에서는 엘리아스의 죽음이 헛되지 않도록 바링고시에 IT센터를 지어주기로 하였고, 나는 아들과 함께 가서 40일 동안 100평의 건물을 짓는 일에 참여하였다. 지금 그곳에서는 매일 컴퓨터 60대로 하루에 150명씩 교육을 받고 있다.

이것이 계기가 되어 바링고 지역 커피를 공정무역을 통하여 직접 수입하여 판매하게 되었다. 이는 그들을 도울 뿐만 아니라 값이 싸고 맛과 향이 우수한 친환경 무공해로 생산한 좋은 커피를 마시게 되어 우리에게도 유익한 사업이다. 교회에서는 협동조합을 통하여 케냐 바링고 커피숍을 운영하고 있다.

VI. 힐링알토스협동조합의 창립과 사업(교회와 협동조합)

우리나라는 경제성장이 세계적으로 놀라울 정도로 이루어졌지만 사회 양극화와 높은 실업률, 고령화, 다문화 가정 등 많은 문제들로 인해 지역공동체가 무너지고 있다. 지역공동체 활성화가 절실하게 요구되고 있다. 현재 정부는 마을공동체 살리기 일환으로 마을기업, 체험휴양마을, 정보화마을, 생태마을, 전통시장 활성화, 상가활성화, 생활공간 개선, 사회복지시설 확충 등 많은 예산을 들여 사업을 추진하고 있지만 정부의 시책만으로는 지역공동체가 살아나기 어렵다. 교회가 이러한 마을공동체사업들에 관심을 가지고 협동조합, 영농조합 등의 단체를 구성하여 마을공동체 활성화에 적극적으로 참여하면 교회도 살고 마을도 살아날 수 있을 것이다.

2013년 9월에 힐링알토스협동조합 준비위원회를 발족하였고, 2014년 5월 4일 창립총회를 개최하였다. '힐링알토스'는 영어 '힐링'(Healing, 치유)과 헬라어 '알토스'($\alpha\rho\tau o\varsigma$, 곡식)를 합친 명칭인데 우리 몸을 치유하는 음식이라는 의미를 가지고 있다. 이 조합은 청정지역 화순에서 직접 생산한 농산물로 제조가공을 통하여 건강하고 행복한 먹거리를 소비자들에게 직접 제공하고자 설립되었다. 화순은 무등산을 비롯하여 아름다운 명산이 많고, 전국에서도 청정지역으로 손꼽히며, 특히 약용식물과 특수작물을 많이 재배하고 있어서 건강한 먹거리를 만들 수 있는 천혜의 여건을 가지고 있다. 우리 조합은 최고의 전통차를 만들기 위하여 최선의 노력을 다하고 있으며, 볼거리, 먹거리, 쉴거리가 어우러진 미니 테마 공원을 만들려고 하고 있다. 현재 하고 있는 사업과 프로그램을 보면 다음과 같다.

힐링알토스협동조합

① 농산물 판매(잡곡류, 블루베리, 복숭아, 작두콩 등).

② 식품제조 및 가공(작두콩차, 돼지감자차, 딸기잼, 천연비누, 케냐커피, 엿기름가루, 효소, 장아찌 등).

③ 음식문화 체험(딸기잼 만들기, 블루베리잼 만들기, 쌀빵 만들기 등).

④ 곡물 볶기(곡물 볶기, 커피로스팅).

⑤ 기타 체험(로봇 만들기, 올레길 걷기, 천연비누 만들기, 편백나무 액자와 화분 만들기, 곤충 및 동식물 체험 등).

이런 사업과 활동을 통하여 마을 공동체 활성화를 꾀하고 있으며 마을도서관을 운영하고 있다.

힐링알토스협동조합에서 판매하는 커피는 앞에서 언급했듯이 케냐 바링고에서 생산되는 커피를 직접 수입하여 판매하고 있다. 바링고 커피는 그 가치를 제대로 인정받지 못하고 있다. 생산한 수고에 대한 임금도 받지 못하고 있다. 신실한교회는 바링고 지역에 컴퓨터교실을 만드는 등 선교를 하고 있었는데 현지에서 커피를 좋은 가격에

협동조합의 식품코너

구입해주기를 희망하여 협동조합을 통하여 커피를 수입, 판매하게 되었다.

바링고 커피는 KBS에서 소개된 바 있다. 협동조합에서는 바링고 AA, AB를 판매한다. 이 '바링고 AA'는 세계 최고의 커피 케냐AA 가운데 바링고에서 생산된 AA를 부르는 말이다. 해발 2,250m 케냐 청정 고산지대에서 농약이나 화학비료 없이 키운 커피이다. 월드베스트프랜드선교회는 코이카(KOICA)와 함께 바링고 지역의 특산물인 커피를 직접 관리하고 직거래 공정무역으로 직수입하여 한국 소비자에게 제공하고 있다. 커피를 통해서 케냐 바링고 지역의 빈곤을 퇴치하고 아이들이 학교를 다닐 수 있도록 하기 위함이다. 2015년 6월 'KBS 특파원 현장보고'에 방영되어 많은 관심과 사랑을 받게 되었다. 2015년 1~2월에 추수한 최고급 커피가 2015년 7월 6일부터 국내 판매가 시작되었다. 품질과 가격 모두 선교회와 케냐 정부가 보증하는 국내 유일의 커피이다.

VII. 협동조합의 비전

농촌은 미래가 불투명하다. 급격한 사회변화로 농촌은 갈수록 생활이 힘들어지고 있지만 농업에 대한 관심은 정치인들이나 국민들이나 모두 관심 밖에 있다. 먹거리가 부실하면 국민의 건강이 나빠질 수밖에 없다. 최근 살충제 계란 파동으로 먹거리 비상이 걸렸다. 농가들이 이익 추구를 앞세워 닭을 A4용지보다 적은 곳에서 키우다 보니 일생 동안 날개 한 번 마음대로 펼 수가 없다. 자연히 병충해에 취약하게 되고 건강한 알을 생산할 수 없다. 살충제 계란뿐이 아니다. 햄버거병 등 하루가 멀다 하고 들려오는 먹거리 관련 뉴스를 접하면 정말 불안한 시대이다. 유전자를 조작하여 대량생산하는 GMO농산물도 대량 수입되어 국민 건강이 크게 위협받고 있다.

쌀 소비가 크게 줄어 벼농사 농민들의 생활이 크게 위축되고 있으며, 많은 빚 때문에 농사를 포기하는 농가도 늘어나고 있다. 품질이 좋은 농산물을 생산해내야 하는데 고령화로 인하여 일손이 부족하여 생산 능력이 떨어지고 있다. 이러한 현실을 바꾸기 위해서는 젊은 사람들이 농어촌에 들어와 생활할 수 있는 사회 시스템이 이루어져야 한다. 정부에서도 농촌경제를 살리기 위하여 6차 산업을 내놓았지만 좀 더 국민들의 피부에 와 닿을 수 있도록 농수산업 정책이 추진되어야 한다.

한국교회 또한 부흥 운동을 일으킨 농어촌교회가 다시 부흥할 수 있도록 인적 자원과 경제적 자원을 제공하여 부흥시켜야 한다. 그래서 나는 미래의 농촌목회를 위한 대안으로 교회 부흥과 함께 지역사회 문화사업에 공헌하기 위하여 협동조합을 설립하게 되었다.

우리 협동조합은 2014년 7월에는 전남형 예비마을기업에 선정되어 사업이 크게 탄력을 받게 되었다. 2014년 8월 4일 사업장 등록과 함께 교회 1층 100㎡(30평) 식당을 보수하여 2015년 2월 25일 가공공장 영업등록을 마치고 본격적으로 가공식품을 생산하고 있다. 2016년 7월 15일 화순군 농촌기술센터에서 시행한 농촌체험관광교육에 농가, 영농조합, 협동조합에서 참여하여 교육을 이수하였는데, 농가별 체험프로그램에서 우리 협동조합이 최우수상을 수상하였다.

전남 사회적경제 한마당에서 (이낙연 당시 전남지사)

또한 사업의 확장을 위하여 기술 개발도 하고 있다. 낮에는 직접 교우들과 함께 농사일하고, 힘들지만 밤 12시에서 새벽 1시까지 서재에 앉아 연구한다. 그 결과 커피를 직접 로스팅하는 만능 통돌이 기계도 개발하여 커피로스팅 체험학습에 사용하고 있으며, 커피 애호가들에게 가정에서 로스팅하여 즐길 수 있도록 저렴한 가격에 판매도 하고 있다. 티백차 손잡이도 개발하여 디자인 특허를 받아 신제품 티백 작두콩차를 생산하여 판매하고 있다. 2016년에는 행정자치부에서 실시하는 마을기업에 선정되어 차 가공 기계시설을 갖추어 대량생산하고 있다. 작두콩차는 비염과 몸의 면역력을 향상시키는 효능이 알려져 있어 많은 사람들의 주목을 받고 있다.

힐링알토스협동조합에서는 단순한 농산물 가공·판매 이외에도 마을의 어린이들을 위해 동물과 곤충을 키우고, 로봇 학교와 마을 도서관을 운영하며 아이들이 언제든 방문하여 놀다 갈 수 있는 편안한 공간을 제공해 지역사회에 공헌하고 있다. 또한, 지역사회의 소통과 공동체성 형성을 위해 정기적인 마을청소, 지역 어르신 초청잔치, 북사랑 바자회 등 다양한 프로그램을 통해 지역사회 구성원들과 소통하고 지역문제를 해결하기 위해 지속적인 노력을 하고 있다.

협동조합의 지속적인 발전을 위하여 설립 처음부터 지금까지 나와 아내는 무보수로 봉사하고 있다. 그럼에도 목사가 협동조합 대표로 활동하는 것을 부정적인 시각으로 보는 사람들이 많았다. 그러나 지역 농산물 판매와 마을 도서관 운영, 어린이 영어캠프, 지역주민 일자리 창출, 지역사회 문화공간을 만들기 등 협동조합이 무엇을 하고 있는지 알고 있는 지금은 많은 분들이 적극적으로 협조하고 있다. 개인의 이익이 아니라 지역주민들과 함께 지역사회를 발전시키기 위하여 협동조합을 하고 있다는 것을 알게 된 것이다.

텃밭 가꾸기로 시작하여 출자금 6백만 원으로 사업을 하다 보니 어려움이 많았다. 그러나 하나씩 극복하여 지금은 여러 사업들이 활발하게 진행되고 있다. 현재 조합원은 13명이며, 정규직 3명과 비상근직 3명이 일하고 있다. 금년에 티백 손잡이 디자인 특허등록을 받아 향미를 개선한 작두콩차를 출시하여 큰 호응을 받고 있으며, 수입증가와 함께 일자리 창출이 증가할 것으로 생각된다.

우리 교회와 힐링알토스협동조합은 교회와 지역사회를 위하여 미니 테마 공원을 만들어 지역주민들과 함께하는 문화공간을 만들어가는 것이 꿈이며, 지역사회의 발전 및 농촌 교회의 비전과 희망이 되기 위해 노력하려고 한다.

VIII. 커피 볶는(roasting) 체험 학습 운영

우리 협동조합에서는 교회와 함께 많은 체험 프로그램을 운영하고 있다. 그중에서도 커피 볶는 체험이 가장 인기를 끌고 있다. 나는 2015년 커피를 볶는 만능통돌이 기계를 개발하였는데 커피 볶는 것뿐만 아니라 가정에서 땅콩, 밤, 은행, 콩 등의 곡물을 볶을 수 있으며 간단한 구조로 제작되어 있기 때문에 누구나 편리하게 사용할 수 있도록 제작하여 저렴한 가격에 판매하고 있다.

커피는 한 번에 500g 정도 볶을 수 있으며, 볶는 시간은 약 10~15분 정도 걸린다. 직화식이어서 팝콘기계 같은 소리를 들으면서 하는데, 내가 원하는 원두를 볶아서 내가 원하는 맛과 향을 즐길 수 있는 나만의 커피를 마실 수 있다. 또한 땅콩, 은행, 콩 등의 곡물을 5~7분에 아주 고르게 볶을 수 있다. 밤은 표피가 두꺼워 팽창하면서 터지기 때문에 볶기 전 칼집만 내어 주면 숯불에 구운 밤보다 더 잘 구워진다.

우리 협동조합 커피숍에서는 케냐 바링고에서 생산되는 생두만 볶기 때문에 구수한 맛과 향이 뛰어나 먹어본 사람들이 칭찬이 자자하다. 케냐 커피는 세계 최고의 커피 가운데 하나로 꼽힐 정도로 유명하다. 특히 바링고 지역은 해발 2,250m의 청정 고산지대이며 농약이나 화학비료 없이 키운 커피이다. 2015년 1~2월에 추수한 최고급 커피를 2015년 7월에 14톤 들여와 국내에서 판매를 시작하였고, 2016년에는 36톤을 들여와 판매하였으며, 올해도 36톤을 들여왔다.

우리 교회와 힐링알토스협동조합에서는 커피 볶는 체험 외에도 로봇교실, 영어캠프, 편백화분 만들기, 천연비누 만들기, 새송이버섯, 찰보리빵 만들기, 피자 만들기 등의 체험활동을 통하여 지역사회와 소통하고 문화사업과 지역경제살리기 운동에 적극 힘쓰고 있다.

함께 일하고 더불어 사는 공동체, 일벗교회

서정훈 목사
(인천 강화 일벗교회)

I. 일벗교회, 하나님과 함께 일하는 공동체

나는 28살 늦깎이로 신학교에 들어가 동기들과 '흙사랑'이라는 농촌과 생태 관련 동아리를 만들어 학습도 하고 현장도 다니면서 농촌선교에 대한 열정을 키웠다. 신학교 재학 시에도 농사짓는 시골 교회인 천안 단비교회에서 교육전도사로 일하면서 친환경농사와 농촌공동체를 익혔다. 감리교 농목 선배들처럼 농촌에 목회지가 선정되면 그 마을에 정주해서 목회와 농업을 병행할 준비를 갖추는 중이었다.

농촌목회에 대한 꿈과 삶의 양태로서 농(農)에 나름대로의 전망을 가졌음에도 막상 기회는 쉽지 않았다. 하나님께서는 그 길을 곧바로 허락하지 않으셨다. 아마 또 다른 차원의 훈련의 과정이 필요하였던 것 같다. 1998년 즈음 대학원과 수련목회자과정을 모두 마친 나에게 뜻하지 않은 제안이 왔다.

감리교 농촌선교훈련원 원장이자 당시 감리교 농도생협 이사장인 차홍도 목사께서 당장 목회지도 없고 하니 임지가 생길 때까지 생협에서 농산물 배달 업무를 도와 달라는 것이었다. 그 당시만 해도 생협운동과 유기농운동은 매우 힘들고 척박하였기에 주저하였다. 차 목사님의 회유와 협박이 있기도 했지만, 그 일이 농촌목회의 토대를 마련해 주는 소중한 일일 수도 있겠다 싶어 결국 일을 시작했다.

목회적 사명감을 가지고 열심히 했다. 낮에는 서울 아현교회에 마련된 매장에서 판매 및 조합원 택배 일을 하고, 저녁때는 음성, 홍천, 천안 등 농촌 교회에 들러 그날 수확한 농산물들을 수집해서 서울로 올라와 도시 교회별로 물건을 분류 세팅하고, 탑차에 실어 새벽 아침까지 도시 교회에 나누는 일을 했다. 일주일에 3일은 18시간 이상 이 일을 반복해야 했다. 근 3년 동안의 고되고 특별한 훈련이었다.

생협운동도 나름 목회적 의미와 가치가 있었지만 늦은 나이에 신학과 목회의 길을 가야 했던 소명과 정체감이 모호해졌다. 그즈음에 고향 강화에서 농사일을 하시던 아버님께서 폐암 진단을 받으셨다. 큰 병원에서 수술까지 하게 되고 항암치료를 받게 되면서 생협 일을 뒤로하고 무작정 귀향하였다.

양돈 축산을 접고 떠난 고향을 8년 만에 다시 내려왔다. 목회하러 나간 줄 알고 있던 고향 사람들의 묘한 시선들을 뒤로하고, 주 관심인 농(農)에 집중하기로 했다. 농군이신 아버지는 병환이 깊어 손을 놓으셨기에 적잖은 농사일을 도맡을 수밖에 없었다. 아버님의 못마땅한 눈총을 내내 받으며 모든 농사를 친환경으로 바꾸었다. 일단 과정을 중시하고 결과는 크게 신경 쓰지 않기로 했다. 물론 초보 친환경농사의 결과는 좋지 않았다.

이후 잊고 지내던 목회자 진급의 기회는 엉뚱하게 주어졌다. 출석하고 있는 고향의 모교회에서 나를 무급 수련목회 전도사로 받기로 했다. 또한 누나처럼 여기는 선배 목사의 요청으로 짬짬이 도와주던

일벗교회 창립예배

재가노인복지센터에서 정식 근무를 병행하는 조건으로 진급할 수 있게 되었다. 3년간 주중에는 독거노인들의 식사와 집수리 등 가사 일을 도우면서 짬짬이 농사일을 했고, 주말에는 교회의 일을 감당하는 전천후 수련을 겪은 후, 2005년 41살의 나이로 감격의 목사안수를 받게 되었다.

수련목 진급이라서 안수 후 단독목회를 해야 했다. 그간 지역에서 함께 일하다 만난 일벗들이 교회를 설립하자고 먼저 제안했다. 돌아보면 정말 주님의 은혜라 할 수밖에 없는 일이었다. 함께 뜨겁게 만나 농사일을 했던 벗들, 청소년과 노인을 대상으로 함께 봉사했던 일벗들, 대안적 교육과 건강한 지역사회를 꿈꾸며 함께 일한 벗들이 모여 2005년 여름 '일벗교회' 설립을 결의하고 창립 기도회를 가졌다. 이것이 일벗교회의 감격스런 시작이었다.

그날 산 위에서 우리가 힘껏 외쳤던 것은 "함께 일하며 더불어 살자"였다. "예수께서 그들에게 이르시되 내 아버지께서 이제까지 일하시니 나도 일한다 하시매"(요 5: 17)를 함께 읽고 예수님이 하셨던 생명을 살리는 일을 이어가자고 서로 마음을 굳게 다졌다. 이후 강화읍내의 어느 단체 사무실을 빌려 예배를 드리기 시작했고, 1년 후 요건을 갖추어 15명의 교우와 함께 창립예배를 드리게 되었다. 돌이켜보면 주님의 섭리 아닌 것이 없었다.

II. 일벗 생산공동체, 함께 일하자!

교회 창립과 거의 동시에 일벗생산공동체가 결성되었다. 일벗교회 창립의 주역들을 포함한 생산공동체였다. 초기 5명의 일벗들이 공동체적 생산과 생활의 자립을 꿈꾸고 시작하였다. "신성한 노동! 신명난 일벗!"을 모토로 공동생산 공동분배를 실현하고자 했다.

아버님이 유산으로 물려주신 양돈 폐축사를 헐고 두부공장을 짓기로 했다. 농사만으로는 부족한 수입을 보충하고, 나아가 공동체의 단단한 경제기반으로 삼고자 함이었다. 농협에서 축사 대지를 담보로 5천만 원을 빌려 40평 공장 건물을 직접 지었다. 그리고 무담보 소액대출은행(micro-credit)인 '신나는조합'으로부터 2천만 원을 빌려 두부 제조 기계를 샀다. 2005년 여름, 가을 내내 공장을 짓고 기계를 조립하여 겨울부터 두부를 만들기 시작했다.

무농약 유기농으로 농사를 지어 왔듯, 두부를 만들 때도 화학첨가물을 넣지 않고 전통 가마솥 방식으로 만든다는 원칙을 세웠다. 실패를 거듭한 끝에 결국 모두가 인정하는 전통 옛 두부를 재현하는 데 성공했다.

이처럼 '함께 일하며 더불어 살자'고 당초 서너 명이 당차게 꾸린 '일벗생산공동체'는 해를 거듭하면서 10여 명의 식구를 거느린 대가족이 되었다. 지역의 토착민과 이주 귀농인들이 함께 어우러져 농사 짓고, 가공하고, 판매하고, 식당을 운영했다.

직접 지은 두부공장의 가마솥(위)
우렁이농법으로 지은 쌀(우)

한편, 지역의 소농과 친환경농업인들을 결성하여 양사친환경작목
반을 결성하였다. 귀농하여 가장 먼저 홀로 시작한 오리농법, 우렁이
농법 등 친환경 벼농사에 관심을 보인 농가들이 한명 두명 참여하여
지금은 50여 농가들을 거느린 작목회로 성장하여 친환경농업단지가
조성되었다.

양사 작목회는 지역의 친환경농업을 선도하며 생산에서 출하까지
의 전 과정을 협동의 방식으로 진행하고 있다. 주로 벼농사와 콩농사
를 하며 종자소독, 파종, 농자재 구입, 농활김매기, 친환경인증, 공동
집하, 공동출하 등의 전 과정을 함께하고 있다. 지역 농업인들과 함께
진행하는 소농 지원과 친환경농업 지원의 실무 일도 일벗들이 역할을
나누어 감당하고 있다. 2016년도에는 양사 지역의 극심한 가뭄으로
모내기를 못한 농가들과 함께 5만 평의 논에 콩을 파종하였다. 물론
수확한 콩은 전량 '콩세알'에서 수매하였다.

III. 사회적기업 '콩세알', 자립과 공생을 꿈꾸다

2008년, 일벗생산공동체는 두부의 상품명인 '콩세알'이란 이름으로 사회적기업이 되었다. 처음에는 부족한 인건비를 지원받는 수단으로 인증을 받았지만, 사회적 약자들의 권익과 자립을 목적으로 하는 진정한 공동체적 사회적기업이 되고자 하였다. 굳이 말하자면 농촌의 자원을 활용하여 농촌과 농업이 갖고 있는 문제점을 해결하는, 즉 농촌 재생을 과제로 하고, 농촌 지역의 지속 가능성을 추구하는 활동을 통해 지역의 일자리가 확대되고, 지역 경제 활성화의 역할을 담당하는 기업이 가능한지 실험하자는 것이었다. 어느새 '콩세알'은 농촌형 사회적기업의 전형적 모델로 소개되고 있었다.

'콩세알'은 이 일에 동참할 뜻있는 사람들을 새롭게 만났다. 그리고 먼저 그들과 함께 공동의 생활기반을 마련해가고 있다. 쌀, 순무, 콩, 고구마, 시설하우스 등 적지 않은 규모의 공동 농사를 짓는다. 공동체의 가장 큰 수입 기반은 두부, 유부, 묵, 장류 등 인근 농산물을 활용한 가공사업이다. 연간 약 20억 원 정도의 매출이 농산물 가공에서 발생한다. 공동체의 자립기반 확보와 더불어 지역과의 소통과 협력을 꾸준히 모색하고 있다.

콩세알의 일꾼들

콩세알의 중심인 가공공장에서는 열다섯 명의 일벗들이 일하고 있다. 콩은 직접 재배하거나 강화지역에서 계약 재배한 콩을 우선 수매하여 사용하고, 나머지는 한 살림 생산자, 두레 생산자, 감리교 생산자들의 콩을 계약, 수매한다. 하루 평균 3,000모의 두부를 생산하려면 연간 약 200톤 정도의 콩이 소요된다.

다른 두부 공장에서 볼 수 없는 압력 가마에 콩물을 끓이고, 전통 온비지 방식으로 300메쉬의 고운 체로 두유를 진하게 짜내며, 유화제가 첨가되지 않은 천연 소금간수를 자체 제조하여 두부를 응고시킨다. 거품을 제거하는 소포제나 황산칼슘 등 일체의 화학적 첨가물을 사용하지 않고 만들어 안전하고 맛이 좋다. 콩세알의 두부 제조 기술은 전통을 바탕으로 하면서 독창적인 제조 기법을 터득해가고 있다. 두부 제조 기계도 업자에게 다 맡기지 않고 핵심이 되는 부분은 직접 설계하고 도입해 사용하고 있다. 두부 품질의 핵심인 응고제 사용에서도 마찬가지이다. 직접 천연간수 제조기를 설계 제작하여 콩세알만의 고유한 간수를 사용한다.

두부뿐만 아니라 강화의 전통 음식이었던 고구마묵을 제품으로 개발하였다. 강화의 특산인 속노랑고구마를 원료로, 청정 지하수를 사용하여 만드는 데 당도가 높고 찰진 맛이 일품이다. 고구마묵의 개발로 연간 50톤의 가공용 고구마를 인근 농가로부터 수매하여 농가소득

독창적 방식의 두부제조기술 개발

콩세알에서 생산하고 있는 여러 제품들

에 기여하고 있다.

현재 사회적기업 콩세알이 추진하고 있는 사업의 구조와 사업 내용은 다음과 같다.

① 농업생산지원팀: 농업회사법인 (주)콩세알 내에 마련한 농업전담팀으로, 지역 농산물 생산·매입, 자경농업 생산, 친환경작목회, 콩작목반, 강화속노랑고구마작목회 등을 실무적으로 지원한다.

② 가공생산팀: 현재 가동되고 있는 400평 규모의 생산시설을 운용하며, 두부류(부침두부, 찌개두부, 순두부, 연두부, 반판두부) 생산반, 유부류(튀김유부, 초밥유부, 튀긴두부) 생산반, 서류가공품(고구마묵, 군고구마말랭이) 생산반, 두류가공품(콩비지, 콩국물, 콩죽) 생산반 등이 있다.

③ 유통 및 체험팀: 우수 체험공간을 활용하는 팀으로, 청년영농반(검암의 우리동네사람들, 도반소농공동체 등), 식생활교육 및 체험교실 운영(식생활교육, 두부체험), 생협 물류 및 로컬푸드 유통, 농민장터, 각종박람회, 지역축제 등에 참여한다.

위의 사업을 수행하는 활동 인력은 농업생산지원팀 5명(작목회 40명), 가공생산팀 12명, 유통 및 체험팀 3명, 사무행정 2명 등 총 22명이다. 그리고 지역과 단체 등 주체 간 연대와 협력 단체 및 활동 내용은 다음과 같다.

① 양사친환경작목회(50농가), 강화 및 김포 콩작목반(50명), 경기북부콩작목회.

사회적경제와 함께하는 3대 종교 공동행사. 맨 오른쪽이 서정훈 목사

② 농업 전문생산인력과 지역 취약계층으로 구성된 콩세알 영농 팀 운영.

③ 강화김포지역 대두콩 생산 농가 사전 최저매입가 제안(최저가 보장).

④ 전국단위 생협(한살림, 두레연합, 행복중심) 및 인천 식생활네트워크.

⑤ 로컬푸드매장, 인천로컬푸드협동조합, 지역연계 판매망 확보.

⑥ 우수체험공간지정(농림축산식품부)에 따른 시설·공간·인력 확보.

IV. 이웃과 함께하는 '콩세알', 나눔을 실현하다

콩세알은 지역의 취약계층에게 일자리를 제공하고, 소농과 가족농을 도와 영농소득을 증대시킬 뿐 아니라, 강화노인복지센터, 신나는지역아동센터, 한살림지역아동센터 등과 결연하여 생산된 건강한 먹을거리를 독거노인과 결식아동들에게 무상으로 제공하는 일도 계속해오고 있다.

작년부터 콩세알에 근무하는 무주택 직원들과 함께 공동 주거마을을 조성하여 6채의 주택을 완성하고 입주를 완료했다. 내년에도 공동으로 마련한 택지에 2~3채의 주택 건축을 계획하고 있으며, 이를 통해 젊은 귀농인들의 농촌 정착을 확대해가고 있다.

2015년에는 콩세알이 농림수산식품부 지정 식생활우수체험공간으로 선정되어 도농교류와 식생활교육을 활발하게 진행하는 가운데, 같은 해 1차 산업과 2차 산업과 3차 산업을 융합한 6차 산업사업자로 인증되어 지역활성화를 촉진하고 있다.

V. 일벗교회, 삶과 영, 지역과 교회가 통합된 공동체로 살자!

이제 일벗 12년 지기! 요즘 일벗교회 20여 교우들은 함께 모여 살 기대로 한껏 부풀어 있다. 12년 전에 함께 예배드리며 신앙을 나누었던 그 공력으로 이젠 같이 살 수 있겠단다. 거창하게 공동체랄 것도 아니다. 그저 먼저 집이 없는 서너 가정이 같이 땅을 사고 손수 집을 지을 계획이다. 당장 돈이 없어도 콩세알에서 마련한 일자리로 자금을 융통할 수 있는 길이 생기기도 했다.

그러나 여전히 함께 모여 사는 일은 참으로 어려운 일이며 그래서 좀 더 진전된 공동체는 실현하기 힘들다는 것을 안다. 일벗들과 함께 여러 공동체를 탐방해보고, 주일마다 외국의 공동체 사례들도 소개하면서, 몇 가지 공동체에 도움이 되는 훈련들도 진행해 보았다. 그래도

일벗교회 추수감사절 행사

자신이 없는 것은 마찬가지였다. 그런데도 아직 공동체에 대한 꿈을 버리지 않고 있다. 당장은 마음에 준비된 사람들이 먼저 해보겠다고 한다. 느슨하지만 공동체로의 첫발을 내딛자는 것이다. 일벗은 이를 실천하기 위해 다음의 일들을 계획, 진행하고 있다.

일벗교회는 사회적기업 설립의 기반을 마련해주는 교회를 지향한다. 시작부터 소농과 귀농인들 중심으로 창립하여 영적 필요와 공동체적 삶의 토대를 마련하는 일을 도모해왔다. 일벗교회는 사회적기업 콩세알을 설립하는데 인적 자원을 제공하고, 교육을 통해 사회적기업가를 양성하고 있다. 공동체적 삶의 지향과 생태적 영성 고취를 위한 다양한 활동을 사회적기업 활동가들에게 제공하는 구심점이다. 최근에는 바느질공방, 요리교실, 생태숲교실, 발효학교 등 지역의 여성들과 함께 하는 마을 모임을 주도하여 여성 주도의 마을협동조합 창립의 기반을 마련해가고 있다.

또한 교우들이 친환경농업에 직접 종사하면서 지역의 친환경농업인을 육성하고, 친환경농업에 필요한 자재와 농법을 제공하며, 친환경농산물 인증업무를 담당하면서 판매를 촉진하고 있다. 생태적으로 함께 사는 전환마을을 건설하기 위해 공동으로 토지를 마련하고 주택 건축을 확대해가고 있다. 태양광 발전(현재 60kw 발전 중), 빗물 재사용, 대안에너지 개발도 모색, 실천하고 있다.

마음을 모으고 고백하는 자리

공동체 삶을 살기위해 지은 집들

나눔의 실천으로 지역에 사는 극빈층 가정을 찾아 식자재와 생활비를 제공하는 일도 확대해가고 있다. 이를 위해 해마다 교회 재정의 30% 이상을 지역을 위해 사용한다. 또한 전통 농경문화, 의식주 생활문화 등을 발굴하고 계승하는 농촌생활학교를 개교하기 위한 마을 모임도 결성하였다.

일벗교회는 농촌에 기반한 자립적 생태영성공동체 건설을 위해 귀농인들을 안내하고, 일자리 등 생활방편과 주거환경을 알선하고 제공한다. 또한 국내, 국외의 자립적 생태 공동체들(일본 애즈원커뮤니티, 영국 부르더호프, 미국 아미쉬, 태국 시사아숍 등)을 탐방하고, 단기 파견하여 탐구 및 적용의 기회를 적극 마련하고 있다. 공동체적 삶을 위한 기독교적 영성을 발굴하기 위해 관계훈련, 소통훈련, 치유세미나 등을 분기별로 시행한다. 자급, 자족, 안심, 안전의 마을공동체을 이루기 위한 '집중탐구세미나'(연찬)를 개최하는 데 힘을 모으고 있다.

작년에는 일벗 교우 7명이 일주일간 일본 스즈카의 애즈원 커뮤니티에 다녀왔다. 스즈카 탐방을 통해서 인간의 내면에 자리한 공동체적 본성이 어떻게 일깨워지고 실현되는지를 엿볼 수 있었다. 애정을 가지고 두려움 없이 상대방과 이야기할 수 있는 자유로운 자아를 확립하는 길이 가능하다는 것이다. 단지 그것은 자신과 인간과 사회에 대한 깊이 있는 탐구를 통해서 누구나 획득 가능한 것이기도 하다는 것이다. 아울러 구체적인 생활과 생계 문제에도 근본적인 해결점이 되기도 한다는 데 놀랐다.

공동체로의 여정은 나를 변화시키는 영적인 순례와도 같다. 누군가 이야기했다. "끊임없는 자기의 타인화이지 타인의 자기화가 아니다. 누구를 변화시키려 하지 말라. 기다리면 기다리는 중에 내가 변화되며, 그 변화된 나로 인하여 타자가 변화될 것이다." 이것이 공동체 영성의 기반이다. 인간은 관계 안에서 살아가는 존재이다. 친밀하고 따뜻한 관계로 형성된 공동체는 나와 우리를 변화시키고 성숙케 하는 장(場)일 수 있다. 교회와 지역 안에서 우리는 넓은 의미의 공동체로 살아가지만, 조금 더 물리적, 심리적 거리를 가까이하며 세밀한 관계 안에서 살면서 그 신비한 연합에서 오는 만족감을 경험하는 것은 하나님 나라를 맛보는 일이 될 것이다.

일벗들이 함께 일하며 일구어가는 것은 하나님의 나라이다. 누구나 귀하게 존중받고, 자유롭게 살고, 서로 친밀하고 안심되고, 노후나 2세가 걱정이 없고, 적게 있어도 마음은 늘 풍족하고 평안한 그런 나라말이다.

제8부

청소년교육을
위주로 하는 현장

청소년들을 돌보는 선한이웃교회

강석효 목사

(경남 고성 선한이웃교회)

I. '하나님을 위하여, 이웃을 위하여'

이것은 선한이웃교회의 변하지 않는 영원한 목표이다. 선한이웃 교회는 지금으로부터 22년 전인 1993년 3월에 경남 고성의 영오면에 서 영오교회라는 이름으로 태어났다. 대학 다닐 때부터 시골에서의 목회를 꿈꿔왔던 나는 1999년 12월 첫 주에 29살의 젊은 나이에 이곳 에 부임하였다. 부임 후 선한이웃교회로 교회명을 새롭게 바꾸고 현 재까지 변함없이 하나님을 위하여 이웃을 위하여 한 길을 가고 있다.

이곳으로 첫 목회를 나왔을 때 교회는 형편없었다. 교회는 낡을 대 로 낡고 비가 새는 시골 다방건물의 2층에 전세로 있었다. 형편이 어 려워 그 전세금조차도 내기 힘들었고 한바탕 비라도 쏟아지면 지붕 곳곳에서 빗물이 스며들었다. 교회뿐 아니라 함께 붙어있던 사택에도 항상 빗물이 스며들어 늘 곰팡이가 끼곤 했다. 더 큰 문제는 교회와 사택에 화장실이 없는 것이었다. 그래서 항상 아무도 없는 이른 새벽 이면 요강을 들고 근처 면사무소 화장실까지 왔다 갔다 하는 게 나의 첫 번째 하루일과였다.

이러한 열악한 환경 속에서 영오면의 어려운 노인과 아동들의 가정을 방문하는 일로 목회사역을 시작하였다. 매주 경로당을 비롯하여 독거노인 30여 가정을 찾아서 꾸준히 섬겼고, 초·중학교 아이들을 모아 공부를 가르치고 운동도 하면서 매일 거르지 않고 모였다. 아이들과 노인들을 위해서 누군가가 음식이나 물품을 제공하여 준다고 하면 서울도 마다하지 않고 받으러 갔다. 이것이 지금까지도 사역하고 있는 시골 노인 가정 방문과 아동센터의 출발이었다.

II. 병주와 병주 어머니를 만나면서: 소명과 결단

이러한 사역을 시작한 데에는 사연이 있다. 영오라는 경남 고성의 외딴 시골에서 가난한 아동들을 위한 사역을 반드시 해야 한다는 소명을 갖게 된 결정적인 사건은 내가 나이 어린 병주와 그 어머니를 만나면서부터였다. 노인돌봄 사역을 하기에 이 동네 저 동네 구석구석으로 독거노인들을 만나러 다니다가 이 가정을 만나게 되었다. 병주는 어머니와 함께 옥천사라는 절 입구에 사는 아이였다. 이들을 만났을 때 병주 어머니는 38세였고, 병주는 15살, 중학교 1학년생이었다. 병주 어머니는 심각한 우울증과 암으로 투병을 하고 있었고, 병주 아버지는 어디에 계시는지 지금도 알 수 없다. 그러한 가정에서 자라다 보니 병주는 어려서부터 동네에서 손버릇이 나쁜 아이로 소문이 나 있었다. 엄마는 아픈 데다가 우울증까지 겹쳐서 아이 빨래도, 밥도 해주기 힘든 지경이었다.

이때부터 병주 어머니와 병주를 위한 돌봄 사역이 시작되었고, 이

가정을 돕기 위해서 사방팔방으로 뛰어다녔다. 병주는 지역아동센터 생활을 시작하면서 나쁜 습관이 고쳐지고, 부끄럽게 생각했던 엄마에 대해서도 마음의 문을 열어 엄마 이야기도 서슴치 않고 하게 되었다.

그런데 어느 날 새벽 병주 어머니로부터 한 통의 전화가 걸려왔는데 막 흐느끼면서 말씀하셨다.

"목사님! 지는 아무래도 오래 못살 것 같아예…. 선생님 우리 병주 혼자 이 세상에 놔두고 간다고 생각하니 너무 가슴이 찢어집니더예…. 하지만 선생님이 병주 옆에 계신다고 생각하니 한편으로는 다행입니더…. 선생님 때문에 하나님도 알게 되고, 우리 병주 바로 사람 만들게 되었고, 선생님을 아버지같이 따르고 있어예. 선생님예 우리 병주 잘 부탁합니더예…."

이러한 전화에 나는 병주 어머니에게 무슨 그런 말씀을 하시냐고 막 책망도 하고 또한 격려와 위로의 말도 전했다. 그리고서는 전화를 끊었는데 아무래도 마음이 편치 않았다. 그런데 병주 어머니는 그날 주무시던 중 다시는 올 수 없는 하늘나라로 가셨다. 나는 지금도 그날의 대화를 잊을 수가 없다.

"목사님, 우리 병주 잘 부탁합니더예…."

그날 이후 나에게는 병주 어머니의 마지막 그 슬픔의 음성이 하늘의 음성으로 들렸다. 어머니가 돌아가신 뒤 병주는 우리 집에서 함께 살았다. 어느 날 병주가 성적표를 들고 왔다. 나는 이번에도 꼴찌겠구나 내심 생각했었는데 반에서 2등을 했다. 그 기쁨이 이루 말할 수가 없었다. 세월이 한참 지나 2015년 2월에 병주는 경기도에서 경찰직 공무원을 채용할 때 당당히 합격하여 지금은 대한민국의 의젓한 경찰이 되어서 많은 사람을 섬기고 있다. 이렇게 병주처럼 한 아이가 치유되고 바르게 잘 자라나는 모습을 곁에서 보는 것만으로도 너무나 행복하다.

병주 어머니와 병주와의 만남은 내가 왜 이곳 시골에서 사람을 살리는, 아이들을 돌보고 살아야 하는지를 깨닫게 해주었고, 이곳에서 이루어야 할 사명이 무엇인지를 잘 가르쳐 주었다.

III. 교회에 대한 주민들의 변화

이렇게 사역을 시작한 지 5년 정도 되었을 때, 지역사회에서 선한이웃교회를 보는 시선들이 완전히 달라졌다. 이전에는 기독교에 대한 반감과 부정적인 정서가 매우 강했는데 서서히 주민들에게 있어서 선한이웃교회는 고성군 지역의 자랑이 되기 시작했다.

"옆의 큰 절도 이런 일을 잘 하지 않는데 그 조그만 교회가 항상 노인과 아이들 그리고 가난한 사람들을 위해서 너무 좋은 일을 많이 한다.""선한이웃교회에 애들을 보내자. 사람 만들어 준다고 한다"라는 소문이 이 동네 저 동네로 꼬리를 이어갔다.

이는 무슨 물질을 많이 투자하고 행사를 많이 치렀기 때문에 된 것이 아니다. 순전히 꾸준함과 성실함 때문이었다. 나는 매일 노인들의 가정을 찾아서 말벗이 되어드리고 집안 수리와 할 수 있는 각종 어려운 일을 도맡아 해드렸다. 매주 1회씩 마을 경로당을 돌면서 노인들에게 등 안마와 수지침, 색종이 접기, 그림 그리기, 한글 교육 등을 하며 노인들을 위한 여러 프로그램들을 진행하였다.

사역 10년 정도 되었을 때에는 교회가 이 지역의 느티나무와 같은 곳이 되었다. 수많은 아이들이 이 그늘을 거쳐갔고 많은 사람들이 힘겨울 때 이곳에서 머물다 갔다. 군대에 들어가거나 취직을 했다고 성

청소년 사역들

장한 아이들이 교회를 찾아온다. 홀로 계신 어머니를 잘 보살펴 주어 고맙다고 자녀들이 찾아온다. 엄마 없이 홀로 크는 아들을 잘 돌봐준 다고 중년의 아버지가 찾아온다. 마을 잔치를 여는데 목사님이 와서 먼저 기도로 시작해달라고 부르기도 한다. 가정불화, 자녀 문제, 경제 적 문제 등 고민거리가 있는 사람들은 스스럼없이 찾아와서 상담을 받고는 한다.

나는 "교회는 건물 안에만 갇혀 있어서는 안 된다. 이 지역이 제게 는 교회 그 자체이다. 하늘이 우리 교회의 지붕이요, 제가 발걸음 옮기 며 만나는 모든 사람들이 교인이요 성도이다"라고 말한다. 또한 아동 센터를 통해서 아이들을 선한이웃으로 만들어 세상 곳곳으로 보내는 일이 저의 사역이라고 생각한다. 나의 목회는 길러서 보내는 목회라 고 말할 수 있다. 이것이 하나님께서 나에게 주신 사명이라고 믿는다. 지금도 이곳을 첫 목회지이자 마지막 목회지로 여기면서 묵묵히 15년 을 살아가고 있는 중이다.

IV. 사랑을 베푸는 성실함으로

사역 15년이 되니 선한이웃교회는 이제 지원받는 교회에서 2013년부터 자립하여 지원하는 교회가 되었다. 지역사회와 연계하여 어려운 이웃들을 항상 돕는 교회가 되었다. 나는 지역의 복지위원이 되어서 면사무소와 연계하여 정부의 지원이 미치지 못하는 다양한 형태의 어려운 긴급 가정을 발굴하여 교회 차원에서도 돕고 나누는 일을 하고 있다. 그리고 지역의 초·중학교와도 연계하여 '선한이웃장학회'를 조직하여 해마다 장학금을 전달하고 있다.

아이들이 자라서 일꾼이 되어 선한 이웃으로 살아가니 그 아이들의 가족이, 부모 혹은 조부모님들이 교회로 등록하기 시작한다. 그리고 이제는 주변의 몇몇 작은 교회들도 섬기고 있다.

요즈음은 교회조차도 단기간에 결과를 보려고 하는 것 같다. 한 영혼을 바로 세우기 위해서는 수많은 시간이 필요한데도 말이다. 특히 시골에서는 모든 것이 느리기 때문에 지속적으로 사랑과 관심을 주고 오랜 기다림이 필요하다.

선한이웃교회 전경

오늘도 밤 10시가 넘은 시간이지만 나는 집을 나와 떠도는 몇몇 청소년들의 소식을 듣고 만나러 가고 있다. 끊임없는 관심과 사랑을 베푸는 성실함이야말로 영혼을 바로 세우는 가장 강력한 방법이라고 생각한다.

V. 선을 도모하라

다산 정약용 선생이 쓴 목민심서 제2장 율기편의 칙궁(飭躬)—목민관이 행정에 임하기 전에 바르게 할 몸가짐—에 보면 이런 말이 있다. "공사에 틈이 있거든 정신을 모아 생각을 고요히 해서 백성을 편안케 할 방책을 연구하며 지성으로 선을 구하라." 나는 그리스도인들이 어떻게 살아야 하는지에 대한 답이 여기 있다고 생각한다.

이 칙궁과 어울리는 성경은 로마서 12장일 것이다. "너희는 이 세대를 본받지 말고 오직 마음을 새롭게 함으로 변화를 받아 하나님의 선하시고 기뻐하시고 온전하신 뜻이 무엇인지 분별하도록 하라. … 서로 마음을 같이 하며 높은 데 마음을 두지 말고 도리어 낮은 데 처하며 스스로 지혜 있는 체하지 말라 아무에게도 악을 악으로 갚지 말고 모든 사람 앞에서 선한 일을 도모하라"(롬 12:2, 16).

칙궁(飭躬)과 로마서 12장에서 공통된 사실을 한 가지 발견할 수 있는데 그것은 관리는 항시 정신을 모아 백성을 위한 선을 구하는 것이고, 성도들은 이웃 사람들을 위해서 항상 선한 일을 도모한다는 것이다. 여기서 도모함이란 말은 항상 꾸준히 혹은 골똘하게 그 일을 이루기 위해 힘쓴다는 말이다.

목회자나 성도들이 취해야 할 몸가짐은 항상 틈이 있거든 정신을 모아 생각을 고요히 해서 어떻게 하면 성도 간에 혹은 이웃들 간에 평화하며 그들에게 선한 일을 하며 사는 것인가를 묵상하는 일이라고 생각한다.

선한이웃교회는 앞으로 교회당 건물을 지어서 지역사회와 미술, 음악, 인문 등 다양한 문화 활동을 위한 공간을 제공하여 주는 곳이 되고 아울러 지역사회 내의 힘들고 어렵게 살아가는 사람들을 상담하여 주고 그들의 말벗이 되어주기 위해 꿈을 파는 가게를 구상하며 기도하고 있는 중이다.

그동안 이 땅의 농촌 교회는 대부분 사람을 키워서 도시로 보내는 사역을 감당하였다. 강으로 따지자면 샛강과 같은 역할이다. 그런데 이 샛강이 메말라 가고 있다. 그 옛날 상록수 운동과 같이 이 샛강과도 같은 농촌 교회를 살리는 운동이 펼쳐져야 한다고 본다. 또한 농촌 교회를 살리기 위해서는 그 지역 속에서 한 알의 밀알이 되는 마음으로 사역할 성실함을 갖춘 일꾼이 필요하다. 가을날 어느 시골 오솔길에 피어있는 한 송이 예쁜 꽃처럼 남이 보아주지도 않고 알아주지 않아도 한결같은, 그러한 일꾼을 하나님은 찾고 계실 것이다.

교회와 주민들이 함께 만드는 학교 이야기

김영미 집사[*]

(충남 아산 송악교회)

I. 지역 내 농촌학교 살리기 운동

우리 아이들이 다니고 있는 초등학교는 충남 아산시 송악면에 있는 전형적인 농촌 학교이다. 농촌 지역 초등학교가 거의 그렇듯이 10여 년 전만 해도 우리 지역의 초등학교도 입학생들이 점점 줄어들어 한 반을 채우기 어려운 실정이었다. 초등학교 학생의 감소는 지역 교육과 문화의 활력을 잃게 하고, 그나마 남아있는 젊은이들의 자녀교육 문제를 어렵게 만들어 이농을 재촉하고 있었다.

우리 지역에서는 교회가 중심이 되어 지역주민들과 함께 친환경유기농업을 통한 지역 살리기 운동을 하던 중에, 이런 농촌 학교의 중요성을 인식하게 되었고, 그때부터 지역 내 농촌 학교 살리기 운동을 시

---

[*] 이 글을 쓴 김영미 님은 충남 아산의 송악교회에 다니는 집사이다. 직장 다니는 남편, 두 딸과 함께 살고 있으며, 학부모로서 지역 어린이들의 교육문제에 관심을 가지고 교육운동에 참여하다가 지역아동센터인 반딧불이공부방의 교사가 되었다. 뒤늦게 공부를 시작하여 인근에 있는 대학을 졸업하고, 사회복지사가 되었고, 다시 공부방 교사로 복귀 준비 중이다.

송악지역의 유기농산물을 급식용으로 공급한다

작하였다.

우선, 주민들과 학부모들의 건강한 의사가 잘 받아들여지도록 학교운영위원회에 참여하고, 뜻있는 교사들과 논의하여 학교교육에 학부모와 지역주민, 전문가가 참여할 수 있는 길을 열어놓았다. 지역 내 인적 자원을 활용하여 학년별 주제 체험학습(생태체험학습, 농사 체험, 기타 특기적성교육 등)을 활력 있게 진행하고, 지역이 친환경농업지역이라는 점을 적극 활용하여, 학교급식 재료를 지역에서 생산되는 유기농을 중심으로 한 친환경농산물로 전면 전환하고, 학교 주변 환경을 다양한 생태문화 체험이 가능하도록 정비하였다. 또, 그동안 학교 안에서만 상투적으로 관리되고 있던 학교도서관을 지역주민들과 학생들이 참여하여 주민 사서를 채용하고, 문화강좌나 세미나, 영화상영 등 다양한 프로그램을 진행하여 활성화하였다.

이렇게 학교가 변해가자 인근 도시 지역에 알려지면서 아이 교육과 친환경적인 삶을 살기 위해 이사 오는 학부모들이 늘어나기 시작하였다. 우리 동네에 집이 모자라 동네에서 가장 가까운 아파트로 이사와 아이들을 우리 동네 학군으로 전입시켜 입학하거나 전학하는 일들도 생겨났다.

우리 송악교회는 이 일에 적극 참여했다. 목사님은 야생화와 생태교육에 관심이 많으셔서 연구 경험을 살려 학생들의 생태체험학습에

자원봉사하시고, 지역
에서 친환경농업을 하
는 우리 교회 권사님은
친환경농사하는 논과
밭에 아이들을 위한 농
사실습장을 마련해주
어, 고학년 아이들과 함
께 농사를 지으면서 농

물고기 생태체험 중인 어린이들

사체험 수업을 진행하고 있다.

자신이 배우고 경험하고 자신 있는 분야의 전문적인 지식들을 지
역의 아동들을 위해서 활용하고 기여한다는 것은 참으로 아름다운 일
이다. 그 일이 돈을 가져다주는 것은 아니지만, 농촌에 살고 있기에
가능한 참 행복한 활동들이다. 농촌에서 침체될 수 있는 교육적인 환
경들을 지역의 어른들이 다양하게 제공함으로써 지역의 자원들을 건
강하게 사용할 수 있는 것이다. 그 일들의 중심에 신앙의 지체들이 있
다는 것은 말씀으로서의 명령을 실행하고 있는 것이 아닐는지…. 또
한 교회의 농민선교회에서 활동하는 회원들이 친환경농업을 하면서
지역에서 생산되는 농산물들을 학교의 친환경급식으로 지원하고 있
기도 하다.

II. 솔향글누리도서관

나는 초등학교 내에 있는 지역도서관에서 자원봉사로 실무 일을
담당하고 있다. 물론 이 일도 지역사회 봉사의 한 영역이다. 우리 아이

들을 포함해서 지역의 어른과 청소년과 아이들이 문화 공간 하나 없는 시골에서 그나마 도서관을 통해 책을 읽고, 영화를 보고, 다양한 활동하고, 사람을 만날 수 있다는 것도 도서관이 있어 가능한 일이다. 지역도서관은 학교도서관을 교사와 학부모 그리고 지역주민들이 함께 '책 읽는 사회문화재단'에 공모하여 도움을 얻어 옛 교실을 리모델링하여 새롭게 구성한 공간이다.

도서관을 운영하기 위해서는 지역주민들의 도움의 손길과 후원금이 필요했기에 지역에서 주민, 학생, 출향 인사들이 참여하는 후원회 조직을 만들었다. 도서관 사업은 지역의 많은 분들이 보내주시는 후원금으로 운영된다. 그래서 이곳은 저녁이면 동네 사랑방이 되고, 책 읽는 모임을 하는 엄마들의 토론 공간이 되며, 방과 후에 직장에서 돌아오는 부모를 기다리는 아이들로 항상 북적거린다.

이렇게 농촌 지역 학교에 주민으로, 학부모로 참여하다 보니 학생들의 사정이 눈에 들어왔다. 우리 지역 학교 전교생은 약 120명 정도인데, 그 중 40명 정도가 편부모가정이거나 조부모가정 아이들이다. 이 아이들은 어려운 가정형편 때문에 인근 도시에 있는 학원에도 갈 수 없고, 가정에서 어른들에게 학습의 도움을 받을 수도 없다. 또 어른

학교 내의 주민도서관 개관식

들이 장에 가거나, 직장에 나가 늦게 들어오시기 때문에, 방과 후에 집에 가서 저녁도 제대로 챙겨 먹지 못한다.

우리 교회에서는 이런 아이들에 대한 대안을 논의하다가 6년 전에 지역주민들과 함께 마을회관을 활용하여 지역아동센터를 열었다. 나는 그 일에 처음부터 실무 교사로 참여했다. 처음에는 급여조차 보장이 없는 열악한 형편이었는데, 여러 지역주민들과 출향인들, 교회가 후원하여 어렵게 꾸려나가다가 지금은 시청의 지원을 받아 운영하고 있다.

III. 지역사회와 함께 사랑과 나눔을 실천해야 할 책임

아무리 시골의 생태적인 삶이 좋고, 교회가 좋다고 해도 자녀양육에 대한 교육적 환경을 지역 사람들이 함께 만들어가지 않으면, 농촌을 떠나는 이유가 되기도 한다. 물론, 교회공동체가 지역사회의 삶의 욕구를 무시한 채 존재하기는 어렵다고 본다. 교회공동체는 교회적인 사명감을 통하여 지역사회와 함께 사랑과 나눔을 실천해야 할 책임이 있기 때문이다. 그렇다면, 교회에 다니고 있는 성도들이 적극적으로 사회적 일에 참여해야 하고 관심을 갖고 나누어야 하지 않을까?

교회가 해야 할 일이 정해져 있다고 보지는 않는다. 지역사회에서 함께 살아가는 주민으로서 이웃의 어려움을 돌아보고 손길이 필요할 때 나누는 것이 지역사회에서 우리가 해야 할 일임은 분명하다. 물론 믿는 우리들이 먼저 기도하고 노력해야겠지만 말이다.

IV. 반딧불이 지역아동센터와 독거노인 반찬 나누기 사업

우리 교회에서 지역사회복지사업을 하고 있는 일들이 몇 가지 있는데, 나는 그중에 '반딧불이지역아동센터'에서 교사 일을 하게 되었다. 아직 준비되지 않은 채로 취약계층의 아동과 부모들을 만나게 되었는데, 그 가정에 도움을 준 것보다 내가 더 깊이 도움을 받고 성장하지 않았나 싶다. 조금만 애써 드려도 큰 감사를 주시는 분들, 나름대로 열심히 경제적인 삶을 꾸려가려고 노력하고 있지만, 아이들을 제대로 돌볼 형편이 못되어, 방치하여 주변의 도움이 절실히 필요한 분들이다.

그렇게 어려운 가정은 혼자 일어서기가 쉽지 않다. 어둡고 힘든 부분들을 지역사회의 장으로 끌어내어 함께 고민하고, 아이들을 같이 양육할 수 있는 환경을 만들어 지역의 어른들이 멘토(mentor)가 되고, 울타리가 되어주어, 어려울 때 그들의 고민을 들어줄 수 있다면, 그들의 성장에 큰 보탬이 될 것이다.

그 모든 일들을 교회공동체 내에서만 해결할 수는 없다. 아이 한 명을 키우는 데는 마을 전체의 노력이 필요하다는 말도 있듯이, 교회

송악교회 지역아동센터

뿐만 아니라 지역사회가 그물망처럼 연결되어 서로 소통하고, 일을 나누고, 관심을 가져야 할 과제라고 생각한다. 특히 작은 시골 마을일수록 조금만 협력이 이루어진다면, 서로 돕는 일은 쉽다. 아이들의 상황도 몇 번의 말이 오고 가면 금방 알 수 있고, 서로의 형편도 잘 알고 있으니 마음먹기에 달렸다.

아동복지에 대한 영역은 지역사회 내에서 함께 풀어낼 공적인 부분이라고 생각한다. 교회 다니는 아이들만의 장소가 아니라, 지역에서 정말 그곳이 필요한 아이들이라면 누구나 올 수 있는 곳이어야 된다고 믿는다.

또 우리 교회에서는 지역 내 독거노인 반찬 나누기 사업을 하고 있는데, 이 일에는 교회에 다니지 않는 이웃들도 함께 와서 음식을 조리하고 배달을 도와주는 자원봉사로 참여하고 있다. 그럴 때는 종교를 넘어서 지역 내 취약계층에 대한 봉사와 나눔을 함께 할 수 있다는 것이 참으로 감동적이다. 우리가 더 풍성하고 깊이 있는 소통을 할 수 있다면, 믿지 않는 사람들과의 연대도 자연스럽게 연결될 것이다.

V. 하늘에서 이룬 것 같이 — 지역을 섬기는 교회, 생명을 살리는 교회, 더불어 살아가는 교회

2010년부터 새로 시작하는 우리 송악교회 발전 계획의 큰 방향은 "하늘에서 이룬 것 같이!"이다. 그리고 실천의 목표는 '지역을 섬기는 교회', '생명을 살리는 교회', '더불어 살아가는 교회'이다. 나는 이 목표가 참 마음에 든다. 위의 세 가지 목표가 실현되려면, 기본적으로 교회의 지체 하나하나가 깊은 성찰과 자각을 통해 자신의 성장을 경험하여 변화해야 할 것이다.

지역사회와 자연 그리고 모든 생명을 살리는 일은 이방인처럼 사람을 구분하지 않고, 모두가 함께할 때 가능한 일이다. 우리는 하나님 안에서 모두 하나이며, 그분의 자녀이다. 건강하고 성숙한 지체들이 자신의 영역을 넘어서서 지역을 섬기고, 농촌을 살리는 생태적인 삶에 기여하고, 예수가 실천했던 나눔과 섬김의 삶을 실천해나간다면, 우리 모두의 꿈과 기도가 하늘에서 이룬 것 같이 땅에서도 이루어질 것이라고 믿는다.

농촌의 일상도 도시의 일상 못지않게 바쁘게 돌아간다. 목사님은 농사를 짓지는 않지만, 도시 교회의 목회보다 더 치열하게 사람들의 일터에 참여해야 하기 때문에 머리와 몸이 더 분주하실 것 같다. 농촌에 산다고 모두가 농사를 짓는 것은 아니지만, 사실 교회의 연로하신 어르신들의 가정이 아닌 젊은 세대의 가정들은 대부분 직장생활을 한다. 그럼에도 농촌에 산다는 것은 어르신들의 삶의 경험들을 배울 수 있고, 그분들이 생산하신 농산물들을 예수님이 주시는 것처럼 값없이 받을 수 있어 참으로 감사하다.

우리 동네는 지역의 다양한 영역들을 통해 봉사하고 소통할 수 있는 관계망이 있어서 시골이지만 단조롭지 않다. 몸이 아프거나 힘든 일이 생기면, 교회에 다니는 성도이든 그렇지 않은 주민이든 서로 안부를 묻고 병문안을 하러 가고 돕는다. 교회의 성도들이 교회공동체의 한 지체로서 또 지역사회의 한 주민으로서 제 역할을 해주면서 하나님의 뜻을 이루어가는 모습을 보는 것이 천국의 모습이 아닐까 생각해보게 된다.

글 의 출 처

◆ 이 책에 실린 글은 모두 계간 「농촌과목회」에 연재되었던 글로 게재일은 아래와 같다.